中华姓氏起名通典丛书

# 张姓起名通典

毛上文　温　芳　编著

## 内 容 提 要

本书分为六大部分：姓氏篇、起名篇、起名实例篇、风俗篇、文化篇、人物篇。作者采用考古新成果与史料相互印证比较法，并利用族史学、民俗学、地名学等多种学科知识研究了中华姓氏的来源、祖先、发源地等错综复杂的问题，这为辨识浩繁庞杂的中华姓氏源流，提供了一个崭新的视角。

作者传授了天干、地支、五行等传统文化与重要的起名方法，列举了起名笔画数吉祥模型，提供了起名实例，以便读者学习与应用。书中介绍了亲子连名、生肖星座、姓名避讳等民俗。在姓名文化篇，作者讲解了姓名与人的字号、贵姓郡望与堂号、贵姓楹联与家训，介绍了历代名人的优秀事迹等。

**图书在版编目(CIP)数据**

张姓起名通典/毛上文，温芳编著.—北京：气象出版社，2010.12

(中华姓氏起名通典丛书)

ISBN 978-7-5029-5103-0

Ⅰ.①张… Ⅱ.①毛… ②温… Ⅲ.①姓名-研究-中国 Ⅳ.①K810.2

中国版本图书馆 CIP 数据核字(2010)第 231820 号

---

**出版发行**：气象出版社

**地　　址**：北京市海淀区中关村南大街 46 号　　**邮政编码**：100081

**总 编 室**：010-68407112　　**发 行 部**：010-68409198

**网　　址**：http://www.cmp.cma.gov.cn　　**E-mail**：qxcbs@cma.gov.cn

**责任编辑**：吴晓鹏　黄红丽　　**终　　审**：周诗健

**封面设计**：博雅思企划　　**责任技编**：吴庭芳

**印　　刷**：北京京科印刷有限公司

**开　　本**：710 mm×1000 mm　1/16　　**印　　张**：14.25

**字　　数**：205 千字

**版　　次**：2011 年 1 月第 1 版　　**印　　次**：2011 年 1 月第 1 次印刷

**定　　价**：29.00 元

---

# 前 言

## ——起吉名不容易

自2000年以来，我们陆续编著了《起名技巧大全》、《宝宝起名实用宝典》、《宝宝吉祥起名大全》、《起名通书》、《周易与人生策划》等十多种书，深受读者欢迎。根据读者反馈信息，起名最难定的问题之一是搞不清汉字的笔画数，这是因为用于起名的汉字笔画数有特殊的规定。我们再三确认了一些难定的汉字笔画数，今列举如下："宝"通常按照20画计算，宝＝寶，像房子里有贝和玉，表示家里藏有珍宝，在西周金文里，又加上一个声符"缶"（古音与"宝"同）。宝＝寳，则按照19画计算。"瑛"按照从"王"（玉）的部首论为14画，意思是像玉的美石。"英"从"艹"（艸）部首，故以11画论。"敬"按照13画论。"梦"按照13画论。"钟"既可以17画（钟＝鍾）论又可以20画（钟＝鐘）论。如果读者还对哪些汉字搞不清笔画数，可与作者联系。

中国人一向有重视起名的传统，大家都知道：吉祥名字能够使人受到潜移默化的诱导作用。怎样起一个使人终生受益的吉名呢？这是起名最难的问题之二。根据我们十几年的起名经验，起名要在八字五行基础上，考虑格数、音、形、义，这就是我们十几年所倡导的"五维全息吉祥起名法"。

无论大姓、小姓，起吉名都不容易。根据不同姓氏起名，是起名最难的问题之三。因为有些姓氏与名字搭配起来有不雅的音义，比如"李功绩"，听起来像"力公鸡"；"王义"，读音跟"忘义"一样，让人想到见利忘义之徒；"张达人"，"达人"出自《菜根谭》

中的“达人观物之外，思身后之身”，这个名字虽然好，可是与“张”搭配起来就让人误解为“嚣张打人”；“朱生杨”，好似“猪生羊”，给人不伦不类的感觉；“胡丽晶”读音似“狐狸精”；“关鹈鹕”给人要歪的感觉，姓与名不平衡。

不了解自己姓氏的来源，是起名最难的问题之四，比如“祁”姓既可以8画论又可以12画论。据《元和姓纂》和《辞源》所载，春秋时晋献侯四世孙奚为晋大夫，食邑于祁（故城在今山西省祁县东南十五里处古县镇），遂以邑为氏。“祁”姓源自以“祁”邑为姓氏，则按照12画起名，因为右“阝”表示“邑”，以“邑”部首论；“祁”姓源自以“祁”人名或官职为姓氏，则按照8画计算，因为周朝时司马祁父之后裔以先人的名为氏。一说祁父乃管理兵甲之事的官职，后世以官职名为姓。“祁”当盛大、舒缓、众多的意思，也按照8画计算，以8画论的“祁”姓从“礻”（示）而不从“阝”（邑）。经过多年的起名经验和与读者沟通，我们发现大部分读者对自己姓氏起源演变、文化、习俗不太了解，而我们编著的《中华姓氏起名通典》丛书有助于解决姓氏起名难的问题。

综上所述，起个吉祥名字多么不容易！针对各姓氏起吉名更是难上加难，为此我们编著了《中华姓氏起名通典》丛书，先从大姓开始，对每个姓氏的来源、贵姓祖籍、贵姓先人、贵姓郡望与堂号、贵姓楹联、贵姓家训、贵姓起名技巧等，都作了详细且通俗易懂地解答。不管您阅读自己的姓氏起名通典图书，还是阅读其他各姓氏起名通典图书，您读完我们的任一本书，一定能掌握“五维全息吉祥起名法”，也肯定能获得一个姓氏完整新颖的资料。各个姓氏的民俗文化与起名技巧，汇集成中华姓氏起名大百科，这为今人辨识浩繁庞杂的中华姓名文化源流，提供了一个崭新的视角。

毛上文

2010年11月26日

# 目　录

## 起名实例篇



## 风俗篇



## 文化篇



## 人物篇

# 姓　氏　篇

## 姓氏发微

姓氏发微，就是阐发姓与氏的微妙之处，使读者真正了解"姓"、"氏"以及"姓氏"。在当今人们的意识中，"姓氏"已成为一个固定的名词，姓氏是一回事，其实，在中国古代，姓和氏之间有着较大的差异，古代"姓"、"氏"是两个名词，这两个名词的内涵和用途不一样。古代的"姓"是有血缘关系的世代相承的同族称号，不同血缘的部族团体就有不同的姓，距今一万年前，处于母系氏族社会初期（相当于考古学分期上的中石器时代向新石器时代的过渡时期）的人们通过"姓"识别不同血缘的族群。远古时期的"氏"也可以作为部族的名称，到夏、商、周三代时期，"氏"才变成了"姓"的分支，是一个与地域有紧密联系的人的新标识，以至于"氏"起着标明一个人身份地位高贵的作用。

我们的祖先弇兹（yān zī）氏与燧人氏太聪明了，他们早在万年前就用大自然中固有的"风"作为识别血统的图腾了，于是中华第一姓诞生了。

距今一万年前的燧人氏（又称"燧人"）与弇兹（yān zī）氏结为群婚杂居的关系后，他们最早发现并认识了风的季节性周期规律，发明了指示四时风向的风向标——相风仪，又称为"方牙"。这种仪器后来传给雷泽氏族称"雷牙"，再传给伏羲氏族时期就叫"苍牙"，所以伏羲继承了先人的文明成果，他会"听八风、法八极"。弇兹与燧人用"方牙"来观测八方季风的方位和时间，有利于他们的族人按节气活动，不断发展壮大，于是他们把天穹宇宙发来的第一信息——"风"，作为自己的族群图腾，以"风"命族姓，中华民族自此真正进入有姓的母系氏族原始社会时期，所以"风"

姓成为中华民族第一姓。

距今约7500至5500年前，中国古人类进入母系氏族（氏族：原始社会中以相同的血缘关系结合的人类社会群体）社会的强盛时期，该时期出现了中国人的祖先伏羲氏与女娲，伏羲氏又称太昊，亦作大皞、太皞、太皡，伏羲氏还被称为庖牺氏、宓羲、包牺、伏戏，是上古中民族的首领，也是神农炎帝和轩辕黄帝的共同祖先，位居三皇之首，伏羲氏认识到季风的规律，他以"风"为姓。马骕《绎史》卷三引《三坟》说："伏牺氏，燧人子也，因风而生，故风姓。"伏羲与女蜗同姓风，可见伏羲、女娲，原是同部落的兄妹关系，他们的传说也是可信的。

往后，神农氏发展起来了，神农氏即炎帝，姓姜，也是中华民族族始祖之一。神农氏后裔与黄帝氏族结为部落联盟，这才有了今天的炎黄子孙。

中国人的姓氏在母系氏族原始社会里是按照母系传承的。中国先人处于"但知其母，不识其父"（《白虎通·号篇》）的母系氏族社会时期，母权制已深入氏族生产和生活的各个领域，氏族成员按母系血统计算世系，并形成明确的姓族制度：子女从母亲居住，由母亲抚养，并属于母亲所在的氏族，同一氏族的成员都是同姓的，子女也从母姓，因此子女的血统世系是按照母系计算的。母性祖先的姓由女性世代相传，即由祖母传给母亲，母亲传给女儿，再由女儿传给孙女，依次类推，长久绵延。在母系氏族社会时期，同姓人出自一个共同的女性祖先。人类学家认为，在群居杂处、男女无别的原始群体中，子女决不可能辨认父亲，而母子之间的关系则是很明确的。这种情况，我国古代文献已有记载。《吕氏春秋·恃君览》云："昔太古尝无君矣，其民聚生群处。"《淮南子·本经训》："男女群居杂处而无别。"摩尔根在《古代社会》里曾经说过，这些原始的人们过着"群团的生活，实行杂乱的性交，没有任何家族，在这里，只有母权能够起某些作用。"

如今云南永宁纳西族仍保留了浓厚的母系制传统习俗。当地以女为贵，认为有女不算断根，但是只生儿子则是断根，必须过继女继承人。中国古籍里记载了母权制氏族社会的婚姻与姓的产生关系。《列子·汤问篇》（战国前期思想家列子著）记述："男女杂游，不媒不聘。"《公羊传》（亦称《春秋公羊传》、《公羊春秋》，是专门解释《春秋》的一部典籍，据传作者是战国时代的公羊高）说："圣人皆无父，感天而生。"《说文·女部》（《说文解字》简称《说文》）："姓，人所生也。古之神圣人母感天而生子，故生天子，因生以为姓。"所谓"无父"、"感天而生"，实际是母系制婚姻形态的反映。

考古专家在以山东泰山地区为中心的大汶口文化早期（公元前4040—公元前3340年）遗址发现无葬具的墓葬，且有反映氏族成员间牢固血缘关系的同性合葬墓，这是母系氏族社会的墓葬特征。

距今约5500至4000年前，中国远古人类进入父系氏族社会，父权代替了母权，从此男性的财产权和社会地位高于女性，家庭婚姻关系也由母系氏族社会的"从妻居"改变为"从夫居"，子女自然不再属于母系氏族成员，而成为父系氏族成员，中国人的姓氏于是转变为按照父系传承，即只在男子中一代代地相传，比较稳定，那时的同姓人出自一个共同的男性祖先。

在大汶口文化的中、晚期（公元前3640—公元前2240年）墓葬中，发现了木椁，出现了夫妻合葬墓和夫妻带小孩的合葬墓，这标志着只知其母不知其父的母系社会的结束，中国开始或已经进入了父系氏族社会。因此，最晚在距今4250年前，中国远古人进入父系氏族社会，父权代替了母权，从此男性的财产权和社会地位高于女性，家庭婚姻关系也由母系氏族社会的"从妻居"改变为"从夫居"，子女自然不再属于母系氏族成员，而成为父系氏族成员，中国人的姓氏于是转变为按照父系传承，即只在男子中一代代地相传，比较稳定，那时的同姓人出自一个共同的祖先。

根据《左传》记载，鲁隐公八年（公元前715年），担任"大夫"官职的众仲曾对"姓"与"氏"的来历及关系作过概述，众仲对曰："天子建德，因生以赐姓，胙之土而命之氏。"就是说，"天子"（从父系氏族时期到夏朝之前，这个称呼可以指代具有最高统治地位的部落联盟首领）分封有功德的人，根据他们的出生即血缘关系赐给其姓，为提高其姓族地位，再赏赐给他们土地而给予氏称。“赐姓、胙土、命氏”就非常明了地勾勒出了“氏”是“姓”的分支。宋朝刘恕《通鉴·外纪》说：“姓者，统其祖（祖为始、初、先之义，后来才用引申为父母以上的长者）考之所自出；氏者，别其子孙之所自分。”班固《白虎通·姓名》篇说：“所以有氏者何？所以贵功德、贱伎力……闻其氏，即可知其德，所以勉人为善也。”宋朝郑樵《通志·姓氏略序》说：“氏所以别贵贱，贵者有氏，贱者有名无氏。姓所以别婚姻，故有同姓异姓庶姓之别。氏同姓不同者，婚姻可通；姓同氏不同者，婚姻不可通。三代之后，姓氏合而为一，皆所以别婚姻而以地望明贵贱。”明末清初著名的思想家、史学家、语言学家顾炎武（1613—1682 年，原名绛，字忠清，明亡后改名炎武，字宁人，亦自署蒋山佣，被尊称为亭林先生）曾一针见血地说出了姓和氏的区别：“氏一传而可变，姓千万年而不变。”这三者用更清晰地表述，对众仲的概论作了阐释。

根据以上五种记载，我们可以归纳姓的主要作用是：①别种族；②明世系；③别婚姻。在上古，同姓的人们就是同一个血缘亲族，所以同姓不婚，如《左传·信公二十三年》说：“男女同姓，其生不蕃。”《国语·晋语》也说：“同姓不婚，恶不殖也。”古人从长期实践中领悟到近亲婚配会产生不良后代的道理，辨别男女双方的姓，就能决定婚娶与否。

东汉文字学家许慎在《说文解字》中这样解释：“姓，人所生也，从女从生，生亦声”。“姓”的本义是人生来就有的图腾记号，所以远古产生的姓是用来识别氏族及其成员的血缘亲疏远近关系的标志。“氏”可以说是“姓”或“支姓”的分支。“氏”冠在男人的名前，表露着一个男人的封地、爵位、官职，以及追谥，代表了男人的荣耀功业和尊严。譬如周武王的四弟叔旦，由于其采邑为周，被称为周公。其实，周公为姬姓，周只是他的氏而已。

明末清初著名的思想家、史学家、语言学家顾炎武考证春秋时代只有女子称姓，而男子不称姓。当时的女子，尤其是贵族妇女姓比名重要，没有出嫁的女子在姓上加孟（伯）、仲、叔、季表示排行，如孟姜、叔隗（kui）、季姬；出嫁后，如果嫁给国君，要在姓上加娘家的国名，如齐姜、晋姬、秦嬴；如果嫁给士大夫，就在姓前加大夫的氏，如赵姬（赵公之妻）、棠姜（棠公之妻）；如丈夫去世，要在姓上加丈夫的谥号，如武姜（郑武公之妻）、文嬴（晋文公之妻）；女子嫁给平民，因平民没有氏只有名，则在夫姓后加自己的娘家的父姓。这样做的用意，都是为了避免同姓婚配。国学大师王国维（1877—1927 年，字静安、伯隅，号观堂、静观，浙江海宁盐官人）在《观堂集林》中证实了男子自周代起称氏，女子称姓。

“姓”是因生、因德、因地而得来的，主要从居住地名或者所属的部族名称而来。“氏”是从受封地、所赐的爵位、所任的官职的名而来，或者由死后因功绩被追加的谥号而来。所以先秦时期贵族有姓、有氏、有名，比如周文王（约公元前 1152—前 1056 年），姬姓，周氏，名昌，因商纣王封其为西伯，即西方诸侯酋长，故称为西伯昌，亦称伯昌，《封神演义》称其为西伯侯，周武王灭商建周后，追谥其父西伯昌为“文”，史称周文王，周文王虽姬姓，却不叫姬昌，“姬昌”姓名在东汉时期才出现，后世循之，遂称文王为姬昌。

古代一般平民以及奴隶有名，没有氏，比如《学奕》篇中的“奕秋”，就是名叫“秋”的棋手；《柳敬亭传》中的“优孟”，是指名叫“孟”或者排行老二的艺人。“优”，亦称优伶、伶人，古代用以称以乐舞戏谑为职业的艺人，后亦称戏曲演员。“庖丁解牛”这个成语中的“庖丁”，“庖（páo）”就是屠宰的意思，表示一个人的职业或技艺。《周礼·天官》：“庖人：掌共六畜、六兽、六禽，辨其名物。凡其死生鲜槁之物，以共王之膳，与其荐羞之物，及后、世子之膳羞。共祭祀之好羞，共丧纪之庶羞、宾客之禽献。”“丁”可能是名，也可能不是这个人的名，因为“丁”字在汉语中就有人口、成年男子的含义以及指代从事某种专业劳作的人，如壮丁、男丁、园丁、家丁之“丁”就是这个意思，因此，《庄子》书中称这个杀牛的人为“庖丁”，或许正是我们今天称杀猪的屠夫为“杀猪的人”，或《水浒传》中称外号叫“镇关西”的屠户为“郑屠”一样。

正因为古时一些以技艺为职业的人在早期没有姓氏，所以古书称呼他们时常在其名前面加一个表示他的职业或所具有的专长的字眼，让人一看就知道这人的专业身份。如《师说》中的“师襄”和“群英会蒋干中计”中提到的“师旷”，“师”，意为乐师，表明职业。不过，一种职业或技艺称号被叫久了，也会逐渐成为一个家族的姓氏，尤其是到秦代，以职业或技艺的名号为氏的人就很多。

战国以后，平民也可以有自己的姓为人称呼了。所以，“百姓”这个词，在东周以前指的是贵族，那时“百姓”即“百官族姓”的意思，如《尧典》“乎章百姓，百姓昭明。”以往贵族才有姓，平民仅有名，战国以后，平民也有姓或有氏，“百姓”遂成为民众的通称。

史籍中关于姓氏的记载多以炎黄时期为起点。通常，姓氏学家把炎黄时期至春秋时期的姓与氏称为“古姓”。古姓与氏主要由上古时期的各部落的称号演变而来的。上古至春秋时代的古姓中有许多带“女”字旁，如：姜、姬、姞（jí）、嬴、姚、妫（guī）、妘、姺（shēn）、姒（sì）、嫚（màn）、娸（qī）。为什么这样？研究姓氏的学者认为，姓是母系一族的名称，一个姓代表了生来就是一个始祖母的后代，因为“姓”是由女和生组成的字，据此证明姓是由女而生的。所谓“今姓”，指春秋战国之后出现的姓氏。

中国的古姓是怎样得来的？据古籍上记述，古姓来源有三：“因生得姓”、“因德得姓”、“因地得姓”。所谓“因生得姓”，就是根据一个人由何所生而确定其姓。所谓由何所生，即指一个人的血统来源。古姓实际上是一个人血统的标志，亦即其所归属的血缘集团的标志。血统是自然传承的生命之源，人是自然蕃衍的结果，因此，姓所表明的血统是一种自然的事实。上古，一个人诞生的母族姓什么，他自然就该姓什么。汉字“姓”由“女”和“生”组成的，“生”字表示生命、出生、生来，而“女”则表示生命来源于女性血缘。东汉文字学家许慎《说文解字》解释“姓”字说：“姓，人所生也。古之神圣母感天而生子，故称天子。从女从生，生亦声。《春秋传》曰：‘天子因生以赐姓。’”这说明上古的人们一出生就从母亲所在的氏族里得到识别血缘身份的标志——姓。《说文·女部》所列的古姓，如姞、嬴、妫、妘、姺、妞、娸、嫣、娥、娃、姒、娴、嫪、姜、姬等皆带“女”字形，这是母系氏族的血缘族姓。

“因生得姓”是出生就得到母系血缘传承的标志。“因德得姓”是因一个人创造出特别的业绩或重大的贡献而得姓，是彰显文明成果的标志。“因地得姓”就是以发祥地或者出生地为姓氏。“因生得姓”和“因地得姓”的法则浓缩了人类认识自然、把握宇宙规律、造福人类的历史经验，建构了中华民族大生态天人合一文化体系，建构了人类最佳生态环境，最佳生命状态，最佳生存状态的理念体系和实施技术体系。“因德得姓”的法则浓缩了中华文明的进程，展示了中华先人创造的中华文明的多层面的历史勋业，这些社会的发明，极大地推动了世界文明的发展进程。

举例来讲，因生得姓。据先秦文献《世本》所言，禹是黄帝的第九代孙，姓姒，氏夏后，名文命，号禹，后世尊称大禹，他的父亲名叫鲧，母亲是有莘氏部族人脩己。相传禹治黄河水患有功，受舜禅让继帝位。禹是夏朝的第一位天子，因此，后人也称他为夏禹。大禹的母亲脩己吃了薏苡（植物名）神米后怀孕了，生下了禹。所以禹这个家族便以薏苡为图腾，并用作族号。尧当部落联盟首领时，他知道大禹母亲的故事，为了表彰禹的功德，赐禹姓“姒”，即把“苡”的草字头换成女字旁，成为姒。这就是禹姓“姒”的由来。又如《史记·殷本纪》记载：“三人行浴，见玄鸟堕其卵，简狄取吞之，因孕生契。”大意是，在远古的原始社会时期，有三个人在外面洗澡，其中包括有娀氏之女简狄，她见到全身黑色的小燕产下一个蛋卵（即燕子，子就是卵的意思，现在还有地方称鸡卵为鸡子），简狄捡起来吃了，她就这样怀了孕，生下了殷商王朝的始祖契。于是这个家族以黑鸟为图腾，以子为族号，所以契姓“子”。简狄吃燕蛋而生契的传说，实际上告诉我们：远古的男女在外面媾和交欢，把怀孕、生儿育女看做是神物的恩赐，这反映了原始人类的生殖信仰，因为那时还没有“生理学”，原始人不懂卵子与精子结合产生新生命的道理。契是商族自母系氏族过渡到父系氏族所祭祀的最早的男性直系祖先。从契开始，商族人才有了以父子相承为主的惯例，从此才真正进入父系氏族社会。

古文学家胡厚宣从殷墟卜辞中，找到祭祀商高祖王亥的“亥”字，形体从亥从鸟从隹，隹也是鸟形，这便是商族以鸟为图腾的确证。晚商青铜器《玄妇罍》其铭文有“玄鸟妇”三字合文，这更是商族祖先以鸟为图腾的佐证。唐朝司马贞的《史记索隐》记录三国时期蜀汉著名的儒学大师、史学家谯周说的话：“契生尧代，舜始举之，必非喾子。以其父微，故不著名。其母娀氏女，与宗妇三人浴于川，玄鸟遗卵，简狄吞之，则简狄非帝喾次妃明也。”东汉史籍《潜夫论·志氏姓》中记载：“昔尧赐契姓子；赐弃姓姬；赐禹姓姒，氏曰有夏。”

以所生之地或发祥地的地名为姓，称为“因地得姓”。发明阴阳五行、甲子纪年、文字、音律、乐器、医药的华夏部落联盟领袖黄帝本来姓公孙，因生长在姬水之滨，又得姓姬。史书上说黄帝有25个儿子，他们得了十二个姓，《国语·晋语四》：“司空季子曰：凡黄帝之子，二十五宗，其得姓者十四人为十二姓。姬、酉、祁、己、滕、箴、任、荀、僖、姞（jí）、儇（xuān）、依是也。”也就是说，这十二个姓都是源自黄帝的姬姓，由姬姓分支出来的。现有的大姓的渊源都很深，多数是从黄帝的姓中绵延分支而来的。

从时间上估计，氏比姓的产生至少晚一两千年。后人撰写五帝时期的部落联盟首领的事迹一般不说“姓”只称其“氏”，总是以××氏的模式出现。如：有熊氏、少典氏、彤鱼氏、方雷氏等，这是对先王的敬称，如燧人发明了火，称其为燧人氏；弇兹发明了结绳编织，被称为织女氏或玄女氏或须女氏；伏羲发明了舍饲庖厨，称为庖牺氏，又名伏羲氏；炎帝发明了农业，称神农氏；盘古发明了盖天，因称混天氏或壶灭氏；少昊发明了金星历，称为金天氏。再如，自颛顼（黄帝的孙子）以来，帝喾（黄帝的曾孙）、尧（帝喾的儿子）、舜（黄帝的七世孙，舜的父亲叫瞽叟，瞽叟的父亲叫桥牛，桥牛的父亲叫句望，句望的父亲叫敬康，敬康的父亲叫穷蝉，穷蝉的父亲是颛顼）都来自一个血缘始祖姓，但他们的氏并不相同，例如：颛顼在高阳兴起，称为高阳氏；帝喾在高辛兴起，故称高辛氏；尧因在古名叫唐的地方烧陶而发展起来，所以得陶唐氏；舜因有虞之地而称虞氏。

禹（姒姓，夏后氏，名文命，号禹，后世尊称大禹）为颛顼的曾孙、黄帝的第六代玄孙，禹的祖先黄帝为姬姓，但禹本人被舜帝赐姓姒（sì），在一个名叫“夏”的地方担任部落酋长。当时黄河流域的人们已遭受了连续多年的水患，禹带领大家奋战十三年，终于用疏通河道引水入海的方法制服了洪水，以此获得崇高威望，被氏族推举为原始社会末期的最后一个部落领袖。对此《国语·周语下》记载：“其后伯禹念前之非度，厘改制量，象物天地，比类百则，仪之于民，而度之于群生，共之从孙四岳佐之，高高下下，疏川导滞，锺水丰物，封崇九山，决汩九川，陂鄣九泽，丰殖九薮，汩越九原，宅居九隩，合通四海。故天无伏阴，地无散阳，水无沈气，火无灾燀，神无间行，民无淫心，时无逆数，物无害生。帅象禹之功，度之于轨仪，莫非嘉绩，克厌帝心。皇天嘉之，祚以天下，赐姓曰‘姒’、氏曰‘有夏’，谓其能以嘉祉殷富生物也。”随着经济上私有制的出现与发展，政治权力的独占与世袭也日益为原始社会的各级首领所追求，禹成为这种要求的代表人，他没有按照传统把部落联盟领袖的权力传交给各氏族推举出来的接班人伯益，而是私自授给了自己的儿子启，启继承了这份政治遗产，夏朝成为中国第一个奴隶制国家的国号。夏朝由立国之君禹到亡国之君桀，一共相传了十四世、十七君王，大约延续500年左右。《史记·夏本纪》记述：“禹为姒姓，其后分封，用国为姓，故有夏后氏、有扈氏、有男氏、斟寻氏、彤城氏、褒氏、杞氏、缯氏、辛氏、冥氏、斟戈氏。”从字面上理解，就是姒姓自建立夏朝后即改姓夏，随着夏王人口繁衍，又产生了许多分支。按照夏商周三代时期“女子称姓，男子称氏”的规矩，除了历代夏王保持这个夏姓外，其他夏姓男子当是以“氏”称呼的。商王汤（姓子、名履、又叫成汤、商汤，庙号太祖，为商太祖）灭夏后，夏桀的后代男性中有的以夏为姓，社会上从此有了以“夏”姓冠名的人。

氏是先秦贵族专用的称号，平民与庶民没有资格取氏。《左传》有一句“坠命亡氏”的话，就是指贵族被削爵夺地而降为平民或者其后代沦落为庶民后，其氏也连带失去了。春秋以前，有姓有氏的都是官贵之人，平民和奴隶仅有个名字而已。因为氏有“别贵贱”

的作用，因而以氏冠名便成为上流社会的一种时髦。

姓和氏都是在历史发展中产生的标识族别或社会身份的符号，其中的一部分随着历史的演进而亡失，应属正常现象，因此，古书上常有“亡其氏姓”的记载。姓氏亡失的历史现象一般有两种情形。一种情形是某个族姓或族氏因灭族之祸，就此从历史上消失了。导致这种后果的主要原因，是民族或氏族部落间的征服与兼并。司马迁在《史记·五帝本纪》中，描写了上古许多惨烈而壮观的部落联盟相互间厮杀拼搏的场面。战争中，不少氏族被对方用暴力消灭，或者因被征服而隶属于其他氏族，并且被迫使用其他氏族的徽记，于是他们的族姓也就像历史长河上的泡沫一样，转瞬而逝了。《国语·周语下》对姓氏兴衰总结教训道：“有夏虽衰，杞、鄫犹在；申、吕虽衰，齐、许犹在。唯有嘉功，以命姓受祀，迄于天下，及其失之也，必有慆淫之心间之。故亡其氏姓，踣毙不振；绝后无主，湮替隶圉。”这段话的核心意思是，只有为世人谋福利，创建济世功业的人，才能获得姓与氏，但是他们的后人因傲慢淫乐而断送了祖先的功业，因此，他们的氏、姓灭亡了，败亡又不能振作，一族之主慢慢没人接替了，子孙沦为奴隶。其实，如此概括氏姓灭亡的因果关系，未必是历史真相，但我们因此可见这种事是经常发生的。据经学大师郑玄（字康成）考证，伏羲时有五十九姓，西周金文中约有三十姓，《左传》里可见二十余姓，到东汉许慎（约公元58—147年，字叔重，著名经学家、文字学家，有“字圣”之称）撰写《说文解字》）时，《说文》中仅剩下十二姓了。这种统计，虽然不会是每一个历史阶段的古姓的实数，但毕竟反映出古姓逐渐减少的趋势，而这种结果当是与姓族的灭亡有关系。姓氏亡失的另一种情形，是大批沦为奴隶或贱役的男女因身份卑微而失去了姓氏。比如那位夏末商初的大名人伊尹，尹为官名，一说其本名“伊”，一说本名“挚”，甲骨卜辞中称他为伊，金文则称为伊小臣，他是有莘国人，和有莘氏出自同一血统，故姓姒，是夏朝建立者禹的后代。夏朝的第二位天子启（姓姒，名启，大禹的儿子，史称夏启）封支子于莘（今陕西省渭南市合阳县），称“有莘国”，简称莘国。商代因之。西周时，有莘国改属畿内地。公元前770年，周平王迁都洛阳后，废有莘国，并入晋国，称“莘”、“梁”或“羁马”。伊尹本属于姒姓族团有莘氏支派中人，但是因为是弃婴，而后从事耕田、师仆（奴隶主贵族子弟的家庭教师），所以不能再用姒姓或有莘氏作自己的标记了。只因在莘国当地很有贤德之名，以“媵（yìng）女”（指古代贵族嫁女时随嫁或陪嫁的人）的方式被商族首领汤，聘请过来，当上了商汤的右相（即右丞相，最高行政长官），后任三代商王外丙、仲壬、太甲的辅佐之官。假使伊尹没有机会当上汤的大臣，也可能结婚生子，一代一代延续下去，其后裔自然就成了没有姓氏的人，这样，也没有人替他考证家世，寻找出已经亡失的姓了。

此外，在土地私有制尚未出现以前，一般贫民因无财产可以继承，故不立族谱，标志家族系统的姓也就失去了使用的意义，所以许多人就在名前冠以劳役名、职业名或居住地名，如巫咸、庖丁、弈秋、优孟等。等到战国中期（指从韩赵魏三家分晋开始算起直到秦始皇统一天下为止，即公元前403—公元前221年），历史进入分裂对抗最严重且最持久的时代，社会财富与姓氏制度随社会大变革也发生变化，庶民也有些微薄的财产可供继承，这些叫惯了的世代相传的手工业或居住地名，便成为他们在姓氏合一的新的历史条件下使用的“氏”，即所谓“今姓”。

春秋以前，贵族之姓承袭远祖的族称，因此百代不变，比较稳定；氏为当事人因自己的先人有大德或者自己建立功德由受封地名、爵位名、官名而来，而且还会随着封邑、官职的改变而改变，因此会有一个人的后代有几个氏或者父子两代不同氏。另外，不同姓之间可能会以同样的方式命氏，因此会出现姓不同而氏相同的现象。

中国人的“氏”集中产生于周朝。周朝初年，为控制被征服的广大地区，大规模地分封有功德的人当地方的诸侯，而这些诸侯国的后人即以所封国名为氏。周之诸侯又以同样的方式对国内的卿大夫进行分封，大夫的后人又以受封地名为氏。以后，各种形式的氏的来源又不断出现，并且氏的数量远远超过了姓的数量。至于贵族女子，则无论怎么称呼都必须带上姓，因为女子的姓起着辨别婚姻

的作用，这反映了中国周代社会婚姻制度的严谨性。

战国初期，也就是周朝的后半期，周朝二十多个诸侯国依然以周王为共主。进入战国中期，七国（齐、楚、燕、韩、赵、魏、秦）争雄，各个诸侯国为保持自己的生存和扩大国土的势力，不断改革图强，加强军备，君主们都相继称王，独霸一方。各诸侯互相攻伐，宗法制度开始瓦解，社会发生大变革，社会财富分配与姓氏制度也发生根本变革，于是有些世袭的贵族开始没落，有许多贵族还沦为平民甚至奴隶，一些庶民或者奴隶有了社会地位与财富，为此表明贵族身份的“氏”就变得不重要了，这时氏开始转变为姓，如本属于妫姓的齐国国君陈厉公的儿子陈完，至战国时已以田为姓，姓与氏开始走上合二为一的轨道。

在公元前221年，秦始皇就完成了古中国统一大业，建立中国历史上第一个统一的、多民族的、中央集权制国家——秦朝，秦始皇接受了李斯的建议，废除了分封诸侯的制度，全面推行郡县制度，郡县制需要户籍制度配合，所有的人都要登名造册，姓与氏正式合二为一了。《通志·氏族略》载：“秦灭六国，子孙该为民庶，或以国为姓，或以姓为氏，或以氏为氏，姓氏之失，由此始……兹姓与氏浑为一者也。”姓氏制度的演化，反映了姓与氏由分离走向合二为一的历史。

当氏贵制度瓦解后，氏作为一个人的称号不再是有权有钱的贵族身份标志了，而与姓一样成了单纯的家族识别称号，氏“别贵贱”的作用就不存在了。在秦朝崛起的新贵族需要标识身份地位的新招牌，于是新兴起的“郡望”代替“氏”起到了“别贵贱”作用，自秦以后的贵族就在其姓氏前加上郡名（古代行政区域名，秦代的郡比后来兴起的县大），如太原王氏、琅琊王氏等等，太原、琅琊就是姓氏古籍中常说的王姓郡望。在中华百家姓中，王姓拥有郡望最多，这从一个侧面反映了王姓家族的超强繁荣。太原王氏起源于山西的太原，从魏晋到唐朝都非常显赫，与陇西李氏、赵郡李氏、清河崔氏、博陵崔氏、范阳卢氏、荥阳郑氏等七族并列为五姓七族高门。太原王氏是较早登上一流门阀士族地位的王姓。到了唐朝，太原王氏这块沃土中孕育出了王勃、王之涣、王昌龄、王维等一批顶尖诗人，形成大唐诗歌史上一个目不暇接的诗坛盛宴。琅琊王氏家族中涌现出王羲之、王献之、王守仁等名人。太原与琅琊王氏的近祖是秦朝名将王翦。后来，王翦之孙王离死于巨鹿之战，王离长子王元，因避秦乱，迁于琅琊（今山东境内），为琅琊王氏始祖，王元之弟王威则是太原王氏的祖先。“郡望”一词，是“郡”与“望”的合称。“郡”是行政区划，“望”是名门望族，“郡望”连用，即表示某一地域范围内的名门大族，它成为某一显赫姓氏望族的社会身份的地域性标志。

**命氏的九种来源**

古代男人的氏来源有二十几种，这些氏族后来都变成了姓。命氏有种种不同的方式。查其来源，大致有以下几方面情况：

1. 以国名为氏。例如：芈姓之后鬻（yù）熊曾为周文王师，周成王追封鬻熊曾孙熊绎为诸侯，定都丹阳建立荆国。后熊通自封为武王，他儿子又迁都到郢（湖北江陵）改国号为楚，春秋战国是强国之一，后被秦灭，子孙以楚为氏。吴姓出自黄帝姬姓，周太王亶父长子太伯为了让贤，出奔到东南沿海一带，土著居民拥为君长建立吴国，春秋后期曾成为强国而称霸一方，后被楚国所灭，子孙以吴为氏。另外，齐、鲁、燕、郑、卫、曹、任、吕、梁、申、霍、耿等都是以国为氏，这里不细说。

宋姓源出于子姓，武王灭商后，纣王哥哥微子启被封于商丘一带，建立宋国，七百多年之后被齐国所灭，子孙以宋为氏。

2. 以封邑（yì）名为氏。周代被封邑的人就以邑名为氏，例如：楚国楚武王有个名叫瑕的儿子，瑕被封于名叫“屈”（今湖北秭归）的采地，于是其后代以“屈”为氏，屈氏后来变成了屈姓，代表人物屈原。

晋公族靖侯被封食采于羊舌这个地方，遂以“羊舌”为氏，以后就成为羊舌姓了，代表人物羊舌赤。

西周初期，周武王之子、周成王的弟弟叔虞有个名叫良的儿子，良被封于解邑（今山西省临晋县西南解城），所以称为解良。解良的子孙后代于是以“解”为氏，这就是“解”姓的来源。

东周时，周匡王封小儿子到刘邑建立刘国（今河南偃师县南），号刘康公，其后代中有的人以刘为氏，即今天的刘姓一支。

3. 以居住或出生地名为氏。例如：《国语·晋语》记载了炎黄二帝得姓来源："昔少典娶于有蟜氏，生黄帝、炎帝。黄帝以姬水成，炎帝以姜水成。成而异德，故黄帝为姬，炎帝为姜。"

最早住在傅岩的人以"傅"为氏，后来"傅"就变成了姓。

东门襄仲的先人居住在东门，遂以"东门"为氏。

百里奚的先人居于百里，遂以"百里"为氏。

西门豹的先人居住在西门，遂以"西门"为氏。

4. 以官职名为氏。例如：周武王当政时，执掌刑狱的官叫司寇，司寇的后代以"司寇"为氏，代表人物司寇惠子。

周朝有史官，史官尹逸的后代以"史"为氏，代表人物史墨。

古代担任司马官职的人就以"司马"为氏，司马后来也变成了姓，代表人物西汉历史学家司马迁。

上官复姓源出于芈姓，战国时，楚国公族子弟靳尚任上官大夫，后代子孙以上官为氏。

5. 以爵名为氏。古代有王爵、侯爵，封王爵和侯爵的人就以王、侯为氏。王和侯都是后代的大姓。

6. 以谥（shì）号为氏。例如：楚庄王的"庄"是谥号，楚庄王的后人就以"庄"为氏。卫康公的"康"也是谥号，后人就以康为氏。庄、康二氏后来又都成为姓。周文王姬昌谥号"文"，其后代以"文"为氏，后来就有"文"姓，代表人物文种。

7. 以从事职业名为氏。这种氏一般是古代平民使用的，他们把自己职业名作为氏，也有极个别官人因职为氏。例如：汉武帝的丞相车千秋，本姓田，皇帝念他年老，叫他每天乘小车上朝，因此号为车丞相，其后就以"车"为氏。这样的氏还有匠石、徒人费、弈秋、庖丁等，其中"石"、"费"、"秋"、"丁"都是人名，"匠"、"徒人"、"弈"、"庖"均为这些人的职业，自然也是他们后代子孙的氏。

8. 以技艺为氏。古代有世代精通巫医、卜筮之术的人，他们的子孙就以巫、卜为氏，即现代的巫姓和卜姓来源。

9. 天子赐氏。例如：古史记载了“五帝”中的禹是黄帝的玄孙，以其治理洪水有功，被赐氏曰“姒”。

## 中华始祖黄帝的姓氏

《礼记》记载：“黄帝正名百物，以明民共财。”“黄帝正名百物”就是黄帝分门别类地给百物起名字；“以明民共财”的意思是便于人们得到许多事物的名字，使人们变得更加聪明，共同享有知识财富。所以，在中华文化史上，黄帝则是中华有文字记载史上第一位起名先师。那么黄帝的姓氏怎么得来？黄帝的姓：公孙，长大之后又姓姬；名：轩辕；号：有熊。司马迁《史记》记载：“有土德之瑞，故号黄帝。”也就是说，轩辕具有五行“土”的柔和厚实、滋生万物，顺承天道、色黄居中、广大无垠的祥瑞美德，又是氏族联盟首领，所以后人给他取了“黄帝”尊号。

人文始祖黄帝

中国最早的国别史著作《国语》中记载了炎黄二帝得姓由来。《国语·晋语》：“昔少典娶于有蟜氏，生黄帝、炎帝。黄帝以姬水成，炎帝以姜水成。成而异德，故黄帝为姬，炎帝为姜。二帝用师以相济也，异德之故也。”三国时期吴国文学家、史学家、经学家韦昭注引贾逵云：“少典，黄帝、炎帝之先。有蟜，诸侯也。炎帝，神农也。……姬、姜，水名。成，所成长以成功也。”

今天许多人看了上述炎黄二帝得姓的史料，以为炎帝与黄帝是亲兄弟，其实不然，炎黄二帝虽然出自同一个亲族，但不是兄弟关系。在我们看来，现在许多人将炎黄二帝解读为亲兄弟关系，这与古人的思维方式不合拍，没有发现和找到古代文化中各种事象产生的原因，没有分清字面意思、象征意义及其内涵的关系，没有清理相互之间的源流关系、脉络关系、衍生关系等，故大多停留于孤立的字面意思。根据有关史料，我们阐释该段文意如下：

很久很久以前，女娲和伏羲后裔中的少典氏部族的一位“王子”与有蟜氏部族的一位名叫附宝的姑娘走婚交媾，生下了黄帝，黄帝具有“土”德，又在姬水之滨成就一番事业，建立了自己的领地，故为姬姓；少典氏部族后裔的另一个“公子”与有蟜氏部族后裔的另一位名叫女登“公主”走婚生下了炎帝。炎帝具有“火”德，且在姜水附近发展成为有实力的氏族，所以取族姓为姜。炎黄二帝的成长地不同，二人的五行之德不同，所以他们的姓也不同。

“少典氏”是黄、炎二族的父族号，“有蟜氏”是他们的母族号，也就是说，炎帝、黄帝是相同亲族之后裔，从族号上论，炎帝的父母与黄帝的父母虽然不同，但都出自兄弟、姐妹亲族。从很远的母系血缘祖根上讲，炎黄二帝的父族少典氏的血缘始祖出自一个母性祖先，他们的母族有蟜氏的血缘始祖是源自一位母性祖先，两位母性祖先不是一个人，而是两个人。

相传黄帝的母亲叫附宝，炎帝母亲叫女登，又名安登，亦称妊姒，附宝与女登都出生于只知其母不知其父的母系氏族中的有蟜氏部族。因少典氏和有蟜氏是两个互为婚姻的古老氏族部落，当时两个部落的婚姻状况还处于只知其母不知其父的母系氏族社会的走婚阶段，所以古籍上只记载了炎黄二帝母亲的名字与姓族号，而其父亲的名字与姓族称号则不详，只知道黄帝之父与炎帝之父是母系氏族中的少典氏部族的两个不同的男子。这实际上是反映母系氏族社会女人族外走婚的社会现象。

传说女登诞生于陕西凤翔县槐原。凤翔槐原现存有九天圣母庙和石碑，每年正月 26 日举办女登节和九天圣母庙会。炎帝生于烈山石洞（今在湖北省随州市曾都区厉山镇九龙山南麓），在姜水（在今陕西岐山、武功一带的姜水流域）边长大，因此命名为姜姓，他又以火德成为天下的王，故号炎帝，又号烈山氏、厉山氏、赤帝、神农氏。《左传》、《国语》和《礼记》曾提到烈山氏能够播植百谷百蔬。东汉郑玄注《礼记》和三国韦昭注《国语》，都说烈山氏为炎帝。西汉末年刘歆的《世经》把炎帝与神农氏并称为一个

人。《汉书·古今人表》及《易·系辞》“注疏”将炎帝与神农氏合称呼为“炎帝神农氏”。《水经注》卷三十二又把烈山氏和神农氏相并，说谬水西南经过厉乡南，水南有重山，就是烈山，山下有一个洞穴，相传是神农氏的诞生处，所以《礼记》称神农氏为烈山氏。而有关烈（厉、列）山氏称号的缘起，又有二说。《路史》认为，烈山原字当作列山或厉山，因神农氏“肇迹”于列山，故以列山、厉山为氏。刘城淮《中国上古神话》则认为炎帝为火神，放火烧山很猛烈，故为烈山氏。炎帝陵墓在全国至少有三处，这三处分别是湖南省株洲炎陵县炎帝陵、陕西省宝鸡炎帝陵、山西省高平市炎帝陵。《高平地方志》记载炎帝曾巡游至此，炎帝陵在这里似乎就是古人为纪念炎帝而建。炎帝神农氏死后被葬于上述三处之一，这说明我国很多地方都有炎帝的传说与相关陵名、地名，浓缩了祖先业绩的古老地名、陵名往往随着中国先人的迁徙被移植到四面八方，成为迁入地的名字，化作永世不朽的纪念碑。

《汉书人表考》卷一记载：“少典娶有蟜氏，名附宝，感大电绕枢，孕二十五月，以戊巳日生黄帝于天水。”《水经注·渭水》也记载：“黄帝生于天水，在上邽城东七十里轩辕谷。”司马迁《史记·五帝本纪》说：“黄帝者，少典之子，姓公孙，名曰轩辕。生而神灵，弱而能言，幼而徇齐，长而敦敏，成而聪明。”又云：“故黄帝为有熊。”宋朝的刘恕在《通鉴外纪》中说：“少典国君之妃曰附宝者，感电光绕斗而有娠，生帝于轩辕之丘，因名轩辕，姓公孙。”这里所说的轩辕之丘是在今河南新郑市西北。南朝时期的宋国史学者裴骃为《史记》作《集解》引谯周（三国时期蜀汉著名的儒学大师和史学家）的话说：“黄帝，有熊国君，少典之子也。”又引黄甫谧曰：“有熊，今河南新郑是也。”东汉班固《白虎通义·号章篇》说：“黄帝有天下，号曰有熊。”这是怎么回事？上述材料都可以说明在原始氏族联盟时代，少典氏和有蟜氏是两个互为婚姻的古老部落。当时两个部落的婚姻状况还处于母系氏族社会的走婚阶段，并没有娶妻纳妃之说；所谓“少典之子”、“少典国君之妃”的说法完全是后世附会之说。综合以上说法，我们可以这样判断：有蟜氏部落的一名叫作附宝的女子和少典氏的一名走婚男子结合，怀孕后生下了一个儿子，因为是在轩辕之丘生下的，便给孩子取名叫轩辕。至于“黄帝”的称谓，则是后人追加的尊号了。黄帝之号始见于《左传》和战国时期齐威王时期的陈侯因𬰼敦青铜器铭文中。周安王时期（公元前 391 年）齐国的国相田和（史称齐太公）废齐康公，自立为国君，同年为周安王册命为齐侯。齐国的权臣田氏夺取了姜姓的政权之后，国名不改，仍旧称齐，是为田氏齐国，史称田齐。而在田氏所铸铜器的铭文上，都称陈侯。如陈侯子和、子釜，是齐太公田和铸的铜器，陈侯午簋、陈侯午敦，是齐桓公田午的器，陈侯因資鼎、陈侯因𬰼敦，是齐威王田因齐的器。传世的铜器“陈侯因𬰼敦”铭文有：“其惟因，扬皇考绍緟（昭统），高祖黄帝，侎（迩）嗣桓文，朝问诸侯，合扬厥德。”这证明战国时田齐王室即自谓黄帝的后代，把黄帝作为陈氏远祖，此为迄今铭文中所见到的首次提到“黄帝”之号。司马迁在《史记》中说：“有土德之瑞，故号黄帝。”著名历史教师纪连海说：“所谓姓公孙不过是古人的伪托，根本无据可考。”我们认为，从父系血统讲，黄帝是少典氏部落的分支“姬族”的创始人，按照母系血统讲，黄帝的母亲应是有蟜氏部落一支“公孙族”中一位叫作附宝的女子，“公孙”是母系血统识别称号，因此可以说黄帝姓“公孙”。在只知母不识父的母系氏族时期，黄帝的父名不详。《国语·晋语》记述黄帝姓姬，是按父系男性血统命名的族号。黄帝的氏号即国号叫有熊。

黄帝其人其事考证。黄帝出生的具体年代有多种说法，大多数人认为黄帝出生于公元前 2396 年更可靠，换言之，黄帝生于距今 4405 年前左右，比俗传出生时间少 600 年。中国关于黄帝的事迹与史料太多了，我们就不再一一列举。在出土的战国中期的“陈侯因𬰼敦”青铜器铭文中明确提到先祖“黄帝”。考古专家们对位于河北省涿鹿县矾山镇三堡村北的黄帝都城——“涿鹿”考古也为我们提供了黄帝存在的真实证据，2008 年 10 月 29 日中央电视台《探索发现》栏目播放了五集纪录片《发现黄帝城》，向世人全方位地介绍了“涿鹿”古城。

黄帝统治时期，多次东征西伐，比如：距今约 4300 余年前，为了争夺适于牧放和农耕的中原地盘，黄帝部族联合炎帝部族，与

东方九黎族部落首领蚩尤在涿鹿（今河北省涿县一带）进行了一场大战，这就是著名的涿鹿之战。最后黄帝杀死了蚩尤，涿鹿之战就这样以黄帝族的胜利而宣告结束。战后，黄帝族乘胜东进，一直进抵泰山附近，在那里举行封“泰山”仪式后方才凯旋西归。同时“命少皞清正司马鸟师”，即在东夷集团中选择一位能附众的名叫少皞清的氏族首长继续统领九夷部族，并强迫东夷集团同自己华夏集团互结为同盟。失败的蚩尤部族则被迫迁徙他处或逃亡他处，黄帝对他们采取分而治之的措施。

涿鹿之战后，炎帝为争夺部落联盟领导权，加上炎帝内部可能有人挑拨，要炎帝统领称帝。所以，炎帝乘黄帝喘息未定之际，举兵向黄帝发难，爆发了阪泉之战。黄帝在阪泉（在今山西运城市解州镇）野外与炎帝开战三次，参战的两个部落都有很强的实力，战争的规模颇为壮观。黄帝、炎帝本是同一个母族的后人，可谓兄弟部族，为什么会同室操戈？西汉初年贾谊撰写的政治哲学著作《新书》（又称《贾子》）云：“炎帝者，黄帝同母异父兄弟也，各有天下之半。黄帝行道而炎帝不听，故战于涿鹿之野，血流漂杵。”实质上，阪泉之战核心性本质问题，则是两个部落方国争夺部落联盟领导权。战争的起因是，黄帝建议派官到东部少昊部落施政，于是炎帝派蚩尤驻兵少昊，蚩尤假借黄帝之命暴掠民财，有“奸宄夺攘矫虔”行为，还逼迫少昊氏族成员随其作乱。炎帝闻讯后，率兵前往监督，结果被蚩尤追杀，炎帝一直跑到涿鹿黄帝的地盘，多次请求黄帝出兵救援，但黄帝按兵不动，其实黄帝正采取骄兵之计，只做好战场布阵，但不出兵救援被蚩尤追杀的炎帝，炎帝对此心存积怨，是酿成了这次战争的根源之一。涿鹿之战出现势均力敌的激烈持续局面，《吕氏春秋·荡兵》记述云：“兵所自来者久矣，黄、炎故用水火矣。”《列子·黄帝》曰：“黄帝与炎帝战于阪泉之野，帅熊、罴、狼、豹、貙、虎为前驱，雕、鹖、鹰、鸢为旗帜。”《大戴礼·五帝德》则云：“（黄帝）与赤帝（炎帝）战于阪泉之野，三战，然后得行其志。”从上述文献记载来看，为了取得战争胜利，黄帝部落和炎帝部落进行了相当长的争斗，他们不仅调动了本部落的全部力量，而且也联合了其他部落作为盟军，在这方面黄帝表现得更为出色，最后一次终于打败了炎帝，炎帝败得心服口服，甘愿称臣，发誓不再与黄帝抗衡，炎黄自此结盟不战了。所以说，阪泉之战，是原始部落方国时期双头领导体制向文明时代一元领导的一个转换，是一种政治制度上具有划时代意义的历史变革。

根据考古发掘成果，因为炎帝部落战败，其一部分人从中原迁移到东北方，所以在今内蒙古赤峰市红山文化中出现炎帝文化，而蚩尤部族战败则被强制迁移到西北甘肃一带、河南濮阳西水坡一带、山东西部一带。东晋十六国时期前秦道教楼观派大师、著名方士王嘉的《拾遗记》载："轩辕去蚩尤之凶，迁其民善者于邹屠之地，迁恶者于有北之乡。"经我们下功夫考证，"邹屠之地"就是黄帝疆域的东部边陲，属于少昊管辖的地盘，在今山东省西部一带。"有北之乡"泛指中国北方偏远地区，具体指今天的甘肃省中西部一带。战国时期的历史文献《逸周书·尝麦解》中有"命蚩尤于宇少昊"之语，这里的"宇"释为"边"，国的四垂为宇。意思是说蚩尤部族后裔曾被安排在少昊部落的边垂居住。根据从河南省新郑的 10 处仰韶文化遗址考古发掘出黄帝时代的陶器、玉器及工具等文物，我们可以得知，黄帝时代的文化在中原地区已经很发达了，那时人们过着安居乐业的生活。

黄帝时期的主要业绩。制弓，创作音乐，制订历法，度量四方，观察天文，发明医药，创立干支。从河南省新郑的仰韶文化遗址出土的文物我们可以得知，黄帝时代人们过着定居生活，处于锄耕农业阶段，出土大量的房基、石铲、石斧等即是例证；出现了彩陶手工技术，使用半机械化轮制技术。在内部组织管理上建立"云官云师"编制。创造出了仰韶文化等等。北京大学考古文博学院考古学专业博士生导师严文明在《仰韶文化研究》指出新石器时代仰韶文化的晚期约在公元前 3000 年—公元前 2500 年，亦即距今 4500 年至 5000 年。

在这里特别强调一下，研究黄帝本人本事，要与以黄帝为名号的部落族名区别开。学者们一般认为，在原始社会时期，氏族名、氏族首领的名称以及这个氏族的保护神（图腾）三者常用同一个名称，如"黄帝"一名，既是远古炎黄部落氏族的称号，又是黄帝部落酋长个人的名称。神话传说黄帝的寿命长达三百年、上千年，只要把黄帝作为部族名称，黄帝部族历史上溯千年下及百年的“神话”也就不成问题了。因为古部族名称往往来源于其始祖之名，而同一部族的一系列首领又往往使用同一部族名称，所以即使对同一部族名称也应注意审查其具体年代，未可前后划一，等同对待。族号冠名为少昊氏族部落的祖先与黄帝氏族部落的祖先的口传历史可以上推追溯到考古学上讲的新石器时代中晚期之际，也就是距今8000年前至5000年前之间，这与考古材料所反映的年代基本一致。我们还可以通过东汉中期的《大戴礼记》（亦名《大戴礼》、《大戴记》）记载的宰我与孔子的对话来理解“黄帝三百年”。《大戴礼记·五帝德》：“宰我问于孔子曰：‘昔者予闻诸荣君，言黄帝三百年，请问黄帝者人邪？抑非人邪？何以至于三百年乎？’……孔子曰：‘黄帝，少典之子也，曰轩辕。生而神灵，弱而能言，幼而慧齐，长而敦敏，成而聪明。治五气，设五量，抚万民，度四方；教熊罴貔豹虎，以与赤帝战于版泉之野，三战然后得行其志。黄帝黼黻衣，大带黼裳，乘龙扆云，以顺天地之纪，幽明之故，死生之说，存亡之难。时播百谷草木，故教化淳鸟兽昆虫，历离日月星辰；极畋土石金玉，劳心力耳目，节用水火材物。生而民得其利百年，死而民畏其神百年，亡而民用其教百年，故曰三百年。’”孔子的学生宰我对“黄帝三百年”存有很大疑问，发出了黄帝到底是不是人的疑问，是人还是妖？面对这个问题，宰我穷追不舍地请教孔子，孔子回答说：黄帝是个劳心勤政的君主，他能教导百姓节省民生财物，因此他在位的时候，人们蒙受他的德政一百年；死后，人们敬畏他的神灵一百年；等到人们忘记他时又采用他的教化一百年，所以说黄帝在位三百年。

## 详解黄帝二十五子得姓史话

最早记述黄帝二十五子得姓的史书就是战国时期的《国语》。在《国语·晋语》第四篇里，记载了逃难到秦国的晋国公子重耳（后封为晋文公）的随臣司空季子劝谏他纳娶名份上是侄媳的秦女怀嬴的故事，司空季子为了促成“晋秦联姻”，就引述了关于黄帝二十五子得姓的口传史料，兹摘录原文如下：

黄帝之子二十五人，其同姓者二人而已：唯青阳与夷鼓皆为己姓。青阳，方雷氏之甥也。夷鼓，彤鱼氏之甥也。其同生而异姓者，四母之子别为十二姓。

凡黄帝之子，二十五宗，其得姓者十四人为十二姓，姬、酉、祁、己、滕、箴、任、荀、僖、姞（jí）、儇（xuān）、依是也。唯青阳与苍林氏同于黄帝，故皆为姬姓。

这两节史料自汉代至今以来始终是史学家、姓氏学家论证中华古代姓氏文化的起源与演变的重要论据之一，这是因为中国人至今多以“黄帝之子孙”自居。可是《国语·晋语》关于黄帝之子得姓的这段史料让人特别费解，几乎每一个枝节问题都在困惑着历代的学者，从而导致该得姓之说的整个情节及其解释成为迄今两千一百年多来史学研究与姓氏学研究上的一大悬案。正因这样，我们先介绍一下过去学者们的见解与看法。

黄丕烈（清朝乾隆时期藏书家、版本学家、校勘学家。字绍武，号荛圃，又号复翁、书魔）在所著《校刊明道本韦解〈国语〉札记》对黄帝二十五子得姓提出如下意见：

又虞（毛按：虞即三国时期吴国学者、官员虞翻，字仲翔，会稽余姚人，他于经学颇有造诣，尤其精通《易》学、为《国语》作过训注）说：凡有二十五人，其二人同姓姬，又十一人为十一姓……余十二姓德薄不记录。丕烈案，此小司马（毛按：司马贞的世号“小司马”，著《史记索隐》三十卷）所谓“旧解破四为三”者也。其解当读上文“皆为己姓”作“皆为姬姓”；下文“故皆为姬姓”乃申说上文。夷鼓与苍林为一人。

这黄丕烈认为：虞翻“破四为三”的说法不妥当，夷鼓就是苍林，上下节的青阳一名指代同一人。

著名国学家、古文字学家唐兰提出《国语·晋语》第四篇所述黄帝二十五子得姓一文很矛盾的看法，他说：“《国语》这一节里很矛盾……我疑惑这一段《国语》的本来面目是‘黄帝之子二十五人，其同姓者二人而已：唯青阳与夷鼓皆为己姓。青阳，方雷氏之甥也。夷鼓，彤鱼氏之甥也。其同生而异姓者，四母之子别为十二姓。同德之难也如是。’后人因‘别为十二姓’的话，添了一段进去，所以和上文都不合适了（北大《先秦文化史讲义》）。”

从事先秦史和人类学研究的已故著名学者杨希枚先生历时十几年研究《国语·晋语》黄帝之子得姓问题，在 1962 年与 1976 年发表了《〈国语〉黄帝二十五子得姓传说的分析》上下两篇论文（上篇发表于 1962 年《中央研究院历史语言研究所集刊》第 34 本，下篇发表于 1976 年《清华学报》），杨希枚先生认为：“……上下两节不仅应是一正文一注文，且依文献上一般正文与注文的排比方式而改写呈下列形式，则两者的关系益为显然：

黄帝之子二十五人（凡黄帝之子二十五宗），其同姓者二人而已：唯青阳（青阳，方雷氏之甥也）与夷鼓（夷鼓，彤鱼氏之甥也）皆为己姓（唯青阳与苍林氏同于黄帝，故皆为姬姓）。其同生而异姓者，四母之子别为十二姓（其得姓者十四人为十二姓，姬、酉、祁、己、滕、箴、任、荀、僖、姞（jí）、儇（xuān）、依是也）。”

杨希枚先生主张《国语》在传抄过程中误将后人的注释混入了原文导致把同姓者二人解成了三人或四人的后果！他说：“《晋语》正文与注文中的青阳、夷鼓、苍林实际上只是两个人；既非三个人，更非四个人。”

根据从地下新考古出来的商、周二代的铜器铭文，我们不完全认同唐、杨二位先生的看法。细说如下：

杨希枚先生在《〈国语〉黄帝二十五子得姓传说的分析》中对原文一些词语作了有益的解释，值得我们赞同，我们结合杨先生研究成果，再进一步对《国语·晋语四》黄帝之子得姓原文进行释疑与释义。“黄帝之子”的“子”不是儿子的意思，应该是孩子的意思，不分男女性别统称孩子。“黄帝之子”意指黄帝的儿女，不单指黄帝的儿子，也包括黄帝的女儿。例如就在《国语·卷十·晋语四》里黄帝二十五子得姓传说之上三节有一句话：“狐姬，伯行之子也，实生重耳。”狐姬是伯行的女儿，同时是重耳的母亲。作者认为“黄帝之子二十五人”就应该解释为黄帝有二十五个儿女（孩子)。“同姓”、“异姓”、“得姓”中的“姓”有古义与今义两种解释，先秦时代的“姓”从古义上讲指“族姓”，即族号、族名。我们对“族姓”进一步解释为用来表示源自同一血缘的族群称号，如同姬姓、嬴姓一类的“古姓”一样，本质上是不同血缘的不同族群的识别代号。此外“姓”也可以作为一个小家族的族长的个人称号。由于人口的繁衍，原来的一个大氏族部落又分支出若干新的小部落，这些小部落为了互相区别，就为自己的子部落单独起一个本部落共用的族号——“姓”，以表示自己的特异性，当然也有的小部落没这样做，而仍然沿用老部落的母姓。一个以部落酋长黄帝为中心的二十五子组成了黄帝人部族，亦即人氏族，这个人氏族分别衍生出十二个小家族或子部落，每个小家族或子部落都有自己的姓，他们聚居在一个村落或几个相邻的村落之内，亲族成员之间的关系较氏族成员之间的关系更为密切。根据考古资料，每个小家族包括族长及其一妻或数妻、子女。“四母之子别为十二姓”中的“别”是“分别衍生”之意，作者认为，黄帝的四位老婆所生的25个孩子们没有都随母姓，而是分别衍生出了12个新姓。根据出土的“己侯”青铜器铭文（出土文献），“唯青阳与夷鼓皆为己姓”中的“己姓”就是“纪姓”，先秦时期的“己”与“纪”通假互用，金文“己”就是后来的传世文献所记的“纪”。对此详细论述见置后。“青阳，方雷氏之甥也”与“夷鼓，彤鱼氏之甥也”句中“甥”是男子专用而非女子专用的一种亲属称谓。作者认为原文之所以这样迂回叙述，而不直接说“方雷氏之子、彤鱼氏之子”，目的是强调青阳与夷鼓都是男性，不是女性，如果云“某某之子”，孩子的性别问题就可能不明了，用“甥”字更能够突出性别，同时暗示出黄帝晚年的社会已经进入父权制社会时代。原始父权制社会的特征是，氏族由一个男性祖先和他的子孙后代组成，子女通常不再随母族，而是归属父亲部族。世系由男性传递，财产也按男性继承。族长或部落联盟酋长一般由年长的男子承担，族长或酋长既是生产的组织者，又是军事出征的指挥者。随着战争的频繁发生，部落集团酋长变成了专职的军事首领。强大、善战的部落集团在能力卓越的酋长指挥下，往往征服其他部落。相邻的部落由于战争的需要，也结成部落联盟，有一些部落联盟相当持久，在历史上起过重大影响。《史记·五帝本纪》云：“轩辕之时，神农氏世衰。……於是轩辕乃习用干戈，以征不享，诸侯咸来宾从。”“天下有不顺者，黄帝从而征之，平者去之，披山通道，未尝宁居。”显然，黄帝对不顺从者，“征之”，“去之”，使“诸侯咸来宾从”，通过军事征服，使诸侯“宾从”。拥有这种号令征伐的最高权力者黄帝与蚩尤战于涿鹿之野，与炎帝战于阪泉之野，通过战争不断占有对方的各种资源与对方的女人，加强自己的部族集团权与部族成员获得最佳配偶权，巩固本部族的实力，也促使自己的后代不断优生，因为近亲婚姻使人口素质下降，导致家族衰落。《国语·晋语四》中的“凡黄帝之子，二十五宗”的“宗”指宗支、族支而言，这也就明显告诉我们：战国时期，《国语》作者讲黄帝二十五个孩子是一人一宗，共 25 支。此处人各一宗的意思与汉代分宗制不同，《史记·五宗世家》云：“孝景皇帝子凡十三人为王，而母五人，同母者为宗亲。”即汉代孝景皇帝的儿子以母亲为准分为五宗。因此，我们认为上节“黄帝之子二十五人……四母之子别为十二姓”与下节“凡黄帝之子，二十五宗……故皆为姬姓”不是简单的重复，上节内容主要解释“十二姓”，而下节内容强调黄帝之子不分男女一人一支，人各有姓，其中除了 11 人随从母姓、2 人随从父姓——姬之外，又建立了 11 个新姓——酉、祁、己、滕、箴、任、荀、僖、姞、儇、依。上节云“唯青阳与夷鼓皆为己姓”的“己姓”即“纪”姓，是 11 个新姓之一。再说“得姓”一词。杨希枚先生认为，黄帝二十五子中十四人得十二姓，剩余十一人没有“不得姓”的意思。我们认为事实上也如此，从远古的母系氏族社会开始至夏朝末期，任何一个人只要一出生就自然而然地拥有该母族的称号——族姓，自从原始社会产生族姓以来，没有“不得姓”的姓氏制度，就《左传》记载“天子建德，因生以赐姓”而言，被赐姓的人也都有自己的原姓，或者原姓重新被天子（即具有最高统治地位的首领）宠赐。对有德有功之人来说，得到天子赐姓，那是一件非常荣幸的事，而没有被赐姓的人，虽然得不到这种恩赐，但都有其自己的族姓，并非因其未蒙赐姓而天生“不得姓”，比如那位生于夏末的伊尹（一说名

"伊"），他在被商王汤起用之前是弃婴，属于社会下等人，虽然不冠姓，但只是有姓不称罢了。伊尹是有莘国人，和有莘氏出自同一血统，故姓姒，是夏朝建立者禹的后裔，只因身份近似奴隶，在夏末商初的奴隶制社会就不能用有莘氏表明身份高贵的"姒"姓作自己的代号。据《吕氏春秋·本味》："有侁氏女子采桑，得婴儿于空桑之中……身因化为空桑，故命之曰伊尹，此伊尹生空桑之故也。长而贤，汤闻伊尹，使人请之有侁氏，有侁氏不可。伊尹亦欲归汤，汤于是请取妇为婚，有侁氏喜，以伊尹为媵送女。"经考证，"莘"又写作"侁"。意思是：伊尹生于有莘国桑林之中，被有侁氏女子发现抱养，长大后德才兼备，商部族酋长汤得知伊尹情况后，想请伊尹到商辅佐自己，伊尹也有此心意，但遭莘国拒绝，汤于是用娶莘国酋长之女为妻的办法，使伊尹以媵（yìng）臣的身份来到商国。伊尹虽出身卑微，但其雄才大略却为成汤所独钟，尽管他是以媵臣（古代随嫁的臣仆）的身份来到商国，却得到汤的重用，伊尹辅助汤推翻了夏桀，建立了商朝大业，是一位于商朝功不可没的开国元勋。"伊"之名，缘于其生在伊水之滨。因此，在黄帝二十五个孩子中，除了 14 人（可能都是男子）单独建立了十二个姓外，其余的 11 人（可能都是女子）只是随从母姓罢了，因为发源于母系氏族社会的"从母姓"的社会习俗，直到夏、商两朝均存在这种遗风，在商、周奴隶制国家时期，虽然是"男子称氏"、"氏别贵贱"发生发展的时期，但原先作为族号流传下来的"姓"仍然起"别婚姻"的作用，"妇人称姓"的习俗还在沿袭着，女人或以出生地冠姓，如齐姜、鲁姜，或以排行冠姓，如孟姜、伯姬等。那么早在夏商之前的黄帝时期，女子"从母姓"的社会习俗更应该盛行，至于这 11 个人的母亲（亦即黄帝的妻子）是什么姓，我们无法得知，有一点可以肯定，他们的母姓是沿袭上代母系流传下来的族姓，也就是说，其母姓早在"十二姓"之前就已经存在很久了。黄帝的"姬"姓到黄帝的子孙后代则因父权的确立蜕变成父系血缘的标识了，并由姬姓分支出十二个新姓。

根据以上释疑与释义，我们认为《国语·晋语四》中黄帝之子得姓记载都是原文，上下两节之间不是原文与释文的关系，"凡黄帝之子，二十五宗……故皆为姬姓”这一节也不是后人添加的一段。从语文体例上讲，重耳（后为晋文公）手下的随臣司空季子采用先分说黄帝之子中有两个同父异母兄弟夷鼓、青阳（指黄帝老婆方雷氏生的儿子）属于“己”（纪）支族，同为“己”（纪）姓，接着总说四母之子别为十二姓，又进一步总说十四人得了十二姓，紧接着具体分说这十二个姓是什么，最后点明苍林、青阳（指黄帝的妻子西陵氏嫘祖所生的儿子玄嚣）兄弟 2 人随从黄帝的姬姓。所以，《国语·晋语四》中关于黄帝之子得姓上下两节原文的关系是分—总—总—分的关系。

历代学者之所以解不开黄帝二十五子得姓的症结问题，主要是被“其同姓者二人而已：唯青阳与夷鼓皆为己姓”一语中的“己”与“青阳”困惑住了，导致历代学者辨不清同姓者的人数以及他们的身份。据史书记载，黄帝有两个尊号叫“青阳”的儿子，一个是黄帝的妻子西陵氏嫘祖所生的儿子玄嚣（《大戴礼·帝系》又称“元嚣”），另一个是黄帝次妃方雷氏所生的儿子。《史记·五帝本纪》记载：“黄帝居轩辕之丘，而娶于西陵氏之女，是为嫘祖。嫘祖为黄帝正妃，生二子，其后皆有天下：其一曰玄嚣，是为青阳，青阳降居江水。其二曰昌意，降居若水。”黄帝的妻子嫘祖生了两个儿子，一个儿子名叫玄嚣，其尊号就是世人共传所称的“青阳”，另一个儿子名叫昌意。春秋末战国初的《国语·晋语四》记载：“黄帝之子二十五人，其同姓者二人而已：唯青阳与夷鼓为己姓。青阳，方雷氏之甥也。夷鼓，彤鱼氏之甥也。……其得姓者十四人为十二姓，姬、酉、祁、己、滕、箴、任、荀、僖、姞（jí）、儇（xuān）、依是也。唯青阳与苍林氏同于黄帝，故皆为姬姓。”据《史记》、《国语》可知以下两条：（1）唐代史学家司马贞对“唯青阳与夷鼓皆为己姓”的注解是错误的，司马贞误以为此处的“青阳”就是少昊金天氏，于是他在《史记索隐》云：“其《国语》上文青阳，即是少昊金天氏为己姓者耳。”金文“己”对应后来文献中的“纪”，“己姓”就是“纪姓”，所以，这位“己姓”青阳应是黄帝与次妃方雷氏所生之子。北宋刘恕编集的《资治通鉴外纪》（简称《通鉴外纪》）载：“黄帝二妃方雷氏之女节，生休及清。”

《释名》说："清，青也。"据此，方雷氏所生的青阳又可以叫清。（2）司马迁在《史记》记载的这位名叫玄嚣的青阳和《国语·晋语四》中提到的与黄帝同姓的姬姓青阳实为同一个人，其母亲就是西陵氏嫘祖。对于《国语》上文"青阳与夷鼓为己姓"与下文"唯青阳与苍林氏同于黄帝，故皆为姬姓"的解释，过去学者们认为：这个"已"字应是"自己"的"己"，意指黄帝本人的姬姓，青阳与夷鼓都是姬姓。如果照此理解，上文与下文就发生了自相矛盾，为此三国时期吴国学者虞翻（164—233 年）推测黄帝之子二十五人只有十三人得姓而已，不是十四人，即"破四为三"之说。唐代司马贞在《史记索隐》中对《史记·五帝本纪》说"黄帝二十五了，其得姓者十四人"就进行如下注解："旧解破四为三，言得姓十三人耳。……唯姬姓再称青阳与苍林，盖《国语》文误，所以致令前儒共疑。其姬姓青阳当为玄嚣，是帝喾祖本与黄帝同姬姓。其《国语》上文青阳，即是少昊金天氏为己姓者耳。既理在不疑，无烦破四为三。"以上这两位古人解释都不对，经我们考证，黄帝之子中，叫"青阳"者有两个人，夷鼓与苍林其实也是两个不同的人，《国语》没有记载错。东汉史学家班固撰写的《汉书·古今人表》明确记载：彤鱼氏生夷鼓而嫫母生苍林，我们不管苍林的母亲是嫫母或是西陵氏嫘祖（假设昌意与苍林为一个人），这都说明夷鼓与苍林不是一个人。到魏、晋时期，才出现了皇甫谧《帝王世纪》所云夷鼓与苍林是一个人的错误说法，《帝王世纪》曰："次妃方雷氏女，曰女节，生青阳。次妃彤鱼氏女，生夷鼓，一名苍林"。唐代司马贞不知皇甫谧说错了，就引用他的说法。乾隆五十三年（1788 年）藏书家黄丕烈在其著作《校刊明道本韦解〈国语〉札记》云："夷鼓与苍林为一人；皇甫谧曰夷鼓一名苍林，以此。"黄丕烈在这句中所谓"以此"者，即指皇甫谧说夷鼓与苍林为一人二名。历史上，只有班固之后的皇甫谧首先说夷鼓与苍林同为一人，司马贞、黄丕烈等人引用皇甫谧之说，这种注解造成后人以讹传讹，产生错误的判断。

由于历代学者们没有推敲准《国语·晋语四》原文中"唯青阳与夷鼓为己姓"的"己"的特殊含义，而误以为《国语·晋语四》

所载黄帝二十五子得姓上下文矛盾以及上下文两“青阳”是同一个人。其实不然，再说《国语》的作者也不会从字面上犯这种语言重复而不相连贯的毛病。那么到底怎么解释“唯青阳与夷鼓为己姓”呢？这需要借助从地下考古出土的文献与文物来解释，否则永远无法释疑。1972 年 12 月，山东省博物馆与烟台地区的考古人员对莱阳市前河前村古墓进行了考古挖掘，出土了 9 件铜器中有 2 件有铭文，其中一件为铜壶，上有铭文 13 字：“己侯作铸壶，事小臣以汲永宝用。”说明己国之君己侯铸造了这件铜壶，他将此壶赐给了自己的忠臣——墓主人。根据 1983 年在山东省寿光市纪侯台遗址出土的商代末期前（大约 3000 多年前）的一批纪国青铜器，如“己侯钟”、“己侯簋（guǐ）”等器物，胶东半岛出土己国铜器的第三个地点在以先秦古迹众多而闻名的龙口市归城，归城东和平村出土了“己侯鬲”。根据以上三地出土的己侯铜器铭文，再结合有关传世文献资料，我们就茅塞顿开了，在中国古代典籍书面文字中古老的“纪国”、“纪侯”之“纪”在出土青铜器物铭文上均写作“己”，“己国”就是“纪国”；“己侯”就是“纪侯”。因此，我们认为：夏、商、周三代之前的“己姓”，在战国之后的传世文献典籍中多写为“纪姓”，“纪姓”只是在《国语》等个别传世文献中仍然记作“己姓”，史书上记载的商纣王的宠妃妲己之“己”，实质上就是“纪”姓。由此可证，这些商周铜器铭文所提供信息的真实性、全面性远远胜过古典籍。根据出土文献与传世文献，先秦的“己”字除用于天干的“己”和表示“自己”的“己”以外，还有表示血缘族姓的“己”。因此，在先秦古籍上经常存在同一句中音形相同的两个字或词，有时并非同义。甚至在今天，日常口语中也不乏这样的例证。例如：“老马，你的小马儿跑到哪儿去了”，因为是说的话，没有标点符号，听者便无法决定讲话者所说的两个“马”字是否为同义词，于是人们对这句话的理解上就可能出现下列三种意思：A. 老马这个人的朋友在问老马养的一匹小马儿。B. 老马的朋友在问老马的小孩儿跑到哪里了？C. 养马的人在跟他的一匹老马说话：老马生的小马儿跑哪去了？于是，我们对“唯青阳与夷鼓为己姓”茅塞顿开了，原来这里所说的“己姓”就是“纪姓”，而不是“自己的姓”之意。由于古人没有找到先秦时期的“己”姓就是“纪”姓的考古证据，误以为“唯青阳与夷鼓为己姓”的“己”就是“自己”的“姬”姓，所以后世之人始终无法破解黄帝之子得姓传说的千年谜案。

至此，我们马上明白：在黄帝 14 个孩子（可能都是男子）中，“己”（纪）姓有 2 人——方雷氏生的青阳与彤鱼氏生的夷鼓，“姬”姓也有 2 人——西陵氏嫘祖所生的青阳（即玄嚣）和嫫母所生的苍林，余下 10 人分别得 10 个姓——酉、祁、滕、箴、任、荀、僖、姞（jí）、儇、依，合计为 14 人 12 姓，这 12 姓与黄帝原姓“公孙”后因其成长于姬水之滨又姓“姬”的道理一样，这 14 人一出生原来都有姓，只是因他们及其子孙发展壮大、人丁兴旺，单独建立了 12 个新族姓，有了新姓，原来的旧姓就不再用了。14 个人之所以有同姓和异姓之别，从人类学讲，史前人类原始姓族制度存在兄弟父子异姓的社会现象，这是原始社会司空见惯的事。黄帝二十五子中剩余的 11 人虽然没有立新姓，却显然各有其姓氏，而无所谓“得姓者”与“不得姓者”之说，也不需要藉助“赐姓”制度以求其他解释，事实上《国语·晋语四》原文也没有一字涉及“赐姓”，黄帝时期，族大就要分支独立新姓，而族小力量弱，就没有经济实力建立新姓，因为没有实力和经济条件建立自己的领地，就要呆在原处靠着父母生活，没有立新姓的人按原始社会习俗或“从母姓”或“从父姓”。根据考古资料，黄帝时期的大家族不但要照顾实力小的亲族成员，还要收养非血亲的氏族成员。我们揭开“己”姓就是“纪”姓与“青阳”的玄机，就把汉代以来困扰历代经师学者长达两千一百多年的特大悬案彻底解决了，也为《国语·晋语四》的原著者洗掉了“巫古圣而惑后儒”（语出乾隆时期著名的辨伪学者崔述）的罪名！

由黄帝的姬姓直接衍生出十二姓，即黄帝的十四个孩子得十二姓：姬、酉、祁、己、滕、任、荀、葴、僖、姞、儇、依。后来这 12 个支姓家族中又分出了众多的“氏”，如黄帝的姞姓儿子是“黄帝部族联盟”中“姞姓家族”首领，随着“姞姓家族”的子孙蕃衍，其后裔分支为“吉、雍、燕、鄂、密须（密、须）、阚、严、

光、羊、杨、孔、尹、蔡、鲁、允、断、敦、逼、郅、虽”等氏。由黄帝的子孙分别衍生出来的姓氏达数百个，因为太多人是黄帝子孙。司马迁在《史记·帝王本纪》记载如下：“自黄帝至舜、禹，皆同姓而异其国号，以彰明德。故黄帝为有熊、帝颛顼为高阳、帝喾为高辛、帝尧（尧是帝喾的儿子，名叫放勋）为陶唐、帝舜为有虞。帝禹为夏后而别氏，姓姒（sì）。契为商，姓子氏。弃为周，姓姬氏。”意思是，从黄帝到舜、禹，都是同一个姓源，但是他们作为部落联盟（部落联盟相当于后来“国”的概念）首领的号并不相同，这是为了彰显各自的光明仁德之业。所以黄帝号叫有熊……帝禹的号为夏后，并且另外又分出氏族，姓姒氏，契为商始祖，姓子氏。弃就是史书所称的“后稷”（在中国远古时期的氏族社会，氏族（部落）的首领称为“后”。“后”是部落内一切重大事情的决策者、指挥者、领导者），后稷为周始祖，后稷姓姬氏。后稷是玄嚣的曾孙，玄嚣的后裔到第二十九代是周文王，史书介绍周文王时，因其是黄帝（姬姓）的后裔，也说他姓姬名昌。晋代学者皇甫谧《帝王世纪》曰：“颛顼，黄帝之孙，昌意之子，姬姓也。……帝喾，姬姓也。其母不觉，生而神异，自言其名曰……尧伊祁姓也……舜，姚姓也。其先出自颛顼。……禹，姒姓也。……周，姬姓也。文王始修政，三年而天下二分归之，入为纣三公。”

## 揭秘张姓的渊源与得姓始祖

中国人的姓氏命名遵循一定的习俗与原则。姓氏命名的习俗与原则概括起来有：以国、邑、乡、亭的名为姓，如：徐姓是由古徐国名而来的，邾氏以古邾国命名而来，此后邾氏去掉表示“邑”的右“阝”而成朱姓；以人之名、字、号、谥为姓，如：孔姓由祖先孔父嘉的“字”——“孔父”简化而来，孔子的祖先姓子、名嘉、字孔父，史称孔父嘉，他是商王帝乙的妃子所生的儿子微子启的后代，孔父嘉担任西周的诸侯国宋国的大司马（中国古代的官职名，是朝廷中掌管军政的最高武官），宋国是周武王分封微子启建立的诸侯国；有的姓因音讹或转声而来，如：由“韩”姓的音讹而得

“何”姓，由“楂（chá）”姓转音而得查（zhā）姓；有的姓以救命物为依据的，如：纪念木子救命而得李姓；有的姓以技、事为依据取得，如造车人的后裔以轸为姓氏；有的姓以官职、官名、爵号为依据命名的，如：春秋时晋国的士会，就是以其世袭的官职名“士”为氏，知名族人还有士鞅、士鲂等，与士会同为晋国贵族的荀林父，因担任“中行”军职，遂以“中行”为氏，于是就有了中行偃、中行寅等姓名，又如，先秦表示社会等级的爵位有公、侯、伯、子、男等五爵，侯姓就属于以爵位名为氏。那么张姓依据什么得来的呢？

“张”是一个象形字，由左“弓”和右“长”相合而成。张姓人在向别人介绍自己的姓氏时，都说成“弓长张”，可见他们是十分看重其姓氏构件中的“弓、长”。张姓来源与“弓”、“长”有关，中国历史上谁制作了弓呢？澄清这个问题对张姓始祖是谁很关键。

关于谁制作了弓，中国古代典籍对制弓人记载不一。《世本·作篇》曰：“夷牟作矢，挥作弓。”先秦百工技艺之书《考工记》云：“古传黄帝臣挥作弓。”这是挥制作弓的记载。《荀子·解蔽篇》记：“倕作弓。”《墨子·非儒下》则称：“古者羿作弓。”《山海经·海内经》曰：“少皞生般，般是始为弓矢。”少昊又写作少皞。《通鉴纲目·前篇》言：“少昊金天氏次妃生般，为弓正，制弓矢。”《吕氏春秋》载：“夷羿作弓。”东汉的应劭在《风俗通义》（简称《风俗通》）说：“黄帝第五子挥造弦，实张网罗，世掌其职，后因氏焉。”东汉的经学家、文字学家许慎的《说文解字》言：“古者挥作弓。”晋代张勃《吴录》记载：“挥观弧星，始制弧矢。”《宋史·天文志》：“弧矢九星在狼星东南，天弓也。”弧者，天弓也。弧，就是木制之弓；矢，就是箭的古称。弧矢也就是弓箭。我们通过研究与荀子同时代的其他文献，发现只有战国时期赵国的荀子（约公元前 313—前 238 年，名况，字卿，因避西汉宣帝刘询的名，故又称孙卿，因“荀”与“孙”二字古音相通，著名思想家、文学家、政治家，儒家代表人物之一，时人尊称“荀卿”）说倕制作弓，其他文献均未见到这样的记述，这说明倕也是古时期制作弓的能工巧匠，但与挥、般不是同时代的制弓人。《孟子》注疏：“羿之先祖，世为射官。”东夷族少昊部落集团的“射官”与华夏族黄帝部落联盟的“弓正”职责差不多。羿的先祖创造了弓箭，又担任“世掌其职”的“射官”，后世把这一功劳记在羿的名下。羿，古文献《左传》又称为“夷羿”、“后羿”（尊称古代部落首领或有大功的人才加“后”字），实为一人三名。在夏代之前的原始社会，东夷族中有一支善射的氏族叫有穷氏，他们生活在今山东省德州市德城区境内，后羿是有穷氏的酋长。注解《史记》的西晋著名政治家、军事家、学者杜预说：“羿，有穷君之号。”《左传·襄公四年》记载：“《夏训》有之曰：‘有穷后羿’。”所以，羿是东夷族少昊的儿子般的后代也无疑。不管般还是羿，他们都是东夷族少昊部落集团内的成员。据此可知，在黄帝与少昊时代，制弓者无论几种说法，经过考证，剥茧抽丝，去伪存真，就只剩下挥与般二人了，但是他们二人都不是史前发明弓的人，因为通过考古出土的箭镞证实了中国远古最初懂得使用弓箭的时代比黄帝时期还久远。弓矢、杵臼、舟船的发明时代均早于黄帝与少昊在世之时，虽然弓矢在黄帝与少昊时代得到改进和推广，却不是黄帝之孙挥发明的，也不是少昊的儿子般发明的。1963 年在山西朔县峙峪村发掘出的一枚旧石器时代晚期的打制石箭镞，经放射性碳素测定年代，这枚长约 2.8 厘米的薄片燧石箭镞的年代距今约有 28000 年以上，因此发明并使用弓箭的年代至少也应是万年前的事了。在江苏邳县的大墩子新石器时代遗址中的一具成年男子的股骨则被一枚骨镞（即骨箭头）射进去达 2.7 厘米，至今那枚折断的骨制箭头仍然残留在距今约 5600 年前的遗骨上。因此许多谱牒史籍上说挥是发明弓的人则欠妥当。

对于以上记载，我们再结合中华族史学者研究论文与当代考古新成果，更能分析出挥与般的来头，挥与般不是同一人，而是大约同时期的两个不同的人。早年古史专家梳理中国上古族群，提出了各种说法，比如徐旭生教授在《中国古史的传说时代》对上古族群分为华夏、东夷、南蛮三大集团，而当代的何光岳先生认为东夷族团和西羌族团构成了中华民族的主体。从上古族群分布的大格局着眼，各家之说往往大同小异。我们采用何光岳先生的族群分法，中华民族的上古族群大致可分为两大族群，即以炎帝与黄帝为主的古代华夏族群和以伏羲及少昊为主的古代东夷族群，南蛮族群、北狄族群、东胡族群、百越族群的各个支系，几乎都是从这两个大族群中分出去的，或者是由这两个大族群中的某些支系互相融合而形成的。依据考古成果和现代学者的研究论文，如《考古》杂志 1993 年第 4 期公布了山东邹平丁公龙山陶文资料，这种古陶文，是在新石器时代中、晚期出现并首先流行于我国东部的东夷族古文字，以及山东大学东方考古研究中心王青教授《从大汶口到龙山：少昊氏迁移与发展的考古学探索》等等，我们知道：黄帝是远古中原华夏族各部落联盟首领，少昊是实力强大的东夷族部落集团首领。王青教授说："如果按照学界目前通行的划分，大汶口文化晚期是在距今 5000～4600 年之间，龙山早中期在距今 4600～4300 年间，龙山晚期在距今 4300～4000 年间，就是说，少昊氏从崛起以来的不断迁移，大约经历了近一千年的漫长时间……我们对少昊氏的迁移过程也是这样，只能大致看出少昊氏在迁移过程中的几个大的活动重心，即大汶口晚期在莒县陵阳河一带，到距今 4700 年前后迁到五莲丹土城址一带，随后又与邻近的日照尧王城、两城等一起在滨海地带形成了一个超大规模的中心，到龙山中期之末迁到了临朐西朱封一带，到龙山晚期则迁到了曲阜一带，其中龙山时期可能还实现了跨地域的政治联系。"2008 年，在山东昌乐县发现了"骨刻文"，山东大学美术考古研究所所长刘凤君告诉《北京科技报》："这批骨刻文的大体年代是距今约 4000～4500 年的龙山文化时期，属于东夷文字，是中国早期的图画象形文字。它的历史比甲骨文还早 1000 年。"为此我们把少昊个人出生时间确定在距今 4400 年前后，不会早于距今 4700 年。大多数人认为黄帝出生于公元前 2396 年更可靠，换言之，黄帝生于距今 4405 年前左右，比俗传出生时间少 600 年。因此古东夷族少昊的氏族部落集团实质性的兴起应该大体与古华夏族黄帝的氏族部落联盟在同一个时段上。据此，我们认为，《山海经》、《墨子》、《吕氏春秋》等古籍上所记"少昊的儿子般制作了弓矢"是史前古东夷族少昊氏族部落集团文明成果，而《世本》、《说文解字》等古书上所述"黄帝的后代挥制作了弓"则是史前古华夏族黄帝氏族部落联盟的技术成果。少昊以凤鸟为图腾，

“般”与“凤”字的古音声符相同，因此，少昊之子“般”可以说具有“凤”的寓意，表示吉祥的意思。“挥”与“翚”（huī）音义皆同，寓意为飞翔，所以黄帝之孙“挥”也可以写为“翚”，般与挥是两个人而不是一人二名，换句话说，挥与般是生活在中国原始社会后期父系氏族社会里的不同地方、不同族群的两位制作弓的人，只不过是那时还没有文字记载，更没有专利申请，谁先谁后不容易搞清楚，但是基本上可以说是在同一个时期，正如伟大的哲学家、马克思主义的创始人卡尔·马克思在 1848 年 2 月 22 日演讲时所说：“历史上常有惊人的相似之处。”

弄清楚挥与般不是同一人，再根据史籍和谱牒记载，我们考证出黄帝的后代挥是张姓的始祖，少昊的后代般是尹姓的始祖。般因被封于名叫尹（即现在的山西隰县东北一带）的地方而得尹姓（尹姓的另一支源自生于夏末并帮助商族首领汤建商国的贤相伊尹），但是唐代张九龄《姓源韵谱》（简称《姓源》）曰：少昊之子殷，为弓正，封尹城，后因氏焉。”这是把“般”误写为“殷”。南宋学者罗泌发现了《姓源》中的此处讹字，他没有以讹传讹，于是他在《路史·国名记·小昊后国》就说：“尹，般之封，今汾州。郑樵说故尹地，及周为尹氏采。”意思是：古汾州的尹（地名）是般的封地，到周时尹氏子孙的采邑封地一直在尹这个地方。罗泌还在《路史·后纪七·小昊》写道：“小昊……次妃生般，为弓正，是制弓矢，主祀弧星，封于尹城……有裔子曰昧，为玄冥师，是生允格、台骀，俱臣高阳。骀宣汾洮，障大泽，封于汾川，沈、姒、蓐、黄实守其祀……”不知罗泌是一时笔误把“少”写成了“小”，还是他根据“少小互训通用”的原则，有意这样写，因此《路史》所言“小昊”实际上就是“少昊”。张九龄《姓源韵谱》之后，唐代林宝《元和姓纂》曰：“少昊之子封于尹城，因氏焉。”南宋郑樵《通志·氏族略》曰：“少昊之子封于尹城，因以为氏。子孙世为周卿士，食采于尹，今汾州为尹吉甫墓，即其地。”但《元和姓纂》、《通志·氏族略》没有说明这个封于尹城的少昊之子何名。罗泌则取郑樵之说，并认为这个少昊之子是般；《路史·国名记·小昊后国》曰：“尹（国）：般之封，今汾州。郑樵说故尹地，及周为尹氏采。”

古人因搞不清楚挥与般的血统、所属氏族，误以为般与挥是同一个人，结果撰写出了历史上张冠李戴的张姓宗谱，现今所能见到的最早记述张氏起源的明嘉靖张浚等人纂修的《张氏会修统宗世谱·本源记》就说：“张氏出自姬姓，黄帝子少昊青阳氏第五子挥为弓正，始制弓矢，子孙赐姓张氏。尹城派：始祖挥公，受封之国在山西太原府属之地。挥生昧，为玄冥师。昧生台骀，能业其官，宣汾、洮，障大泽，以处太原；帝用嘉之，封诸汾川，掌水旱疠疫之职，即山川之神也；世飨其祀，今太原县有庙存焉。”明代嘉靖十四年张浚、张士镐等人召集各省本姓氏的高官与儒士 149 人纂修该宗谱，但是最终结果还是把挥与般误认为一人，张华封先生在《评明代徽州〈张氏会修统宗世谱〉》一文中严肃地评论道：“却把挥当成了般，把般当成了挥，绝对是混淆！”张华封先生以《路史》和《左传》所述为证极力否认张姓始祖挥与昧、台骀之间的世系关系，这对广大张姓族人来说可谓是猛然一惊。《左传·昭公元年》记：“昔金天氏（即少昊）有裔子曰昧，为玄冥师，生允格、台骀。台骀能业其官，宣汾、洮，障大泽，以处大原。帝用嘉之，封诸汾川。”根据《左传》和南宋的罗泌上述记载，我们认为允格和台骀不是挥的后代，更不是挥的孙子，将允格和台骀写进《张氏会修统宗世谱》中则是一时的主观臆测。除此之外，该谱还犯了在“青阳”之前加上“少昊”二字的错误，变成了“少昊青阳”生挥。从此之后，其他地方的张氏编修家谱时也一错到底，非常离谱，例如：清乾隆甲寅重修裕裔堂《张氏家谱》卷三《受姓渊源考》说：“张氏出自黄帝轩辕氏，生少昊金天氏，又号青阳氏，第五子挥始制矢，官为弓正，主祀弧星，世掌其职，赐姓张氏。”清光绪四年张延辉等人续修的《清河张氏宗谱》记：“尹城派，始祖挥公受封之国，昧公居之，在今太原府太原县。”

南宋时候的郑樵主张晋国的解张是得姓始祖，否定挥是张氏得姓始祖。多数人一致认为，郑樵之说以偏概全，证据不足。郑樵在《通志·氏族略·以字为氏·晋人字》中说：“张氏世仕晋，晋分为三，又世仕韩，此即晋之公族以字为氏者。谱家谓，黄帝子少昊青阳氏第五子挥为弓正，观弧星，始制弓矢，主礼弧星，赐姓张氏。此非命姓氏之义也。按：晋有解张，字张侯，自此晋国世有张氏，则因张侯之字以命氏，可无疑也。赵有张孟谈，韩有张开地，赵韩分晋，皆张侯之裔也。”春秋时晋国公族中确有解张其人。《左传·成公二年》记载：“癸酉，师陈于鞍。邴夏御齐侯，逢丑父为右。晋解张御郤克，郑丘缓为右。……左并辔，右援枹而鼓，马逸不能止，师从之。齐师败绩。”大意是：晋景公十二年（公元前588年），晋国与齐国战于鞍（今山东历城西北）。张侯为晋国指挥官驾车，一起奋勇作战，负伤而进，终于打败齐国，取得了胜利。张侯被誉为“圣勇”，晋爵为“忠贞侯”，食采于解（解即春秋时晋国的解梁城，在今山西省永济市开张镇古城村）邑，加姓氏以别之，指地人称解张，指爵（忠贞侯）人称张侯。解张、张侯，都是人们对他的尊称。郑樵说张氏的得姓始祖是晋国的解张，且“可无疑也”，那么解张是张姓始祖真的无疑吗？不是，因为早在张侯之前，现存的《诗经》中就正式记载过辅佐周宣王（前827—前782年）的太师尹吉甫的好友张仲。《诗经·小雅·六月》云：“吉甫燕喜，既多受祉，来归自镐，我行永久；饮御诸友，包鳖脍鲤，侯谁在矣，张仲孝友。”尹吉甫（尹吉甫，姓兮，名甲，字吉甫，亦称兮伯吉甫、甲父，因食邑封于尹，遂为尹姓）在讨伐猃狁取胜后受到宣王嘉奖，这首四言诗描绘了他从周都镐京（今陕西咸阳）回到地名叫中都（今山西平遥）军队驻所与好友张仲等人晏会的情景。张仲比晋国的解张要早出250年左右。另外，春秋时期除晋国以外，其他诸侯国也有张姓先民存在，如宋国有个张匄，是华貙的家臣，曾怒杀华多僚，事迹见载于《左传·昭公二十一年》。《左传集解》注曰：“张侯即解张也。”从文义看，此注应是。但没有根据可以说张侯乃解张之字。《国语·晋语五》也曾记述此事，文中只言张侯，并无解张其名。实际上，所谓解张，不过是张侯的别号。《周礼》曰：“号为尊其名更为美称焉。”是说对人称其号，是对其名的尊重（不直呼其名），更是美称。姓前冠以地名，正是当时名族名士得号的一种方式。解张此号即因张侯乃解之名族名士而得。解张，即解地之张氏某某，而不是姓解名张。这种古时称谓习惯，另有实例为证：周武王之子叔虞，本姬姓，被成王封于唐（今山西省翼城县境），史称唐叔虞。叔虞有个儿子名良，食采于解，时称解良，其后代遂以解为姓，成为解氏（《姓氏考略》）。张侯居解被称为解张，与姬良食采于解而被称为解良类同，只不过解良后代以解为姓，而张侯后代仍沿用祖姓张而已。退一步说，即使张侯当时已姓解，这个解姓也是出自姬姓，就像姬良后裔虽姓解，但实出于姬姓一样，张姓与姬姓同源同根。总之，春秋时期晋国的张姓先民，是张姓人群中的一支，但不是张姓先民中最早的一支，解张不可能成为张氏开宗立姓之始祖。

除了南宋的郑樵外，对于"挥为张姓始祖"，历代史学家与全国各地保存的张姓家谱认识都一致，不包括全国各地的张氏家族谱，中国古代至少还有八种文献记载着黄帝的后代挥是张姓的得姓始祖，只是这些记载在细枝末节上有区别。东汉应劭著的《风俗通义》曰："张氏，黄帝第五子挥造弦，实张网罗，世掌其职，后因氏焉。"这是我们能看到的较早的文献。《世本》（秦嘉谟辑补本）说："张氏，黄帝第五子青阳生挥，为弓正，观弧星，始制弓矢，主祀弧星，因姓张氏。"唐代的林宝《元和姓纂》与《世本》（秦嘉谟辑补本）完全相同。北宋的韵书《广韵》言："张姓，本自轩辕黄帝之第五子挥，始造弓矢，实张网罗，世掌其职，后因氏焉。"北宋《新唐书·宰相世系表》云："张氏出自姬姓。黄帝子少昊青阳氏第五子挥，为弓正，始制弓矢，子孙赐姓张氏。"北宋末南宋初学者邓名世撰《古今姓氏书辩证》："张氏出自姬姓。黄帝子少昊青阳氏第五子挥，为弓正，始制弓矢，实张罗以取禽鸟，主祀弧星，世掌其职，赐姓张氏。"南宋学者罗泌的《路史·后纪五》云："黄帝子挥封于张，为张氏。"宋代邵思撰《姓解》说："张氏，出自轩辕黄帝第五子挥，始造弦弧，以张网罗，获取禽兽，世掌其职，遂以为氏。"清代王仁俊的《姓氏考略》亦云："黄帝子挥，始造弓矢，受封于张，其后遂为弓氏和张氏。"清代马骕撰《绎史》说："张氏，本自轩辕黄帝之第五子挥，始造弓矢，实张网罗，世掌其职，后因氏焉。"

根据以上记载，张姓的由来或曰赐姓，如《新唐书·宰相世系表》、《古今姓氏书辩证》、《张氏统宗世谱·得姓郡望》等说挥因制造了弓而被赐张姓；或曰以官名为氏，如《世本》、《元和姓纂》持此说；或曰以职业名为氏，如《广韵》、《姓解》、《姓氏急就篇》持这种说法；或曰以国名为氏，如《路史》、《姓氏考略》等持此说，但是我们认为，这些都不是张姓的真正由来，盖因先秦史料阙失与考古资料不足，后世儒生学者茫然追溯所致。我们研究认为，比较可信的说法是：挥制作了弓，为黄帝的部族立下了大功，因而被封于“长”这个地方，其后裔世袭专门制造弓的“弓正”职务，在担任“弓正”的人中，有的人以封地名“长”为氏，还有的人以“弓”为氏，也有的人以“弓正”为氏。到春秋时期，以“长”为姓氏的人开始在姓前加“弓”字，合二为一“张”氏。“长”既是古地名，又是姓氏，在商、西周、春秋战国的青铜器上已经出现“长子口”、“长朱”、““张朱”、“长武”等作为姓名的铭文了。在秦朝以前“长”与“张”互训通用，如金文“长朱”又写作“张朱”，西汉之后的古籍文献涉及古“长国”、“封于长”都统一写作“张国”、“封于张”，例如：清代王仁俊的《姓氏考略》云：“黄帝子挥，始造弓矢，受封于张，其后遂为弓氏和张氏。”

我们认为，张姓正式形成时间应该是黄帝的孙子颛顼当部落首领的时期，因为挥与颛顼都是黄帝的孙子，挥的父亲是黄帝的妻子方雷氏所生之子青阳，这位青阳姓已，已姓就是纪姓，详见下一节《考辨张姓始祖挥的身世》。

张姓源流应是：

姬姓（黄帝）→己姓（黄帝与妻子方雷氏所生之子青阳得己姓，己姓就是后来的纪姓）→长姓（挥得长姓，挥是青阳之子、黄帝之孙）→张姓（挥的子孙得张姓）。从祖先血缘上讲，张姓源自挥的祖父黄帝姬姓。

甲骨文“长：字如下：

小篆“长”字如下：

《说文》中的“长”字如下：

《说文》中的“张”字如下：

小篆“张”字如下：

纪姓青阳的母亲方雷氏（传说其名叫女节）也是一位了不起的人物，她发明骨针和梳子。黄帝的第二妻室方雷氏是一位非常有心计的女人。黄帝正妻西陵氏嫘祖发明养蚕后，她发明了骨针。她把丝线穿在骨针尾部，缝起衣裳飞针走线，宫里没有人不佩服的。她所掌管的二十多位宫廷女婢经常蓬头垢面，因此每遇到重大节日，她总要把这些女子叫来，用她自己手指把每个女子头上蓬发一一捋顺。方雷氏为这些事经常发愁。有一年，发生了一场大洪水，替黄帝发明舟船的狄货，从洪水中捞回比胳膊还粗的十九条大带鱼。方雷氏按照把石板用柴火烧热，把带鱼放在石板上，前后翻滚，不一会带鱼就烧熟了。狄货一口气吃了三条，鱼刺堆了一地。方雷氏随手拣起一根，折了一节，左看右看，非常美观，不由得用带鱼刺梳刷披在自己肩上的乱发。岂料不一会儿，蓬乱的头发被梳得整齐服贴。方雷氏惊讶地把这些带鱼刺暗暗收藏起来。第二天她把这些带鱼刺折断成一扎长的短节，叫来她身边的所有女子，一人发给一节教她们如何梳头发。开始，有的女子不会使用，鱼刺扎进头皮，有的则用力过大，一下子把带鱼刺折断了。此事虽然失败了，但方雷氏并没有放弃带鱼刺对她的启发。用什么东西能代替带鱼刺呢？方雷氏苦苦思索，日夜设想。有一天，她遇见黄帝手下专做木工的师父，她把带鱼刺拿出来，要求师父依照鱼刺模样做一把木质的梳子。几天后，一块木板作成一把带鱼刺式的梳子完成了。方雷氏一看笑着说，这刺比手指头还粗，简直像个耙地的耙子，这怎么能用来梳头发呢？但木工师父并没叫方雷氏失望。回去后他改用竹子给方雷氏作成了一把梳子，方雷氏看后，非常高兴。中华民族妇女使用梳子时代从此就开始了——这就是梳子的由来。

古长国就是挥的封地，那么历史上到底有没有古长国？宋代罗泌撰写的《路史·国名记》载："黄帝之子所封之国有陈、昌、张、资、寇、酈、瞿等，凡七十"。根据郭沫若主编的《甲骨文合集》卜辞初步统计，有关"长"的卜辞达64条之多。通过对卜辞的研究，我们知道了"长国"乃是商王朝的重要盟邦。长国的首领被称为长伯、长侯。商王平时往来于长地，既命长侯办事，又关心长侯的灾、祸、吉、凶等。商王对长侯关心备至，而长侯对商王忠心耿耿，向商王朝反映敌对方国的活动情况，向商王朝贡龟等。在甲骨文卜辞中有"其又长子唯龟至王受又"（意思是商王贞问"长子是否来贡龟?"）的记载，这说明"长"是一个方国，长子是长国之君，这个长国不定期地向商王贡龟，可见长子与商王朝关系之密切。由此可知，长国之君是张姓的早期族人。

根据从河南省鹿邑县太清宫镇隐山的长子口大墓发掘出来的青铜器，我们进一步肯定"长国"最晚在商代就存在了。1997年，为寻找"老子生活时代的有关遗迹"，河南省文物考古研究所会同周口地区文化局等单位对太清宫镇西侧的隐山遗址进行考古发掘，结果在这里发现了长子口大墓。经考古专家们确定，长子口墓的埋葬时间在西周初年，不晚于周成王时期，墓主人生活跨越商、周两个朝代。该墓平面形状为中字形，有南、北墓道。墓总长为49.5米，墓室长9米，宽6.63米，墓底距地表深8米。墓东、西、北有二层台，葬具为两椁一棺。墓主头北脚南，为60岁左右的男性。墓室南部殉葬8人，东西棺椁之间和东西二层台各殉葬1人，南墓道杀祭1人，总计殉葬13人之多，且多为青年男女，最小者10岁左右。墓内随葬品极为丰富，其中青铜器222件，玉器99件，原始瓷器12件，陶器200余件，加上贝币、骨箭等总计2000余件。

在该墓出土的青铜器中，有54件刻有铭文，其中48件青铜礼器自铭为“长子口”，由此推断，该墓墓主应为长子口。该墓青铜礼器上刻有“长子口”，另有“子”、“子口”等铭文，“子”、“子口”和“长子口”都是对墓主人的不同称谓。据当代历史学家宋镇豪先生考证，长子口，一称长侯或长伯。“长”是族姓，亦即国名，“子”是身份，“口”为私名。根据甲骨文记载，我们晓得商王朝有一个叫长国的诸侯国，在商末，这个长国的最后一位国君叫长子口，他是商朝末期的高级贵族，被商王分封在鹿邑一带，为该地的诸侯，周灭商后，长子口又臣服于周，被周王再封于此地，作为镇守鹿邑一方的高级将领，其身份在墓葬形制、埋葬习俗和随葬器物等方面都能充分地表现出来。有关长氏的器铭，时代最早的当属西周初期的长子鼎，器形与长子口墓的扁足圆鼎相仿。根据长子口墓所在的地理位置和商末周初的史实分析，我们推测，墓主人长子口应是弓箭制作者的后裔。

根据考古出土的青铜铭文记载，东周以前只有“长”姓而无“张”姓，之后则只有“张”姓而无“长”姓。汉代至中华民国时期，“长国”器物逐渐减少乃至绝迹。1971年，河南省新郑的郑韩故城出土了一批中国春秋时期的古韩国青铜兵器，其中两件铜戈铭文分别为：“四年郑命：韩口，司寇长朱，武库工师：口口，冶尹皮支造。五年郑命韩口，司寇张朱，右库工师：春高，冶尹濡造。”同一司寇之名，其姓名一作“长朱”，一作“张朱”，而“长”在“张”之前，这成为“长姓”是“张姓”前身的物证。自1949年以来，我国共发掘出三批长国铜器。除1997年发掘的鹿邑大墓出土的带铭文铜器外，还有1954年在陕西长安斗门镇普渡村发掘一座西周墓，出土带铭文铜器4件，其中一件（001号）铭文为“长田作宝尊敦”，根据器物特征和青铜器记载，该器应为周穆王时期长田作的长器。另外，1977年在湖北黄陂县鲁台山发掘5座西周墓，出土一批青铜器，其中3件青铜器刻有铭文，圆鼎上的铭文为“长子狗作父乙尊彝”，根据此器物特征，该墓时代应为周康王时期。从这三次发掘的长国铜器的时代看，以鹿邑太清宫长子口大墓出土的青铜器为最早。这就证明：在商周时代，长国的后裔已分别迁往各地，并在各自的封地繁衍着长氏后裔，创造着长氏文化。这为以后张氏成为中国姓氏大户奠定了雄厚的基础。另据专家考证，长子狗、长田是箕子的后人，是殷遗民，长子狗是箕子的孙子，是长氏宗子。据此说法，长子口应是长子狗的先祖。

关于长、张，据著名国学家、古文字学家唐兰（1901—1979年，原名张佩，又名佩兰、景兰，号立厂，又作立庵，笔名曾鸣）先生考证，长即张，而且“长”字作为姓氏被释为“张”也有不少先例。如著名历史学家和古文字家李学勤先生在《战国题铭概述（中）》一文里，将“长武”释为“张武”（见《文物》1959年8期，60、61页）。综上所述，我们确认：在先秦以前，作为姓氏的“长”是“张”姓的前身。

古长国（张国）最早在今哪里呢？

根据我们考证，张姓始祖挥是方雷氏所生之子青阳的儿子，不是西陵氏嫘祖所生之子玄嚣青阳的儿子。《大戴礼·帝系》曰：“黄帝居轩辕之丘，娶于西陵氏之子，谓之嫘祖，（西陵）氏产青阳及昌意。青阳降居泜水，昌意降居若水。”《史记·五帝本纪》曰：“嫘祖为黄帝正妃，生二子，其后皆有天下：其一曰玄嚣，是为青阳，青阳降居江水；其二曰昌意，降居若水。昌意娶蜀山氏女，曰昌濮，生高阳，高阳有圣德焉。”唐代司马贞对此作了注疏，他在《索引》中说：“降，下也。言帝子为诸侯，降居江水。江水、若水皆在蜀，即所封国也。”我们认为司马贞说若水在蜀没有错，因为昌意娶蜀山氏族之女昌濮为妻，这说明蜀山氏离昌意的受封地若水很近，或者说蜀山氏就是昌意的若水部落方国的一个氏族。所谓蜀山氏，顾名思义，就是居住在蜀山的氏族。蜀山在哪里呢？蜀山，今指长江支流岷江上游之地的四川省北部的岷山（见四川省社会科学院研究员、四川省巴蜀文化研究中心副秘书长段渝《蜀与蜀山氏》）。而司马贞说江水在蜀则不对，因为蜀大概是昌意的若水方国之地，青阳即玄嚣就不可能再受封于跟其弟昌意的领地大约相同的地方，所以江水不可能在蜀了。而东汉史学家班固注疏说：“《禹贡》岷山在西徼（jiào，边界）外，江水所出。”江水确实在蜀。这样问题就来了，青阳（玄嚣）到底在不在江水？经过我们考证，司马迁说“青阳降居江水”肯定是笔误，江水应是泜水。清人王聘珍《大戴礼解诂》说“泜水即江水也”更不对，他正好说反了。清河张氏研究会刊发的《张氏研究》第九期上所载赵福寿《张氏得姓于清河的黄帝子孙》认为：“玄嚣降居江水”是“玄嚣降居泜水”之误。泜水就是泜河，在今河北南部。古泜水分为北泜水和南泜水，北泜水发源河北省元氏县西群山中，东流入槐河，长五十余里，《史记陈余传》“遣张耳与韩信破赵井陉，斩陈余泜水上”即此。南泜水源出河北省临城县西南敦舆山，东流历唐山、隆平入宁晋泊。《山海经》“敦舆之山，泜水出其阴”正是南泜水。1995 年 2 月，在张氏起源研讨会上，原河南大学历史系主任朱绍侯教授发表了《张姓祖根在濮阳》的论文，朱绍侯教授依据挥是玄嚣青阳之子，主张张姓祖根在河南省濮阳市，这一观点十分欠妥。河南省濮阳市凭借姓氏文化优势，多搞一些张氏联谊活动，吸引海内外张氏族人来濮阳观光，开展经贸活动，促进当地经济和文化的发展，这无疑是值得提倡的。当《人民日报海外版》（2010 年 3 月 12 日第 11 版）刊载了《姓氏文化龙乡灿烂，张氏宗亲根在濮阳》时，我们看了内心非常高兴，因为姓氏学术研究和张氏联谊实际工作是两回事。

关于张姓的发详地，一直使许多和张姓有关联的地方争议不休。姓氏源于上古，远在文字出现之前。由于长期口头相传，因传误或记异，或因后人见解不同，使史籍、著述和家谱记载多有不一，张姓也莫能外。关于张姓的发祥地，我们认为：古张国应在今山西省内运城市。依据如下：

《孔子三朝记》云：“黄帝杀蚩尤，其血化为卤，因其尸解，故名其地为解。”《路史·外纪四》云：“黄帝传战蚩尤于中冀而殊之，爰谓之解。解者，宋之解州，今山西之解县也。”据《史记·五帝本纪》云，蚩尤作乱，不用帝命。黄帝征师诸侯，在涿鹿打败蚩尤，后“邑于涿鹿之阿”，因此春秋时期的古地名解是黄帝与蚩尤涿鹿之战的战地，也是黄帝“都”邑。春秋时期，晋献公（姬姓，晋氏，名诡诸）于解置解梁城，故解又称解梁。解梁城，春秋晋地，旧注释说其在山西临晋县，即今山西省临猗县。《左传·僖公十五年》：“晋侯许赂中大夫，既而皆背之。赂秦伯以河外列城五，东尽虢略，南及华山，内及解梁城，既而不与。晋饥，秦输之粟；秦饥，晋闭之籴，故秦伯伐晋。”《解县志》云：“解梁也称涿鹿。”所以可以说古老的涿鹿就是后来的古老的解梁。对于“涿鹿”、“解梁”在今哪里，我们进行了求证，古解梁在今山西省运城市所管辖的县级市永济市开张镇古城村。2009 年我们通过电话与 QQ 跟山西运城市地方志办求证“涿鹿之阿”，运城市地方志办公室吴建华先生说在今山西运城市盐城区解州镇一带。关于“涿鹿之阿”另一说法在今河北省涿鹿县矾山镇三堡村，此说法权且保留，读者可以继续探讨。

挥制作弓箭，是当时的主要武器和生产工具，为了保卫“涿鹿之阿”的“京畿”，我们推测他受封的张国应该离“涿鹿之阿”不远。

《蒲州府志》记载：“张，《国名记》云古挥之封，或云黄帝臣张若封。王符云：‘河东解邑有张城、西张城，至晋为大夫张侯采，岂晋张之祖所出耶?’”今天的运城市，古称河东。晋，在今山西省南部。文中所称王符是东汉政论家、文学家、思想家，上述其言出自其著《潜夫论·志氏姓第三十五》。仔细审读王符之言，此话的意思是：“河东解邑的张城、西张城，晋是张侯的采地，难道晋是张姓始祖之所出吗?”王符提出这个疑问，他有可能认为这里是张姓始祖发源地。张若，据《庄子》记载，传说是黄帝时人物。蒲州，清雍正六年（1728 年）改为蒲州府，今为山西省运城市临猗县。此为张国故地说。

《山西通志·临虞今古分合辩》云：“《临晋旧志》引《括地志》云：张扬城，一名东张城，在蒲州虞乡县西北四十里。”刘纬毅编著的《山西历史地名录》（晋刊 017. 1）曰 ：“东张城：在（永济市）虞乡镇西北有张扬故城，一名东张村，今称东开张村。一说东张城即今临猗县西南之东张村。异说并存，备考。”可见，古张城，即今山西省运城市（省辖市）管辖的永济市（县级市）或者临猗县一带，就是古张国故地。

张华封先生认为，弓氏与张氏同祖同源的观点确认古张国是得姓始祖挥之封国；《蒲州府志》确认张国在其郡地并认为是张挥之封；山西是张姓早期集中居地，春秋时古籍所记述的张姓著名人物基本都在晋。根据《汉语词典》解释，发祥地旧指帝王祖先兴起的地方，引其意，挥得姓之封地或固定居地，就是张姓源起之地，亦即张姓发祥地。如前所述，挥封于张（国），张在后来名叫解的这个地方，那么张姓的发祥地自然就是解，解在今山西省。无论是挥封于张而得张姓还是因挥为张姓而使其封地得名张，都是如此。但是，可能因影响较大的明朝两部《张氏统宗世谱》分别认同清河郡和太原府为张姓源出之地，以致张姓发祥地为古张国的观点，未能引起广泛的重视。但是，这一观点现代又重新引起了学者的关注。邓宏波先生新著《中华姓氏通书·张姓》就写道："何光岳先生经过考证，提出了河东张城（今山西省永济市东北）可能是张姓始居地的新说，值得重视。"

关于张姓起源地这一问题，当前主要有四说：河南濮阳说，山西太原说，河北清河说，河南鹿邑说。

四地争当张氏发源地，尊崇始祖，宣传张氏文化，弘扬民族精神，促进当地的经济、文化建设，都是对国家，对民族有益的事，都是我们的老祖宗在天之灵愿意看到的。中国正在实现伟大复兴，经济社会迅猛发展，政治影响日益扩大，这让海外华人华裔感到身为炎黄子孙的自豪，希望回到祖居地寻根谒祖。作为学术研究，我们认为这前三种说法都欠妥当。今摘引张华封先生《评明代徽州（张氏会修统宗世谱）关于张氏起源的记述》一文如下：

张氏"尹城派"认为古代的尹城在太原府属之地，这是对挥和尹姓始祖般（或殷）的混淆。尹城不是太原，也不是清河。尹城在哪里？在今山西隰县东北。南宋史学家、目录学家郑樵与南宋学者罗泌认为尹城在汾州。汾州就在今隰县东北，而现在的隰县，乃汉蒲子县，其地曾置为南汾州、西汾州、隰州；汾阳，曾称隰城，置为隰城县，又为汾州治。二地很容易被混淆。因此，称尹城在隰县东北，或称尹城在汾州，实指同地。汾州，明代嘉靖年间，也就是《张氏会修统宗世谱》会修之时，还隶属于太原府（万历二十三年始升为汾州府），正是"太原府属之地"。可见，《张氏会修统宗世谱》"本源记"称挥"封国在太原府属之地"，是采郑樵、罗泌之

说，指的就是汾州。尽管这也不正确，但并没有说尹城就是太原。然而，此后的一些张氏宗谱，沿相蹈袭，而且越来越走样。如，清乾隆十七年张日佐纂修的《清河张氏宗谱》还只是称："挥，封国尹城，在山西太原府"。清嘉庆二十一年编修的《张氏合修家谱》就称："始赐姓张挥公庙在山西太原府太原县尹城里。"清光绪四年张廷辉等纂修的《清河张氏宗谱》称："尹城派，始祖挥公受封之国，昧公居之，在今太原府太原县。"光绪二十六年张庆彬所修《旌阳张氏通修宗谱》称："尹城派始祖挥公，乐居之地在山西太原府太原县，有庙存焉。"就是说，把"太原府属之地"当成了"太原府太原县"，把太原县当成了尹城，从而把太原台骀庙所在地王郭村称为尹城里，甚至把"有庙存焉"所指的台骀庙也说成了"张挥公庙"。台骀在张氏起源地"太原说"形成和流传的过程中，是个非常独特的假借或嫁接人物，他作为治水先驱本与张姓毫无关系，是《张氏会修统宗世谱》因误解、混淆《路史》关于般的记述而把他误列为张挥的孙子。台骀是历代官、民所敬祀的汾神，台骀庙是神庙，而不是张氏祖祠堂。台骀，最早见于《左传·昭公元年》关于郑国大夫子产答晋平公问卜的记述，其文曰："晋侯有疾，郑伯（郑简公）使公孙侨（即子产）如晋聘，且问疾。叔向（晋平公大臣）问焉，曰：寡君之疾病。卜人曰：'实沈、台骀为祟，史莫知之，敢问此何神也?'子产曰：'……昔金天氏有裔子曰昧，为玄冥师（玄冥的老师。玄冥，传说中的北方水神），生允格、台骀。台骀能业其官，宣汾、洮，障大泽，以处大原（疏通汾水、洮水，围堵大片积水，使人们得以在广阔平坦之地居住）。帝用嘉之，封诸汾川。沈、姒、蓐、黄实守其祀。今晋主汾川而灭之矣。由是观之，则台骀，汾神也。"

认为张氏起源于今河北省清河县地的观点，就是张氏起源地"清河说"。早在明代以前，张姓族人就以清河为荣。五代时，后唐灵武节度使张希崇乃幽州蓟县人，而封号为清河郡公；南宋著名将领张俊，凤翔府成纪（今甘肃天水）人，被封为清河郡王；元朝江浙行省参知政事张毅家族，其宗谱自述"祖居山西平阳府解州安邑县"，元初才因其祖父张恩任巩县尹而迁居河南，但其家族数人在元朝被封为清河郡公、清河郡侯、清河郡伯，被封为清河郡夫人、清河郡太夫人的十数人，其祖祠也称清河世家，清河世第。这反映了张姓起源地“清河说”当时已很流行，并有巨大的影响。到《张氏会修统宗世谱》，称张氏始祖挥“居尹城，国于青阳，后改清河郡”，把尹城与清河掺杂在一起，同纳入清河郡的地域内，说明，《张氏会修统宗世谱》的部分参修者既固守“清河说”阵地，又击退不了“尹城”的进逼，采取了合二而一的办法。

当今“清河说”的基本论据之误和对尹城的迷惑。《张氏会修统宗世谱》“得姓郡望”称始祖挥“居尹城，国于青阳，后改清河郡”，把尹城夹杂进去，企图把尹城与清河统一到清河郡地域内，既是对抗张氏起源地“太原说”的挑战，也反映了对尹城的迷惑。因而是没有力量的，反而增加了“太原说”的份量。不过，毕竟“挥封国在太原府属之地”的观点影响有限，因而“清河说”依然占据着主导的地位。正因为如此，“清河说”过去无需过多自辩。但近期遭到了其他观点更严峻的挑战，就不能不认真审视自己的地位。清河张氏现在也加深了学术研究的力度，不断进行“正名”的努力。但是，考述虽不少，却未中要害。比如，（1）加大力度论证清河地就是古青阳氏地。但张氏始祖挥不是青阳氏，而是张氏，因此矢不中的。（2）论证清河是张姓最早、最大的郡望。这并没错，但郡望大小与发祥地不存在因果关系，而且，清河成为张氏重要郡望也只是汉代以后的情况，所以，它不成为“天下张氏源清河”的根据。（3）说很多张姓以“清河堂”作为堂号。这也是事实，但是堂号是姓族分支的标记，并不代表张姓的发祥地。自称“清河堂”，不过是清河派张氏不忘祖出地，或非清河派张氏对清河的崇敬而已。（4）说今清河县境内有鲧堤遗址，知鲧在此活动过，因此，“作为黄帝子孙的挥在清河居住或活动也极有可能”，这就更是词不达意。鲧在清河境内活动过，与鲧之前的张姓始祖挥有何关系？河南内黄县也有鲧堤（见清雍正时《河南通志》卷五十一）。（5）说张仪的兄弟张撰曾在清河立过宗祠，“这是张氏根在清河的又一佐证。”然而，祠堂是后代为纪念先祖而建，而且是随后代的居地而建，它本身就不是祖根在何处的根据。何况，张仪是战国时人，他的兄弟在清河立祠，也不过是战国时事，自然不能成为“张氏根在清河”的佐证！（6）统计数据表明张氏在清河分布广，人口比例大。这是现状，作为张氏发祥地的证据，不具说服力。需要特别指出的是，当今“清河说”观点对尹城的迷惑，比《张氏会修统宗世谱》有过之而无不及。《张氏会修统宗世谱》称始祖挥“居尹城，国于青阳”，尽管没有任何根据可以认为尹城在清河郡地，却认为尹城不过是“后改清河郡”的地方。而现在有些为“清河说”“正名”的文章，则说“各文献记载，挥世居青阳，封于尹城”，或者说成是挥“居尹城国之青阳”。《张氏历史文化研究》有的文章更明确地认为：“始祖挥，世居清阳，今河北省清河县；封于尹城，今山西省太原市”。作为“清河说”的捍卫者，盲从他说，称挥之封国是尹城，是太原，翻过来把青阳纳入尹城的范围，这反映了当今“清河说”底气不足，已经招架不了“太原说”的巨大冲击——正是“太原说”认为挥“封国尹城”，并认为尹城就是太原，而且认为太原晋源区有青阳河、青阳沟、青阳庙，那里正是尹城国的青阳，是挥的封国所在地（《台骀庙的传说》：“台骀神庙所在的王郭村古称尹城里，为张氏始祖挥公受封之地。村西有青阳沟、青阳河、青阳庙，都是以金天氏封国命名的。”《中华姓氏谱·张》：“王郭村作为张氏开宗立姓之地，至今仍有一些痕迹。诸如，以少昊青阳氏命名的青阳河……为纪念青阳氏，在青阳河畔还建有青阳庙……以青阳氏命名的青阳沟……”）。实际上，尹城不是太原，也不是清河地，而是指汾州，是尹姓始祖般或称殷的封地，与张姓始祖挥根本没有任何关系，《张氏会修统宗世谱》带头把他们混淆了！前边已对此作了详细剖析。

“张氏根在鹿邑”的提出，主要是根据1997年对河南省鹿邑太清宫遗址进行发掘时，发现了一座商末周初长子口大墓。长子口墓位于河南鹿邑县太清宫镇。1997年，为寻找“老子生活时代的有关遗迹”河南省文物考古研究所会同周口地区文化局等单位对太清宫西侧的隐山遗址进行考古发掘，结果发现了这座贵族大墓，墓葬平面形状为有两个斜坡墓道的中字形大墓，墓底距地表深8米，有南墓道、北墓道、墓室三部分组成，方向24°。墓内出土有几十件带有长子口三字铭文的铜器，因此将该墓主人定为“长子口”。长子口墓是近年来发现的保存完整的商周大型墓葬，出土器物种类多，数量大，有些器物具有明显的时代特征，为该墓的断代提供了重要资料。在长子口墓出土的器物中，有些与商代晚期同类器物相同或相似，有的与西周初年的同类器物相同或相似。陶器则表现了显著的地方特征。长子口墓出土的陶器，共 117 件。在同时期的墓葬中颇为少见，种类有罐、尊、罍、簋、盆、豆、大口尊、卣、瓮、觚、爵和器盖 12 种；原始瓷器有豆、大口尊和瓮 3 种，其中簋 8 件和觚、爵各 2 件为仿铜制品。无鬲是陶器的显著特征。青铜礼乐器 85 件，有鼎、簋、鬲、甗、觚、爵、角、斝、尊、卣、觥、觯、壶、罍、斗、盘、盉和编铙等 18 个器类，鼎、簋、觚、爵组合和方形器较多是其特征。铜器还有大刀、戈、镞等兵器，斧、锛、凿、刀、铲、抄等工具和各种车马器等。玉器近百件，有琮、璧、玦、环、簋、戈、镞、铲、抄、刻刀、璜、柄形器、佩和各种装饰品。骨器数量较多，有镞、串饰、匕、泡片。骨雕品和不明用途的卡子、叉形器等。此外还有大量的贝及蚌器、牙器等。通过对墓葬出土的青铜器群，铜器组合以及单个器型的特征来判断墓葬的年代可知，长子口墓的青铜器有些具有商代晚期风格，如析子孙方鼎，父辛觚，以及铜镜等；但有许多器形却具备了西周初年铜器的典型特征，如四耳簋，长子口附耳带盖圆鼎等。在所有青铜器中，未见更晚的器形。因此，可以初步推断，该墓主人生活于商末西周初年，最晚死于周成王时期。长子口墓出土的器物中有铭文者皆出自青铜礼器，共 54 件。在有铭器中，共有 39 器铭文为“长子口”，另有“子”、“子口”等铭文，墓主显系长子口。铭文“子”，“子口”和“长子口”显系对一人的不同称法，均应指长子口，这么多器物均为长子口自铭，一墓中出现如此数量的自铭器，在大型商周墓葬中应是最多的。长，应是氏族或国名，子是身份，口为私名。长子即长，一称长侯或长伯。在甲骨文三期卡辞中，有“其又长子唯龟至王受又”的记载，说明长是一方国，这个长国要定期向商王贡龟，可见与商王朝关系密切。

## 考辨张姓始祖挥公身世

关于挥的身世，可谓扑朔迷离，他究竟是黄帝的儿子还是黄帝的孙子？抑或是少昊的儿子？对此文献却有不同记载。前一节所引用的张氏渊源文献《风俗通义》、《广韵》、《姓氏考略》、《姓解》等古书记述挥是黄帝的儿子，但是《元和姓纂》、《古今姓氏书辩证》、《新唐书·宰相世系表》和《世本》（秦嘉谟辑补本）则说挥是黄帝的孙子。就后一主张具体来讲又有两点不同，《元和姓纂》说挥是“黄帝第五子青阳”的儿子，而《新唐书·宰相世系表》、《古今姓氏书辩证》说挥是“黄帝子少昊青阳氏第五子”，这一说法在“青阳”之前加“少昊”，且言挥是黄帝之子“少昊青阳氏”的“第五子”。隋代陆法言撰、宋陈彭年重修的《广韵》更明确认为挥为黄帝第五子，其文曰：“张姓，本轩辕第五子挥始造弓弦，实张罗网，世掌其职，后因氏焉。”宋朝刘恕所著《通鉴·外纪》曰：“黄帝三妃彤鱼氏之女生挥及夷鼓”该著把制作弓的挥看成黄帝与彤鱼氏的儿子。明嘉靖张宪、张阳辉等纂修《张氏统宗世谱》卷上《得姓郡望》言：“吾张氏得姓者，自轩辕黄帝第三妃彤鱼氏之子曰挥，观弧制矢，赐姓张氏，官封弓正，主祀弧星，居尹城国于青阳，后改清河郡，此张氏得姓之由，而望清河郡者独最。”这里把挥视为黄帝的第三个老婆彤鱼氏所生的儿子，言外之意，挥是黄帝的儿子。读者看了上述关于挥的辈分说法后，似乎无法解读清楚了。

经过考证，认为张姓始祖挥是黄帝的孙子，挥的父亲是黄帝与方雷氏所生的儿子青阳，这位青阳与彤鱼氏所生的儿子夷鼓都姓纪，详见前面第三节《详解黄帝二十五子得姓史话》。

对于挥是黄帝之子还是黄帝之孙以及“少昊青阳”生挥的问题确实有特大的歧义，这是由于他们之间的关系早已成为中华姓名文化史上的千年疑案造成的，要厘清事实真相，还必须借助现代考古新成果加上文献史料的考证，从破解“黄帝—挥—青阳—少昊”四者之间的复杂关系入手。因为不管黄帝也好、少昊也好、挥也好，他们都是处在无文字记载的中国史前时期，中国的文字仅在3500

年前才刚刚形成为能相互认可的笔录形式，而统一文字的形成，又晚在2200前的秦小篆和隶书时期。所以我们要破译这个历史之谜，一定要通过对已经发现的远古遗址考古，才可能解决。

考证少昊其人其事。虽然前节言简意赅地介绍了黄帝是在中华大地处于中原一带的古华夏族部落联盟首领，而与其同时期的少昊是中华大地处于东方沿海一带的古东夷族部落集团首领。关于少昊，最要紧也最可信的史料在《左传》中有记载。《左传》鲁昭公十七年（公元前525年）明确记述了少昊氏部落集团的构成与权力分工，共有4个胞族、24个氏族，每个氏族都以一种鸟来命名，并在部落集团权力机构中担任一种“官职”，少昊按各部落氏族长的势力和特长分别授予其不同权限和职能的官衔，共同管理天下政事。《左传·昭公十七年》：“秋，郯子（东周郯国国君）来朝，公与之宴。昭子问焉，曰：‘少皞氏鸟名官，何故也?’郯子曰：‘吾祖也，我知之。昔者黄帝氏以云纪（以云来记事），故为云师而云名；炎帝氏（即神农氏）以火纪，故为火师而火名；共工氏以水纪，故为水师而水名；大皞氏（即太皞）以龙纪，故为龙师而龙名。我高祖少皞挚之立也，凤鸟适至，故纪于鸟，为鸟师而鸟名。凤鸟氏（凤是吉祥的神鸟，它一出现人们就知道天时），历正也。玄鸟氏，司分者也；伯赵氏，司至者也；青鸟氏，司启（掌管立春、立夏）者也；丹鸟氏，司闭者也。祝鸠氏，司徒也；鴡鸠氏，司马也；鸤鸠氏，司空也；爽鸠氏，司寇也；鹘鸠氏，司事也。五鸠，鸠民者也。五雉，为五工正，利器用、正度量，夷民者也。九扈为九农正，扈民无淫者也。自颛顼以来，不能纪远，乃纪于近，为民师而命以民事，则不能故也。’仲尼（孔子）闻之，见于郯子而学之。既而告人曰：‘吾闻之：‘天子失官，学在四夷’，犹信。’”这段话的意思是：鲁昭公十七年（公元前525年）即周景王（姬贵）当天子的时候，周景王手下的诸侯郯国国君郯子（在我国历史上传颂不衰的“二十四孝”中，郯子“鹿乳奉亲”的仁孝一直被视为楷模）访问鲁国（周的诸侯国）时，昭公盛宴款待。席间，鲁大夫叔孙昭子问起远古帝王少昊氏以鸟名官之事。郯城数典述祖侃侃而谈。他说：少昊是我的祖先，我当然知道。我的祖先少昊挚初立位时，恰好有凤凰飞来，这被当成吉祥的征兆，因此就拜鸟为师，以鸟名来称呼各种官职。郯子进一步解释说：少昊是我们的高祖，我知道这是什么道理。从前黄帝以云来记事，因此，他的百官都以云命名；炎帝以火来记事，因此他的百官都以火命名；共工氏以水记事，他的百官都以水命名；太昊氏以龙记事，他的百官都以龙命名。我的高祖少昊挚即位的时候，恰遇凤鸟飞来，因此便以鸟记事，他的百官也以鸟命名。如凤鸟氏掌管历法。所说凤鸟氏，就是历正。凤凰是吉祥的神鸟，它一出现就知道天时是平安的。历正是主管历数正天时的官，故叫凤鸟氏；玄鸟氏掌管春分、秋分。玄鸟即燕子，它们春分飞来，秋分离去，故名掌管春分和秋分的官为玄鸟氏；伯赵氏掌管夏至、冬至。伯赵就是伯劳鸟，它夏至开始鸣叫，冬至停止，所以以它命名这个官职；青鸟氏掌管立春、立夏。青鸟就是鸧鹒，它在立春开始鸣叫，立夏停止，故这个官职以它命名；丹鸟氏掌管立秋、立冬。丹鸟即雉，它立秋来，立冬离去，故以它命名。以上这四种鸟都是凤鸟氏的属官。祝鸠氏就是司徒。祝鸠非常孝顺，故以它命名主管教育。从颛顼之后，因为无法记录远古时代的事情，就从近古时代开始记录。作为管理百姓的官职，就只能以百姓的事情来命名，而不像从前那样以龙、鸟命名了。参见宴席的满座人无不佩服郯子的学识渊博。孔子当时年仅 27 岁，在鲁国做个小官，他听说了郯子这番话之后，就前去拜见郯子求教，“见于郯子而学之”。韩愈《师说》中“孔子师郯子”这句即出于此。至今保存在曲阜孔庙内的《圣述图》内有一幅插图叫《学于郯子》，讲的就是“孔子师郯子”的故事。孔子“问官”之后，不久就告诉别人说：“我听说‘天子那里推动了古代官制，但有关古代官制的学问都保存在四方的蛮夷小国’这话很对。”“问官”这个与郯国有关的历史典故，二千五百多年来一直为人们所珍视，至今仍是研究古代官制形成 和远古民族演变的重要资料。可见少昊氏族部落集团普遍信奉鸟图腾。

因为有关少昊的现存古资料都是支离破碎的，并且一些古籍把少昊与黄帝的关系混淆，以为他们是父子关系，比如《帝王世纪》、《古今姓氏书辩证》和《新唐书·宰相世系表》。魏、晋时期的皇甫谧《帝王世纪》曰："少昊帝，名挚，字青阳，姬姓也。母曰女节。黄帝时，有大星如虹，下流华渚，女节意感而生少昊，是为玄嚣。降居江水，邑于穷桑，以登帝位，都曲阜，在位百年而崩。"与此类似的一些史籍把少昊人为地编制在黄帝世系名下的记述应该是一个很大的历史误会，现代许多学者们推究少昊世系渊源与脉略，他既不属于炎帝世系，也不隶属于黄帝世系，而是属于太昊伏羲世系，其与炎、黄两大世系并存。图腾文化学者、历史学家、美术家王大有（韶华子）明确指出：少昊是伏羲与女娲氏的第六代，伏羲的姓为风姓。

关于少昊的称谓，在中国典籍中五花八门，除"少昊"外，又记作"少皞"、"少皋"，此外又称"朱宣"、"白帝"、"西皇"、"穷桑氏"、"凤鸟氏"，到战国时期，按照五行说以"五行"标"五帝"，以化生天下万物的五行之首的"金"表示少昊的政德，再加上少昊传太昊诸法，观测太白金星，行金星历法，后世之人又对其追加封号为"金天氏"。三国时期吴国文学家、史学家、经学家韦昭注释《国语·晋语》时，他说："青阳，金天氏帝少昊。""青阳"是少昊的尊号，"青阳"就是东方的太阳，传说是其国号或者尊号。《路史·国名记·少昊青阳氏后·清》曰："《帝德考》云少昊曰清，清地也，一曰青阳。"先秦杂家著作《尸子》说："少昊金天氏邑于穷桑。日五色，互照穷桑。"这"穷桑"便是东夷族少昊的早期发源地之一，所以少昊又称"穷桑氏"。东晋王嘉《拾遗记》说："及皇娥（传说古帝少昊的母亲，与娥皇不是一人，娥皇是舜帝的妻子，娥皇婚后无子）生少昊，号曰穷桑氏，一号金天氏。时有五凤，随方之色，集于帝庭，因曰凤鸟氏。"《淮南子·天文训》、《诗则训》及《离骚·经》记载少昊又名"西皇"。少昊之"昊"，古籍大都写作"皞"（左边是"白"），后来又写为"暤"（左边是"日"），再后来就写为"昊"了，只是前两者者很久不用了，今人从简多用"昊"字。《左传》说："我高祖少皞挚之立也，凤鸟适至，故纪于鸟，为鸟师而鸟名。"所以"挚"（或"质"、或"鸷"）是少昊的名，此名因凶猛的鸷鸟而得。相传他因专修传播太昊（即伏羲，太昊是后世对伏羲的溢美之称）天文历法，故曰"少昊"。

少昊会太昊上元太初历与太昊的观天象的方法，实行十月太阳历。这位伟大的少昊虽然后世之人流传下来的其号叫“青阳”却不是黄帝所生，更不是《帝王世纪》所说“少昊是姬姓”，而是嬴姓，《说文解字》：“嬴，帝少皞之姓也。”嬴字的甲骨文、金文正像鸟的形象。

“嬴”字形就像由“玄”与“鸟”构成的一样

金文“嬴”字

为让读者真正明确少昊的生年问题，我们有必要借助新出现的成果。2008 年，在山东昌乐县发现了“骨刻文”，山东大学美术考古研究所所长刘凤君告诉《北京科技报》：“这批骨刻文的大体年代是距今约 4000—4500 年的龙山文化时期，属于东夷文字，是中国早期的图画象形文字。它的历史比甲骨文还早 1000 年。”为此我们把少昊个人出生时间确定在距今 4400 年前后，不会早于距今 4700 年。

1992—1993 年，考古学者们在山东省日照市尧王城遗址（中美联合考古队调查后认为，该遗址面积比两城镇遗址面积还要大，应该是当时亚洲最大的都城），出土了东夷族少昊的祖先墓葬，发现墓主人的头都朝着尧王城南部 3 千米处的天台山方向。据考证，天台山中有旸谷（一名汤谷），是东夷人祖先羲和（帝俊之妻）祭祀太阳神的圣地，又是少昊氏祭祀先祖的圣地。天台山现在仍然有太阳神石祖像、太阳神陵、鸡响响喽山、老母庙等遗迹。如果说关于少昊的传世文献记载不一和传说让人不足信，那么通过对日照地区尧王城遗址考古不仅证实了东夷族少昊部落集团存在，而且考古显示其文化水平还非常高。总之，学术界一般认可东方史前文化的

创造者为以太昊与少昊为主的东夷族系，而不是以黄帝、炎帝为主的华夏族系，以黄帝、炎帝为主的华夏族系创造了中原史前文化。

少昊陵位于山东省曲阜市城东 4 千米处的高阜上，有“中国金字塔”之称。位于山东日照市的尧王城遗址是少昊部落集团的早期都城，是当时亚洲最大的都城。

由于近几十年的考古收获，为先秦史中过去认为是“传疑”的不少问题提供了物证，使之成为信史，少昊在史前实有其人，并且与黄帝大致是同时代的人。少昊是伏羲女娲后裔中一位很有作为的东夷部落酋长，史书上曾留有许多记录，但由于天灾人祸的损毁，保留下来的很少，我们也只能从史书的引文和考古中获得少量的信息。

考证黄帝、少昊与颛顼之间的关系。根据当代族史研究成果与考古实证，少昊属于太昊伏羲氏后裔迁徙到黄河下游山东一带的一个重要分支，是东夷族系的一个以鸟为图腾的氏族部落，少昊氏族部落疆域在今青岛市、日照市、山东省中部以及江苏灌云县东部沿海一带。揆诸现有的考古成果，少昊是距今 4400 年前后古东夷族部落集团的首领，在位 84 年。黄帝是距今 4405 年前后古华夏族部落联盟首领，在位 100 年。在公元前 4400 年左右，位于中华大地东方的少昊部落集团迅速崛起，遂成为比中原黄帝部落联盟更强大的主要部落集团，表现在文化上，此时期的少昊部落文化对中原的黄帝部落影响明显占优势，这些都可以通过对位于山东省日照市的少昊都城尧王城遗址发掘考古取得证实，还可通过在山东省昌乐发现的东夷族骨刻文来印证。让我们把想象的触角伸向远古洪荒时代之中，可以想见，当黄帝部族向不来宾从的炎帝、蚩尤先后开战之际，黄帝部族与少昊部族就有着一种素来友好共处的信约，一方为了养精蓄锐，另一方为了求得偏安。《史记·五帝本纪》记载黄帝在“阪泉之战”、“涿鹿之战”之后，成为中原的盟主，他与其他实力强大的诸侯（部落首领）会盟釜山（今河北怀来一带），签订了类似今天的友好合约的“合符”，史称“合符釜山”，这当然包括与少昊部落集团订立了符契，双方进一步加强了亲密伙伴关系，于是这两个实力最强大的部族长期形成了稳定的和平局面，正因为这

样，黄帝把他孙子颛顼送到了少昊部落学习，少昊养育了颛顼，少昊给颛顼琴瑟，当作娱乐的玩具，可见他们亲睦之情，这就是“少昊孺帝颛顼”的故事。《山海经·大荒东经》说：“东海之外大壑，少昊之国。少昊孺帝颛顼于此，弃其琴瑟。”这里的关键词是“孺”字，著名史学家徐旭生谓“孺”与“乳”二字古义通假，“孺”盖有“养育”之义。这里的“孺”字还有“亲睦”之义，《诗经·小雅·常棣》有“兄弟既具，和乐且孺”，这句中的“孺”与此同义。清代著名学者郝懿行注《三海经》云：“此言少昊孺养帝颛顼于此，以琴瑟为戏弄之具，而留遗于此也。”在古史传说中，许多人弄不明白颛顼（母亲是蜀山氏之女）是黄帝的孙子、昌意之子，他怎么被少昊养大？盖其原因就是那时实力相当的氏族部落之间文化交流、族外联姻与和平共处的需要。在父系氏族社会里，据传发生在黄帝华夏部族和东夷部族交流的时候，不光是出嫁女的，也可能出养男的。上古文献《山海经》说颛顼有九个妃子，其中一个就是邹屠氏，所谓邹屠氏，顾名思义，就是居住在邹屠的族氏。《路史》说：“（颛顼）娶邹屠氏……邹屠氏有女，履龟不践，帝内之，是生禹祖。”颛顼娶了蚩尤后裔邹屠氏之女为妻。邹屠氏的来历在《拾遗记》有记载，《拾遗记》载：“轩辕去蚩尤之凶，迁其民善者于邹屠之地，迁恶者于有北之乡。其先以地命族，后分为邹氏、屠氏。”可见邹屠氏是蚩尤氏族的后代。《史记·五帝本纪》云：“轩辕乃习用干戈，以征不享，诸侯咸来宾从。而蚩尤最为暴，莫能伐”。蚩尤是黄帝的最大对手，因其实力强大，当初没有人能击败他，过了很长时间，颛顼的爷爷黄帝（即轩辕）经过励精图治后终于跟很有实力的蚩尤在涿鹿展开大战，他杀死了蚩尤以后，把蚩尤部族中愿意归顺的表现好的一部分人迁到邹屠之地，根据地名把这部分人统称为邹屠氏，后分支为邹氏、屠氏。由此可知，黄帝战胜蚩尤后采取分化以蚩尤为首的“九黎”（蚩尤部落联盟，史称“九黎”）措施，于是把蚩尤九黎内的一些表现好的人安排在紧邻少昊部落的西部边垂“邹屠之地”（大约在今山东省西部）居住。黄帝把蚩尤部族中不愿意臣服的表现不好的一部分人则远迁到“有北之乡”即今甘肃省中西部一带，以便实现分而治之的目的。后来蚩尤的“九黎”之民迁到邹屠之地，这部分人照样“乱德”，对此春秋战国时期的史籍《国语·楚语下》有记载：“及少皞之衰也，九黎乱德，民神杂糅，不可方物。……嘉生不降，无物以享。祸菑（“菑”古同“灾”）荐臻，莫尽其气。颛顼受之，乃命南正重司天以属神，命火正黎司地以属民，使复旧常，无相侵渎，是谓绝地天通。”少昊年老衰弱了，九黎族人乱德，老天爷降灾，人与神杂混不清……颛顼接受少昊的委托，开始治理九黎族人原来的宗教信仰的混乱局面，颛顼任命重（重是少昊的叔父，《左传》昭公二十九年记载：“少皞氏有四叔，曰重、曰该、曰脩、曰熙。”）为“南正”（上古官名）与黎为“火正”，分管祭天神事与祀地民事。此处记载明显地指出颛顼代替少昊管理其凤鸟氏部落政事。司马迁在《史记·历书》中也指出：“少皞之衰也，九黎乱德，民神杂扰，不可放物，祸灾荐至，莫尽其气。颛顼受之，乃命南正重司天以属神，命火正黎司地以属民，使复旧常，无相侵渎。”司马迁也承认了颛顼代替少昊行使管理权之事。唐玄宗时官修的类书《初学记》卷九引《帝王世纪》说：“颛顼生，十年而佐少昊，十二而冠，二十而登帝位。”从父系血缘关系上看，颛顼是黄帝的孙子，但是他可能作为“留学生”受到少昊的亲睦、教育。古籍说他从 10 岁开始辅佐少昊，实际上可能是 10 岁那年就被派到少昊部族“留学”了，因为那时少昊部族的实力、文化都比黄帝部族强大、先进。颛顼的表现赢得了少昊氏族部落的信任，在少昊人老年衰时，少昊授权他处理“九黎乱德，民神杂扰”等事务。黄帝死时，正好 20 岁的颛顼因此回到了中原黄帝部落，他接替了黄帝的位置，成为黄帝部落首领。汉末之后的儒生们往往以“颛顼生，十年而佐少昊”为证煞费苦心地编构少昊与黄帝的关系，结果无法自圆其说，破绽百出。例如：东汉末期的宋衷（字仲子，又称宋仲子，曾与刘表共定《五经章句》，著有《法言注》、《世本注》）就说：“少昊，黄帝之子，代黄帝而有天下，号曰金天氏。”《山海经》中并没有少昊世系，史料与当代考古新成果证明了少昊与黄帝不是一个种族，少昊氏东夷族，黄帝是中原华夏族，二者没有直系血缘上的关系，从而证明宋衷这一说法大错特错，引用其说的后儒也深受其害。

古人由于搞不清楚黄帝与少昊的血统、所属氏族部落，误以为少昊是黄帝的儿子，结果弄出了中国历史上张冠李戴的谱牒，以致误人千年。比如：由北宋熟知谱牒学的吕夏卿、宋祁等主编的《新唐书·宰相世系表》言："张氏出自姬姓，黄帝子少昊青阳氏第五子挥，为弓正，始制弓矢，子孙赐姓张氏。"此处就把少昊与黄帝、少昊与挥本来就没有的血缘关系搞在一起了。南宋学者邓名世虽然强调说："姓氏之书不可误，误则子孙失其祖，而后世秉笔者无所据依。"但是他撰写的《古今姓氏书辩证》中也因其所掌握的资料的有限性而把少昊与黄帝的身份混淆在一起了，《古今姓氏书辩证》曰："张氏出自姬姓，黄帝子少昊青阳氏第五子挥，为弓正，始制弓矢，实张罗以取禽鸟，主祀弧星，世掌其职，赐姓张氏。"南宋学者王应麟著的《姓氏急就篇》："张氏，自轩辕少昊第五子挥始造弦，实张网罗，世掌其职，后因氏焉。"这一说把轩辕（即黄帝）与少昊的关系模糊化了。清乾隆甲寅重修裕裔堂《张氏族谱》卷三《受姓渊源考》云："张氏出自黄帝轩辕氏，生少昊金天氏，又号青阳氏，第五子挥始制弓矢，官为弓正，主祀弧星，世掌其职，赐姓张氏。"这样的族谱使张姓子孙真正失其祖，误把少昊也当成了张姓的祖先供奉在神龛之中。

再分析黄帝的儿子青阳与少昊的关联性。我们根据中华民族源流的族史研究成果、考古资料和历史地理文献，已知道更早的一位被后人称为"青阳"的人是东夷族部落群团首领少昊，按照东汉之后的习惯称谓法叫少昊青阳。在前面《详解黄帝二十五子得姓史话》一节，我们已经考证过黄帝的儿子中也有两人叫青阳，一个是方雷氏生的青阳（姓纪），另一个是西陵氏嫘祖所生的青阳（姓姬，名玄嚣）。由此可知，在中国史前出现了三个叫青阳的人物。直到东汉之后，古籍上才有"少昊青阳"、"玄嚣青阳"这样的称谓，因为最早将玄嚣青阳视为少昊是东汉末期的宋衷。东汉末期荆州学派（荆州学派是汉末经学向魏晋玄学过渡的地方性经学派别，它的形成、发展与解体深受汉末军阀、"八俊"才子刘表的影响）宋衷说："玄嚣青阳是为少昊，继黄帝立者，而史不叙，盖少昊金德王，非五运之次，故叙五帝不数之也。"宋衷这一错误的说法对后世影响很大，从此之后史籍多引用此说，造成一错到底，其后的古书、谱牒也就难免把青阳——少昊——玄嚣混为一谈，比如魏、晋时期的医学家皇甫谧在《帝王世纪》又杜撰出：“少昊帝，名挚，字青阳，姬姓也。母曰女节。黄帝时，有大星如虹，下流华渚，女节意感而生少昊，是为玄嚣。”北宋的《新唐书・宰相世系表》、南宋的《古今姓氏书辩证》说挥是“黄帝的孙子”并在“青阳”之前又加“少昊”，以示少昊青阳生挥。这就导致各地的张氏家谱或者宗谱误认“少昊”为祖宗的说法更是屡见不鲜。司马迁在汉武帝时掌握先秦史料较多，若玄嚣青阳就是少昊青阳，他不能没有明示，《史记・五帝本纪》记载：“黄帝居轩辕之丘，而娶于西陵氏之女，是为嫘祖。嫘祖为黄帝正妃，生二子，其后皆有天下：其一曰玄嚣，是为青阳，青阳降居江水。其二曰昌意，降居若水。……自玄嚣与蟜极皆不得在位，至高辛即帝位。高辛于颛顼为族子（即高辛是颛顼的堂侄）。”司马迁明确交代了玄嚣虽然也称为青阳，但是他与其子蟜极都不得帝位，到了其孙子高辛（高辛就是帝喾，因辅佐颛顼帝有功，被封于高辛，三十岁当首领，因他兴起于高辛，史称高辛氏）才接替颛顼的帝位，成为首领。言外之意，司马迁是不认同“玄嚣青阳就是少昊青阳”这一说法。唐代著名的史学家司马贞也不认同这一说法。司马贞在面对前人的这种说法没有人云亦云，他在《史记索隐》称：“姬姓青阳当为玄嚣，是帝喾祖，本与黄帝同姬姓”。司马贞的《史记索隐》案：“《汉书・古今人表》彤鱼氏生夷鼓，嫫母生苍林，不得如谧所说。太史公乃据《大戴礼》，以嫘祖生昌意及玄嚣，玄嚣即青阳也。皇甫谧以青阳为少昊，乃方雷氏所生，是其所见异也。皇甫谧及宋衷皆云玄嚣青阳即少昊也。今此纪（指《史记・五帝本纪》）下云玄嚣不得在帝位，则太史公意青阳非少昊明矣。”皇甫谧与宋衷说“玄嚣青阳就是少昊”，但是那时没有第一手的考古资料证明他们的说法是错误的。司马贞在《索隐》中对皇甫谧及宋衷的说法虽然有怀疑，但是他面对距他已经 2000 多年的黄帝与少昊传说时，也无法拿出考古证据来证明自己的观点，直到 1993 年在山东省日照市境内尧王城遗址与 2008 年在昌乐县发现的“骨刻文”才显示出东夷族文化的考古证据。已故著名的文字学家唐兰先生把在鲁东南的莒县（又称莒州）到诸城一带（少昊氏之后裔分布区域）出土的陶符“[illegible]”与“[illegible]”（出土于莒县陵阳河）皆释为日火组合的“炅”字更合理，这应是对实物太阳与羽冠的摹画，是少昊氏象征王权的王冠反映，说明少昊氏已有象征王权的实物，后来又发展成族徽，其本义应源自鸟图腾与太阳崇拜；释为“斤”的陶符“[illegible]”与释为“戉”的陶符“[illegible]”应是对装柄玉石钺的摹画，表明少昊氏已有象征王权的权杖实物。据报道，日照尧王城在1992—1993年的发掘中，曾经发现过陶文残片，据有的资料披露，尧王城遗址出土的陶文与先前莒县陵阳河出土的“炅”字圭首形陶文相近。《考古》杂志1993年第4期公布了山东邹平丁公龙山陶文资料，引起国内外研究者的关注。这种古陶文，是在新石器时代中、晚期出现并首先流行于我国东部的东夷族古文字。这种龙山时期在以今山东为中心的古东夷族中流行的古文字，在夏代或夏末商初，就因该地区距先进的华夏文化中心过近而被同化。

当代学者们一致认为《山海经》记载的帝俊是东夷族，少昊是帝俊的儿子。

信阳师范学院金荣权教授在《帝俊及其神系考略》一文中指出：“帝俊在中国古代神话中是一个谜一般的神性人物，他的事迹既不为正史所载，也不为诸子所传，只见于《山海经》(《山海经》是我国历史上的一部奇书，也是研究我国上古社会的重要文献）之中，尤其集中反映在“大荒”、“海内”两经之中。究其神系渊源与脉略，显不属于炎帝世系，也不隶属于黄帝世系，是与炎、黄两大神系并存的第三神系”。“帝俊部族与少昊部族均是我国东部以“鸟”为图腾的远古同一部族。”“将少昊、青阳、玄嚣合而为一纳入少典氏族是战国以后儒士们的杰作，并非原始神话与传说的本来面目。”“据《帝王世纪》和《通志》等均言少昊，名挚，字青阳，亦称玄嚣，为黄帝之子。这其实是战国以来，汉民族大一统观念的产物。”

山东大学东方考古研究中心王青教授于2006年发表了《从大

汶口到龙山：少昊氏迁移与发展的考古学探索》论文，今录其［摘要］如下：少昊氏是史前东夷人的重要支系，考古发现的陶文和大墓证明，少昊氏不仅存在于大汶Ⅰ、2文化时期，而且还延续到龙山文化时期，期间经历了不断迁移和发展的过程。其中大汶口晚期以莒县陵阳河一带为中心，到大汶口末期迁到五莲丹土一带，龙山早中期又迁到日照尧王城、两城等地，在滨海地带形成超大规模的中心，龙山中期之末迁到了临朐西朱封一带，到龙山晚期又迁到曲阜一带。少昊氏的迁移过程是不断发展壮大和文明化水平不断提高的过程，经历了从古国到方国的社会转变。到龙山文化末期，少昊氏走向衰亡，被东夷新崛起的皋陶、伯益等政权实体取代。

综上所述，少昊与黄帝分别属于中华民族中的两个古老的族系——东夷族、华夏族，这就排除了少昊为黄帝之子的可能性。后世诸位儒生、学者之所以把少昊硬往黄帝身上套，明显是局限于夏、商、周、秦为黄帝一脉相承的认识框架，因而不能正确诠释处于史前的少昊身份及这一概念的社会历史内涵。至此，我们可以厘清三个青阳的关系了，除了东夷族部落首领少昊叫青阳外，还有两个青阳都是黄帝的儿子，一个青阳是黄帝的次妻方雷氏所生之子，另一个青阳是黄帝的正妻西陵氏嫘祖所生的长子玄嚣。前面已经论证了少昊青阳与黄帝没有血缘上的关系，所以不是父子关系。玄嚣青阳不是少昊，黄帝妻方雷氏所生之子青阳也不是少昊。张姓始祖挥的父亲是黄帝与方雷氏所生的儿子青阳，所以挥是黄帝的孙子。

## 贵姓何来

张姓人口总数略少于李姓和王姓，是当今中国第三大姓，占全国人口总数的6.83%，即世界上张姓超过8750.2万人。张姓的渊源，可以推溯到远古传说时代，我们在前面第四节已经论述了。依据当代研究成果，我们把张姓来源总结如下：

（1）张姓最早的一支源出己（纪）姓长氏，始祖是黄帝的孙子挥。张姓源流应是：姬姓（黄帝）→己姓（黄帝与妻子方雷氏所生之子青阳得己姓，己姓就是后来的纪姓）→长姓（挥得长姓，挥是

青阳之子、黄帝之孙）→张姓（挥的子孙得张姓）。从祖先血缘族姓上讲，张姓源自挥的祖父黄帝姬姓。是为张姓正宗，至今已有4000多年的历史。

（2）当今张姓中有一支出自春秋时晋国（在今山西境内）大夫解张（字张侯），有趣的是解张的祖脉仍可追寻到黄帝。南宋郑樵《通志·氏族略·以字为氏·晋人字》："张氏世仕晋，晋分为三，又世仕韩，此即晋之公族以字为氏者。……按晋有解张，字张侯，自此晋国世有张氏，则因张侯之字以命氏，可无疑也。赵有张孟谈，韩有张开地，赵韩分晋，皆张侯之裔也。"意思是：周威烈王（姬午）当天子的时候（公元前425—公元前401年），张氏世代在周之诸侯国晋国（周成王弟弟叔虞的儿子姬燮父所立的封国名）做高官，公元前403年，晋国卿大夫韩虔、赵籍、魏斯三人自立为诸侯，分裂晋国。周威烈王只好册封三人分别为韩侯、赵侯、魏侯，于是晋国灭亡。原晋国人除部分留在原地外，大部分随着韩、赵、魏三国迁都而迁移。其中，以迁居韩国的张氏影响较大，历代都有入朝为官的。解张是当时晋国大夫，字张侯，其子孙以字命氏而姓张，也称张氏。韩国（周威烈王册封给韩虔即韩景侯的诸侯国）管辖地主要包括今山西南部及河南北部，初都阳翟（今河南省许昌市禹州），灭郑国后迁新郑（今河南郑州新郑）。赵国初都晋阳（今山西太原西南），后迁中牟（今河南鹤壁市西），最后又迁邯郸（今河北邯郸）。魏国始都安邑（今山西夏县西北），后迁大梁（今河南开封市）。这就是今天的山西、河北、河南之张氏。清朝康熙时期陈梦雷编辑的《古今图书集成·张姓部》引用元末明初文学家宋濂《张氏谱图序》云："张以字为氏，出于晋之公族。"这与郑樵说法一致。

（3）张姓成员中有一支出自赐姓。据《读史方舆纪要》所载，世居云南的南蛮酋长龙佑那，在三国时被蜀相诸葛亮赐姓张，以后其子孙便以张为姓。

（4）源自改姓的张氏。东汉政论家、文学家、思想家王符在《潜夫论》中说："留侯张良者，韩公族姬姓也。秦始皇灭韩，良为韩报仇，击始皇于博浪沙中，误椎副车，秦索贼急，良乃变姓为张。”司马迁《史记·留侯世家》载：“留侯张良者，其先韩人也。大父（即祖父）开地，相韩昭侯、宣惠王、襄哀王。父平，相釐王、悼惠王。悼惠王二十三年，平卒。卒二十岁，秦灭韩。良年少，未宦事韩。韩破，良家僮三百人，弟死不葬，悉以家财求客刺秦王，为韩报仇，以大父、父五世相韩故。良尝学礼淮阳。东见仓海君。得力士，为铁椎重百二十斤。秦皇帝东游，良与客狙击秦皇帝博浪沙中，误中副车。秦皇帝大怒，大索天下，求贼甚急，为张良故也。良乃更名姓，亡匿下邳。”刘向《高士传》载：“张良易姓为长。”据此，张良是曾改名长良。西汉开国功臣张良本是战国时韩国颍川郡贵族子弟，其祖三代为韩丞相，本姓姬。秦灭韩后，他图谋恢复韩国，结交刺客，在博浪沙（古地名，在河南原阳东南）椎击行刺秦始皇未遂，逃亡至下邳（今江苏徐州市睢宁县古邳镇），因被悬榜通缉，为逃避追捕不得不埋名隐姓，改姓张。魏国大将张辽本姓聂，后改为张氏，世居雁门马邑（今山西朔县），后成为大姓。晋代皇甫谧引此说，以致后世误认为张良原姓姬，从而认为张氏出自韩之公族姬姓，成为张得姓起源之又一说。元代袁桷所撰《张氏宗谱序》称：“张姓出于姬姓，至周而氏者祖于韩，其得望者十二 ……”即是受王符、皇甫谧所说的影响。

(4) 源自他姓、他族改姓的张氏。古有韩、姬等姓人士和乌桓、女真、羯、鲜卑、匈奴、契丹等一些少数民族分支改姓张氏。

## 家谱寻根

家谱是什么呢？是指记录一家一族的姓源、世系、世表、字派、家规、家训、家范、宗约、诰敕、像赞、传记、墓记、墓图、墓志铭、祠堂记、祠规、义田、义庄、艺文的专门档案。战国以前称谱牒为世系、世本、系本、牒记等，魏晋至隋唐称为族谱、家谱、姓谱、族姓谱、氏族谱、血脉谱等，宋以后则通称为族谱、宗谱、家谱、家乘（乘 shèng，家族之史）、房谱、世谱、族系录、族姓昭穆（昭穆即父子祖孙的血缘关系）记、族志等。

家谱反映了一个家族的血缘脉络、繁衍生息、迁徙演变、历史

足迹，记载了家族有名人物的事迹、成就、仕途、思想、著作、荣誉，记录了家庭成员的出生、死亡、婚姻、生育、学习、工作，是研究社会结构、宗法制度、社会学、人口学、方志学、民族史、家族史、侨民史以及历史人物等方面的重要资料。

家谱对于学习和研究中国姓氏文化有什么具体作用?

家谱首先是作为“一家一姓之史”而编撰的，有人曾提出所谓编修家谱的 12 条原则，头 4 条就是“论姓别，谈姓源，究姓义，叙地望”，可见家谱与姓氏的密切联系。落实到家谱对于学习和研究中国姓氏文化的具体作用上，大致可以归纳出以下几条。

一是数典寻祖，为具体的一族一姓的来历提供线索。凡是家谱通例，都有该姓始祖来源、分支繁衍、世代迁移的资料，由此成为人们寻根问祖的重要依据。例如，据有关资料记载，自清代始，从福建漳州“史山洪氏”族人开始迁徙至台湾。乾隆年间、嘉庆年间，福建漳州府漳浦县的洪姓族人相继入台，洪姓在台湾南投市草屯形成首屈一指的大族，清道光四年（1824 年）始在草屯修建闽南传统式四合院的宗祠伦堂，现存祠堂有建于道光二十六年的敦煌堂和洪氏祠堂、敦伦堂、敦成堂。同期，也有福建泉州晋江三村的洪氏族人移居台湾彰化的二林、芳苑等地台湾草屯一带的洪姓家族，非常团结，每年在一起祭祖拜墓，在当地很有声望。洪姓出自上古炎帝神农氏，为共工的后代，大多汉族洪氏都认为自己是源出上古炎帝神农氏，为共工的后裔。但颇使草屯洪姓族人困惑的是，老祖宗留下来的规矩，凡洪姓子孙死后，必定要有“念祖”仪式，就是要用白布把死者裹起来，然后放入棺材。为什么洪姓会有这个独特的规矩呢？经过追谱寻根，该族的洪敏麟先生找到了答案。原来草屯洪姓的根系还可以从福建漳州追溯到甘肃敦煌。在古代敦煌，信仰伊斯兰教的人非常多，他们这一支洪姓的远祖也是伊斯兰教徒，后来分衍到全国各地，尽管宗教信仰或有改变，但为了返本崇源，符合伊斯兰教义的“念祖”的家规就代代相传，且由此印证了台湾草屯洪姓是从甘肃敦煌发脉播衍而来的。

二是溯源辨流，往往能梳理出民族融合、姓氏流变的珍贵历史资料。比如在台湾彰化福兴乡临海地区的夏粘村和顶粘村里，现有几百户万余人姓粘的人家。虽然粘氏族人都知道自己的原籍在清朝时期的福建泉州府晋江县衙口乡的粘厝坡，大家都是渡台始祖粘尚、粘秉兄弟与粘甹（pīng）、粘恩兄弟的后裔，但由于台湾的粘姓家族一直没有族谱，所以不知本姓本族的由来，始终感到遗憾。1923年，念念不忘为整个家族完成此项工作的粘芳模先生，利用前往福建眉州岛天后宫向妈祖（又称天妃、天后、天上圣母，是历代船工、海员、旅客、商人和渔民共同信奉的神）进香的机会，特意转往晋江衙口寻谱，可惜沧海桑田，人事已非，不得要领。正当他怀着失望心情踏回归途时，在厦门幸运地碰到了一位叫粘传仁的大陆族亲，忙恳请他代办求谱之事。10年之后，粘传仁终于完成了粘芳模的夙愿，把厚厚一册手抄的《浔江粘氏郭业公派下宗谱》寄到台湾，后该手抄谱失传。1982年台湾粘氏宗祠落成，为修《粘氏源流台开基族谱》，后到大陆几经周折，方得到旧谱影印本，终使谱成，该谱序言写着修谱的目的是便于日后回大陆福建祖地接根。台湾粘氏经过无比艰辛寻觅祖脉，终于知道自己的来龙去脉。原来闽台粘姓始祖本是金国开国元勋、都元帅、金源郡王完颜宗翰，其子孙汉化后即以祖名为氏姓粘，可谓望族贵胄。这样台湾粘氏终于靠家谱指引，获得了粘姓从完颜氏流变而来的史实，其祖根可以从台湾彰化经福建泉州一直上溯到驰骋在东北的女真族，具体说，完颜氏的老家在今黑龙江省哈尔滨市阿城五常拉林河畔（金朝叫涞流河）。完颜宗翰，本名粘没喝，亦称粘罕，是金太祖完颜阿骨打之侄，女真族名将。《金史》称其：内能谋国，外能谋敌，决策制胜，有古名将之风。他姿貌雄杰，善于马上用剑。粘罕在金国的地位和功绩不亚于人们熟知的金兀术，为女真族首领完颜阿骨打建立金国做出卓越的贡献。宗翰在金国历史上最大的功绩当算攻陷汴京，抓获徽钦二帝，押宋俘数万返回上京。粘罕病死后，他的两个儿子真珠、割韩奴商决，以父亲粘没喝之名冠粘为姓氏，表明没有争夺皇位的意思，以避猜忌生变。后来，其后人辗转南迁，因避乱世不忍杀戮继续南下，至元代落脚泉州、晋江、南安、石狮等闽东沿海地区。粘姓有“恒宗堂”，恒宗是金太祖“完频阿骨打”追授粘姓一世祖“粘罕”的谥封。粘尚、粘秉于乾隆五十三年（1788

年）由福建泉州晋江衙口渡台；粘甹（pīng）、粘恩于乾隆五十五年（1790年）从衙口渡台，于是粘尚、粘秉、粘甹、粘恩合称为渡台粘氏开基四先祖。八百多年前的粘罕难以预料自己的后裔辗转到当年欲征而不能的华南地区，如今又回故乡访祖寻根。在2000年6月18日的阿城首届金源文化节上，台湾粘氏宗亲会会长、台湾亿丰集团董事长粘铭带来了近百人的寻根团。“千万里我追寻着你……”这句歌词始终萦绕在粘铭先生的脑海中，闽台粘氏豁然意识到粘氏的祖脉来自金源，粘氏的根在阿城。在第四届金源文化节上，粘铭先生带来了30多人的祭祖团。

三是促进台胞与大陆联谊，敦睦亲情。对于台湾同胞来说，家谱可以告诉他们，他们不仅是“台湾人”，更是“中国人”，这对于反对台独，促进统一，具有不可替代的作用。例如，台湾知名律师吕传胜先生（吕秀莲的胞兄）据谱得知自己祖源福建省南靖县书洋乡之后，于1989年、1991年、1993年先后三次回祭祖，2001年、2003年又两次率吕氏宗亲四五十人到大陆寻根。2005年5月5日，台湾亲民党主席宋楚瑜访问大陆，宋楚瑜主席回到阔别了56年的故乡——湖南省湘潭县射埠镇巨鱼村，祭拜曾祖父宋炳生、祖父宋德明和祖母文氏的墓地。在宋楚瑜到湘潭之前，湘潭乡亲通过媒介展示了印于1941年的《湘潭昭山宋代族谱》。这一族谱证实宋楚瑜系湘潭昭山宋氏的第三十二代传人。该谱清晰地记载：湘潭昭山宋氏原世居安徽，至元代，始迁祖宋文学携三子移居湘潭，从此世代相传。宋楚瑜之曾祖父宋增阅生有宋声显、宋声顺和宋声颚三子。宋楚瑜之祖父宋声显生有宋楚瑜之父亲宋扬晖（册名宋达）、宋扬曜、宋扬曙三子和宋扬映一女。尽管该谱1941年修订时宋楚瑜尚未出生，所以其名字未录其上，但它仍是宋楚瑜一家根系大陆，祖源炎黄的明确史证。2005年5月12日晚间，胡锦涛总书记在北京瀛台宴请宋楚瑜主席一行，并赠送礼物——《湘潭昭山宋氏石潭房七修族谱》，宋楚瑜主席拿着这本家谱时相当感动，表示这是“最好的礼物”。宋楚瑜主席祖籍湖南湘潭，谱中载有宋楚瑜父亲宋扬晖的名字。故土寻根，难怪他如此高兴。中国国家图书馆历经考证搜索，把宋楚瑜家族近二三百年的族谱全都网罗在内，将各个谱系有系统的搜索，看起来相当翔实，这也是宋楚瑜第一次看到如此完整的族谱，甚至连宋的姐姐都在名单当中。族谱全部以线装本制成，高度超过一尺，让宋楚瑜相当感动，而这份族谱现在珍藏在家中，成为宋家的传家之宝，当时的宋楚瑜，则是回赠一幅国画大师欧豪年的画作。2009 年 3 月 30 日上午，亲民党主席宋楚瑜和夫人陈万水及参访团一行抵达河南省商丘，到微子祠拜谒祭祀宋氏祖先微子启。微子名启，为帝乙之长子，商汤第 16 世孙，被周公封于宋（今商丘）。微子仁爱贤良，深受殷商遗民爱戴，死后葬于商丘古城西南。宋氏以国为姓，天下宋氏源于商。多年来，海内外的宋氏族人纷纷来商丘寻根，宛若一棵大树上的枝桠，终于找到了自己成长的脉络。从宋楚瑜大陆之行可以看出：家谱档案是维系中华民族血脉亲情的重要纽带，是传承中华历史文化的重要载体；也从一个侧面反映了家谱档案在台湾同胞、海外华人华侨回大陆寻根问祖时的独特作用。

四是便于海外华人回中国大陆寻根访祖、促进对外交流。比如扶西·黎刹被尊为菲律宾国父，长期以来，在菲律宾各地以及中国侨乡一代，广泛流传着一种说法：黎刹是福建泉州籍人，黎刹的高祖父柯南哥于清康熙年间出生在泉州晋江上郭村，但这一说法一直未能得到证实。1995 年，有关部门通过研究，终于在《象阁柯氏族谱东升公长房谱》（清光绪 23 年续修）中发现线索，考证证实黎刹的祖籍确实就在上郭村，这本族谱成为考证黎刹家族根在中国的最重要的依据。1999 年 4 月，菲律宾黎刹家族后裔首次回乡拜祖，2000 年 5 月菲律宾前总统埃斯特拉达莅临上郭村，隆重举行黎刹纪念广场的奠基典礼。又如，新加坡前总统李光耀查谱发现自己的祖籍在广东；菲律宾原总统阿基诺夫人据族谱确认自己是福建鸿渐村的后人；香港船王包玉刚查谱得知自己是包公的后裔。

根据目前能见到的材料和研究成果，中国谱牒的起源很早，从《史记·夏本纪》详录夏朝自禹至桀 14 代世系 17 位帝王事迹可证明，在奴隶社会的夏朝就有了记载奴隶主贵族世系的谱牒。所以，《史记·太史公自序》说："维三代尚矣，年纪不可考，盖取之谱牒旧闻，本于兹，于是略推，作《三代世表》第一。"唐代史学家刘知几《史通·书志》说："谱牒之作，盛于中古。"

在商代就有比较详细的家族世系记录了，商代甲骨档案中记载"干支表、祀谱和家谱"的"表谱刻辞"，便是殷商王室的谱牒。司马迁在《史记·三代世表序》说："自殷以前诸侯不可得而谱。"这个"谱"指完整详细的家谱，不是指没有谱牒。

西周推行宗法制和分封制，谱牒更被重视，设官掌管，藏于金匮，存于宗庙。战国时出现了较为完整地记载帝王、诸侯世系的《世本》等谱牒。秦灭六国后，各国谱牒虽有散失，但两汉中央和地方私家均重视家谱的搜集、编修和保存。"故修谱者，当知其所自出，姓氏之所由赐，及迁移之所起，卜居之凡来，与夫世代相承，并无所缺，斯宝录也。"

据上海图书馆研究员王鹤鸣在《中国家谱通论》中介绍，古往今来，由于大量家谱的亡轶，中国家谱的姓氏已难以统计。一本本世代相传的家谱，以血缘文化的特殊形式，记录着中华民族每一个世代相传的姓氏繁衍生息。统计显示，目前我国共有 608 个姓氏的家谱流传至今，在现今中国家谱里共有 608 个姓氏，其中单姓 552 个、复姓 56 个。在存世中国家谱，陈姓家谱种数最多，达 2990 种；其次为张姓，2597 种；王姓 2512 种；李姓 2157 种；刘姓 2029 种；这 5 姓的家谱均超过 2000 种。家谱种数在 1001—2000 种之间的姓氏有：黄、吴、周、杨、徐、林；家谱种数在 501—1000 种之间的姓氏有：宋、胡、郑、爱新觉罗、许、叶、何、谢、赵、萧、罗。

你家的祖先是谁？家族中曾有过哪些名人？家族中人现在哪里？每一个中国人也许都关心这些问题。修编家谱、探寻祖先——"修谱寻祖"行动正在海内外华人中兴起。长年从事修谱工作的民间学者柳哲告诉记者，目前修谱基本上分学院派和民间两个阵营。各大学和研究所里有一批教授和学者，他们从事国家课题的研究。但是有的学者感兴趣的选题也偏向民间性质，也并非国家课题。而民间学者一般都是对自己姓氏的家谱研究比较多，比较深入。一般都是用业余时间或者退休之后研究。近几年来，国家图书馆新增了 100 多种家谱，其中以新修家谱为主。"多数人都愿意将自己的家谱提供给图书馆收藏。”据中华大族谱协会不完全统计，近年来我国民间修谱、续谱的花费约在两三亿元以上。一些姓氏家族不惜用10多年时间，花费几十万甚至上百万元，联系全球宗亲修建该姓氏“统谱”。

2010年10月，50多位不同姓氏的民间学者带着各自整理的家谱举行“中华族谱”研讨会，他们呼吁为“中华族谱”申报非物质文化遗产。

家谱记载着一个家族短则百年、长则千年的世系演变，展示了祖辈们开基兴家的历史足迹，对中华民族发展的贡献，包涵了一个家族的血浓于水的亲情。从家谱里我们可以了解家族的源流、迁徙路线、始祖、始迁祖及繁衍分支情况，知道我是谁？我的根在哪里？

**张姓家谱分布：**

现在图书馆收藏和目录书著录的张姓谱书有100多种。《中国家谱目录》一书收录张氏家谱114种，计949册。这些张姓谱书如果按地区分，以江苏省最多，达25种；其次是湖南省，有18种；再次是山西和浙江两省，各有12种。此外，湖北省有8种，山东省有6种，河北、安徽、福建、四川4省各有5种，广西、甘肃、宁夏三省区各有2种，河南省有1种。不分地区的有4种。如果从支派族望上看，清河张氏的家谱最多，达十余种；其次是湘谭张氏，有6种。定阳、南张、姚江、余姚、中湘、湘乡等地张氏，各有3种；浙江、安丘、南皮张氏，各有2种；其他地区张姓支派，多为1种。

**张姓家谱种类：**

这些张姓谱书的名称各异，有家谱、宗谱、族谱、世谱、世系谱、会通谱、房谱、支谱、草谱、通谱、谱书、纪略、家乘、世系、先芬录等。名称中往往还包含具体郡望、门派或者先祖号谥，以及郡、县、乡名，以与别的谱书相区别。有的名称中还加有“续修”、“三修”、“四修”等字样。

**张姓家谱内容：**

张姓的各种家乘、谱牒尽管文字繁简不一，记述范围有别，但内容却大体相同，一般包括序言、凡例、家族世系、家族法规、先祖行状和家族文献等。其中家族世系是家谱的中心内容，为谱书所必备。谱书中关于家族世系的记述，既要注重上下垂直关系，使源流承递清楚。又要注重左右横向关系，详列人物事迹。张姓谱书往往首先阐明本家族的繁衍源流，然后再详述各支各派的人物事迹。世系不仅要记载本宗族的人物名讳，而且还多通过派语来说明人物的宗派和辈分。例如，茂陵（今陕西省兴平）张氏宗族的《宗规》中就有“族派字目”。这个宗族共分 10 个支派，取南宋大儒朱熹“忠孝持家远，诗书命世长”10 个字，让各支派分占一字。再以这一字为首，联成五言四句，作为派语。如“忠”字一支的派语是：“忠勤襄国事，正直立人纲。龙虎风云会，修齐诩世良。”这一支派的第一代取名要用上“忠”字，第二代取名要用上“勤”字，第三代取名要用上“襄”字，依此类推。这样，通过一个人的名字，就可以知道他属于哪一支派哪一辈分。

**张姓家谱目录举要：**

【题名】张氏统宗世谱

【责任者】（明）张宪，张阳辉修

【版本】明嘉靖十四年（1535 年），刻本

【先祖/名人】始迁祖：（唐）张弘；先祖：张龟龄；先祖：张周；先祖：张彻

【摘要】此为祁门张氏所修祁门、婺源、休宁、歙县、绩溪、黟县、旌德、泾县、南陵、石埭、贵池、浮梁、德兴、乐平等县之通谱。祁门始迁祖弘，本金华人，唐乾封间判饶州，后弃官家古黟赤山镇，即后之祁门。其孙龟龄迁居祁之润田，龟龄曾孙周，避黄巢兵，居歙之黄墩，周子彻徙居婺源甲路。谱所载诸县各派多自润田、甲路析出。所存内纪□诸县各派世表，文献载诰敕、传记、文辞。

【索取号】910990－93

【题名】张氏族谱

【责任者】（清）张开运主修

【版本】清嘉庆二十三年（1818年），木活字本

【堂号】孝友堂

【先祖/名人】先祖：（唐）张九龄；始祖：张念一；始祖：张念二；始祖：张念三；始祖：张念八。

【摘要】此为江西万载、萍乡、宜春、新昌、湖南平江、浏阳、攸县等地张氏之统宗谱。谓皆出于唐相张九龄。九龄之后自曲江迁於福建武平、宁化等县，至念一、念二、念三、念八诸人复迁粤东定居，其后裔又陆续自粤东迁江西、湖南。谱即以念一、念二等为一世祖。存卷载序、张九龄传及万载三百兴支、菱湖支、新昌逢源漕支、萍北安乐乡小立湾支等世系。

【索取号】1231

【题名】张氏族谱

【责任者】（清）张金凤主修

【版本】清同治六年（1867年），木活字本

【居地】江西

【堂号】孝友堂

【先祖/名人】始祖：张衔

【摘要】此为江西萍乡县白派支、万载县镜塘支、分宜县监山支、宜春县一息亭支、上高县墨山支、新喻县邹江支、广西永宁州瓦窑墟支等所修之统宗谱。皆衔（字化孙）之后裔。谱局设于万载之潭埠。卷首序、凡例，卷一祠谱告成序、源流世系，馀为世系表。

【索取号】7768

【题名】张氏四修通谱

【责任者】[作者不详]

【版本】清，木活字本

【先祖/名人】名人：[汉]张挚；名人：[汉]张汤；名人：[汉]张骞

【摘要】

【索取号】1257

【题名】清河郡张氏宗谱

【责任者】（清）张受尧等纂修

【版本】清光绪三十四年（1908 年），木活字本

【居地】福建，上杭

【堂号】馀庆堂

【先祖/名人】始祖：［元］张三郎；始迁祖：［明］张六一

【摘要】始祖三郎，元时人，世居江右赣州府安远县萍阳里苎皮村；其五世孙六一，明永乐间迁居上杭华屋鲜坑口，为中社始迁祖。存卷载凡例、诗、例规、像赞、墓图、世系等。

【索取号】1272/A

【题名】清河郡张氏宗谱

【责任者】［作者不详］

【版本】清，木活字本

【居地】福建，上杭

【堂号】馀庆堂

【摘要】存卷载世系图。

【索取号】1412

【题名】［浦东张氏清河谱］

【责任者】（清）张国炮纂修

【版本】清乾隆二十六年（1761 年），抄本

【居地】上海

【先祖/名人】始迁祖：［明］张懋；先祖：张再良

【摘要】先世原籍凤阳，宋南渡避乱入吴，初卜居於歇浦南三林塘之支柯湾，至明成、弘间又迁於邑之横浦桥北。数传至懋，自横浦桥迁於镇之醎塘浜西小桥，复迁於中行之杨氏宅，为始迁祖。至第四世再良，迁于城中。谱载行传等。

【索取号】JP250

【责任者】（清）张永清等纂修

【版本】清道光五年（1825 年），刻本

【居地】江苏，丹徒

【先祖/名人】始迁祖：［元］张四一；先祖：张善甫；名人：［清］张玉书

【摘要】四一公元季由中州迁居丹徒，后归葬原籍，其子善甫始占籍丹徒。是谱奉四一为迁润始祖。康熙朝宰相张玉书即出是族。卷一至三载有关张玉书之诰敕、赐诗、祭文，卷四至九世系，卷十传，卷十一、十二行述，卷十三载籍（方志、笔记中之有关资料），卷十四、十五艺文，卷十六祠墓仪制。有清人李光地、徐乾学、庄存与、沈德潜、王士祯、王鸿绪、刘大魁等人文。

【索取号】924898－907

【题名】丹徒张氏族谱

【责任者】（清）张福鐄纂修

【版本】清光绪六年（1880年），刻本

【居地】江苏，丹徒

【堂号】尊礼堂

【先祖/名人】始迁祖：［明］张信

【摘要】始迁祖信，世居陕西凤翔府眉县，明初官于浙江，卜居镇江府丹徒县。卷首诰敕，卷一至三世系，馀卷载坟茔、家庙、家传、艺文。

【索取号】925643－6

【题名】麦溪张氏家乘

【责任者】［作者不详］

【版本】清光绪六年（1880年），木活字本

【居地】江苏，丹阳

【堂号】报本堂

【先祖/名人】始祖：［宋］张叔千；始迁祖：张千

【摘要】始祖叔千，随宋室南渡，寓居润城；历五世至千公，赘麦溪陈氏，遂家焉，为始迁祖。卷一凡例、家规、祀田碑记，卷二十七、二十八传、寿文等，馀卷载世系图、行传。

【索取号】1211

【题名】山阴小步张氏宗谱

【责任者】［作者不详］

【版本】清，木活字本

【居地】浙江，绍兴，山阴

【堂号】思存堂

【先祖/名人】始迁祖：张祥；先祖：张季能

【摘要】一世祖祥，元代人。其先世居河南白水村，宋高宗南渡，族人居於浙，传至祥，遂居山阴梅里，其幼子季能复迁居小步。存卷载张倬毅斋集、系图、行传。

【索取号】1093

【题名】重修张氏族谱

【责任者】（清）张其烈等纂修

【版本】清光绪二十二年（1896 年），稿本

【居地】安徽，太和

【先祖/名人】始迁祖：[元] 张建成

【摘要】始迁祖建成，原籍江南凤阳府，元时卜居太和之喜惸。谱载世系等。

【索取号】JP226

【题名】利造桥张氏世谱

【责任者】（清）张鑫等纂修

【版本】清光绪五年（1879 年），刻本

【居地】上海

【堂号】崇本堂

【先祖/名人】始迁祖：张仲清

【摘要】先世於宋南渡时，自河南迁居松江梅溪，再迁周浦张家浜。明初，驱富民填燕京，族乃离散。仲清为浦东利造桥邬氏赘胥，遂家焉，为始迁祖。存卷载碑记、传宗图、世表等。

【索取号】JP244－1

【题名】嘉贤张氏重修族谱

【责任者】（清）张葆真纂修

【版本】清光绪五年（1879 年），木活字本

【居地】江苏，丹阳

【堂号】思则堂

【先祖/名人】始迁祖：[宋] 张赋；始迁祖：[宋] 张富

【摘要】参见张宏福修《嘉贤张氏重修族谱》条目。

【索取号】1201

【题名】章镇张氏宗谱

【责任者】(清) 张祖良等纂修

【版本】清光绪十一年 (1885 年)，木活字本

【居地】浙江，上虞

【堂号】凝远堂

【先祖/名人】始迁祖：[清] 张书绅

【摘要】先世原居安徽省城，明清之际迁居杭州；至乾隆五十三年，书绅又移居上虞南乡章镇，为始迁之祖。卷一诰命、家训、传状，卷二历代遗像并赞，卷三至四系图、行传、遗嘱等。

【索取号】903665－66

【题名】张氏通谱

【责任者】[作者不详]

【版本】清光绪十四年 (1888 年)，木活字本

【居地】湖南，平江

【堂号】孝友堂

【先祖/名人】始迁祖：[唐] 张孟常；始迁祖：[唐] 张景宣；先祖：张锦隆；先祖：张积泰；先祖：张窻；先祖：张问仁；名人：[明] 张文

【摘要】参见清嘉庆间孝友堂木活字本《张氏族谱》条目。卷首载传记、源流世系，卷七载聚公隆房世系。卷首张问仁（号体五）传云：孟常迁平江，第八世窻（积泰之子）迁龙门，后锦隆又自龙门而迁城东仑头岭。至明而有龙南令张文。可知是族亦出于龙门。

【题名】句曲义台上葛村张氏宗谱

【责任者】(清) 张美海纂修

【版本】清同治十三年 (1874 年)，木活字本

【居地】江苏，句容

【堂号】义芬堂

【先祖/名人】始迁祖：［元］张邦熙

【摘要】先祖自晋南渡居於句容戴亭。始迁祖邦熙，元时自戴亭迁居上葛村。卷一、二家规、传记，馀载世表等。

【题名】邑西张氏宗谱

【责任者】［作者不详］

【版本】清道光二十四年（1844 年），木活字本

【居地】浙江，仙居

【先祖/名人】始祖：［唐］张元贞；始迁祖：［后唐］张文伏

【摘要】参见清宣统二年木活字本《邑西张氏宗谱》条目。存卷载世传。

【索取号】1297

【题名】古虞张氏宗谱

【责任者】（清）张若洵纂修

【版本】清，木活字本

【居地】浙江，上虞

【堂号】孝友堂

【先祖/名人】始迁祖：［宋］张文辅

【摘要】始迁祖文辅，南宋时自杭州西湖迁居上虞城南五里土名张出里山。卷九至十行征、宦迹、科举、诗、词、试卷、史乘等，馀载世系。

【索取号】1080/A

【题名】云间张氏族谱

【责任者】［作者不详］

【版本】民国，抄本

【居地】上海

【先祖/名人】始迁祖：［清］张淇；先祖：［清］张集

【摘要】族世居上海县之�溪里，俗所谓三林塘张。康熙年间，淇始迁于郡城之西郊。淇子集，康熙丙辰进士，官至兵部左侍郎。谱存行述、事略等。

【索取号】7761

【题名】西城张氏宗谱

【责任者】张志超等纂修

【版本】民国十七年（1928 年），木活字本

【居地】上海

【先祖/名人】始迁祖：[明] 张义贤；先祖：张寅

【摘要】系出清河。明洪武间，始祖义贤居上海浦东法华里，其子寅徙家县治西南隅。卷一、二行状、墓志铭、敕命、遗训、遗嘱等，馀卷载世系图、世传。

【索取号】JP218

【题名】章镇张氏宗谱

【责任者】张鲁曾，张家风纂修

【版本】民国十九年（1930 年），木活字本

【居地】浙江，上虞

【堂号】凝远堂

【先祖/名人】始迁祖：[清] 张书绅

【摘要】参见清张祖良修《章镇张氏宗谱》条目。

【索取号】1029/A

【题名】古虞张氏宗谱

【责任者】[作者不详]

【版本】民国，木活字本

【居地】浙江，上虞

【堂号】孝友堂

【先祖/名人】始迁祖：[宋] 张文辅

【摘要】参见清张若洵修《古虞张氏宗谱》条目。卷八传状，卷十艺文。

【索取号】1149

【题名】虞南下张豔张氏宗谱

【责任者】[作者不详]

【版本】民国，木活字本

【居地】浙江，上虞

【堂号】百忍堂

【先祖/名人】始迁祖：[明] 张伯昌

【摘要】一世祖伯昌，明天顺至嘉靖间人，随父由江西迁上虞下张鞲。存卷载行传。

【索取号】1177

【题名】太湖张氏宗谱

【责任者】张世壁等纂修

【版本】民国元年（1912年），木活字本

【居地】安徽，太湖

【堂号】百忍堂

【先祖/名人】先祖：［元］张政；始迁祖：［元］张茂卿

【摘要】先世居江东上元县，元时，政为饶州教授，遂家於饶州府鄱阳县忠义坊。始迁祖茂卿，元季徙居太湖之北关，至洪武元年又移居九村坂。卷首圣谕、家训、戒条等，馀卷载世系。

【索取号】920466－73

【题名】太湖孝友堂张氏宗谱

【责任者】张勖甫等纂修

【版本】民国二十九年（1940年），木活字本

【居地】安徽，太湖

【堂号】孝友堂

【先祖/名人】始迁祖：［宋］张立政

【摘要】先世居河南归德府商邱县，始迁祖立政，宋南渡后迁皖之太湖，居於北乡白沙之大冲竹。卷首家训、孝箴、弟箴、室家箴、睦族箴、女箴、家训、家规等，馀卷载世系。

【索取号】919900－07

【题名】京口张氏家乘

【题名】嘉贤张氏重修族谱

【责任者】张宏福等纂修

【版本】民国六年（1917年），木活字本

【居地】江苏，丹阳

【先祖/名人】始迁祖：［宋］张赋；始迁祖：［宋］张富

【摘要】始迁祖赋（或云名富），世居汴之祥符，宋南渡，家於云阳之嘉贤坊。卷一宗规、勑命等，卷三十一至三十二传、赞、祀

堂记等，馀载世系。

【索取号】1195

【题名】郦庄张氏重修宗谱

【责任者】张显铠主修

【版本】民国三十一年（1942 年），木活字本

【居地】江苏，丹阳

【堂号】燕翼堂

【摘要】存卷载传记、世系图、行传等。

【索取号】JP221

【题名】张氏族谱

【责任者】[作者不详]

【版本】民国二十一年（1932 年），木活字本

【居地】湖南，岳阳，巴陵

【堂号】清河堂

【摘要】存卷载世系。

【索取号】1056

【题名】张氏族谱

【责任者】[作者不详]

【版本】民国三十二年（1943 年），木活字本

【居地】湖南，岳阳，巴陵

【摘要】存卷载世系。

【索取号】1225

【题名】张氏族谱

【责任者】张学坤，张长源纂修

【版本】民国十四年（1925 年），石印本

【居地】重庆，巴县

【先祖/名人】始迁祖：[明] 张正中；先祖：[清] 张元辉

【摘要】始迁祖正中，明万历末年，由江西弋阳迁楚北麻城县孝感乡，未久，以红巾军起，复西徙重庆府巴县西城里小河江岸，地名石门。二世祖元辉，又避地黔中梓潼县官木硇，清初，复回川居石门。卷一源流记、凡例、家规、家诫、家训、诰轴、传、墓

志、总世系等，馀皆载各房世系。

【题名】平江张氏族谱

【责任者】张嗣仲等修

【版本】民国三十七年（1948 年），铅印本

【居地】湖南，平江

【堂号】清河堂

【先祖/名人】始迁祖：［唐］张孟常；始迁祖：［唐］张景宣；先祖：张伯珍；先祖：张锦隆；先祖：张孟良；本支祖：张应雷；本支祖：张应隆；本支祖：张应宠；本支祖：张应万；本支祖：张应宗；本支祖：张应运；本支祖：张应厚；本支祖：张康；本支祖：张宁；本支祖：张利；本支祖：张吉；本支祖：张亨

【摘要】一世祖孟常（初名景宣），唐武宗朝末年从征长沙，后弃官，遂居於平江东阳乡之金鸡。第十八世伯珍生锦隆、孟良，后裔遂分二大派。锦隆下传至第二十三世，有应雷、应隆、应宠、应万、应宗、应运、应厚七房；孟良生康、宁、利、吉、亨，亦分五房。此即平江张氏十二房之通谱。卷首古今通派源流表、人物志、艺文志、居徙志、闺范志、兆域志、营建志、源流世系，馀为各房世系，卷尾墓田祀田契约。

【索取号】1218/A

【题名】张氏族谱

【责任者】［作者不详］

【版本】民国十年（1921 年），木活字本

【居地】湖南，平江

【堂号】清河堂

【先祖/名人】先祖：张本洁

【摘要】此盖平江张氏之统宗谱，参与者有应雷房、文公房、天寿房、汉荣房、福慧房、康房、宁房。所存一册载汉荣房本洁支世传，一册为卷尾，载祀田、坟山、祠堂之契券。

【索取号】1044

【题名】张氏族谱

【责任者】［作者不详］

【版本】清嘉庆间，木活字本

【居地】湖南，平江

【堂号】孝友堂

【先祖/名人】始迁祖：［唐］张孟常；始迁祖：［唐］张景宣；先祖：张锦隆；名人：张良；先祖：［明］张文

【摘要】一世祖孟常（初名景宣），唐武宗时平寇长沙，后即隐居平江东阳乡金鸡，为迁平始祖。第十九世锦隆迁来城中。卷首传记、源流世系，馀卷为各房世系。传记首载张良传，次即载张文传。文字邦献，号乐崖，明景泰、正德间人，曾任江西龙南县知县，盖为本族之祖。

【索取号】1053

## 辨姓联宗

所谓“辨姓联宗”，就是通过对姓氏文献和家谱等资料分析，梳理出同一姓氏或各个姓氏相互间的血缘关系或历史渊源，以此加强联络交往，扩大族人亲和力。在中华姓氏发展过程中，有的姓氏确系由同一位先祖衍生而来，有的只是某个家族因故分别使用不同的姓氏，有的仅仅是个人“入赘”（俗称“招女婿”）改姓，所以，同姓未必具有同一血缘，异姓也未必没有血缘关系，即同姓异源或异姓同源的情况十分复杂，对联宗要做具体分析，未必都是同祖同宗。

今以所谓“廖皮张骨”、“死张活廖”、“人廖神张”的故事为例，讲现在福建漳州市诏安县官陂（pí）镇有 17 个村庄的人活着时姓廖，但死后则归张，包括墓碑和牌位都用张氏。张廖同源一家人。“张廖”作为官陂镇一个双姓，从明朝初年迄今，已经沿用了 600 多年。

据官陂《张廖姓族谱》记载，明洪武七年（1374 年），官陂有一富户，主人姓廖名化，又名廖三九，此人乐善好施，平易近人。他家财万贯，遗憾的是：膝下仅有一女，名叫“大娘”，女儿聪明贤淑，品貌端庄，她知书识礼，孝敬父母，只是尚未婚配。廖化一心想为女儿物色一门亲事，招个上门女婿。刚好，云霄县西林村张天正的第三个儿子张愿仔，在官陂坪寨教私塾，就住在廖化家里。廖化见先生张愿仔品学业端庄，一表人才，是理想的人选，便招张愿仔为上门女婿。婚后，廖化待他为亲子，便把全部田园产业，都交由张愿仔掌管，只要他分一个儿子继承廖家香火。张愿仔为人忠厚善良，勤勉朴实，为报答岳父知遇之恩，他秉公操持家务，不敢懈怠，他亟尽孝道，像对待亲生父母一样。

洪武八年（公元 1375 年），张愿仔四十八岁时，喜得贵子，取名叫友来。此后他只生一子，既要继廖，又要承张，很是为难。廖化仙逝之后，廖族中有人犯法，累及族人，在廖姓人无人敢去公堂见官的情况下，张愿仔挺身而出，以廖族身份到官府申辩。不料这场官司拖累多年，张愿仔费尽心机，积劳成疾。结案后，张愿仔身染重病，自知不久人世了。洪武二十四年（1391 年），张愿仔临终前谆谆嘱咐儿子友来说："我感廖公之恩德，没齿难忘。我死后，你当姓廖代父报恩。从今往后，子孙后代，生当姓廖，以光母族，死当姓张，以存本姓。生死不忘，张廖两全。"张友来遵遗嘱，遂改姓廖，立下誓言："凡我子孙，生时应当姓廖，不忘恩；死后当姓张，不忘本。若移居外地，姓廖姓张，或姓张廖，听其自便。"从此，中国百家姓中，又多出一个"张廖"双姓（双姓又叫璧联姓，是一种特殊的复姓）来了，就连堂号也取张姓郡望"清河"与廖姓郡望"武威"各一字，称"清武堂"。

张廖姓传到第六世时，有张廖道丈和张廖道行两兄弟，在官陂溪口村建宗祠曰"上祀堂"（可惜刚刚在 2006 年 7 月份的台风暴雨中倒塌）。上祀堂分上下厅，兄弟分家时，哥哥得上厅，弟弟得下厅。据风水先生说，得下厅的要外出，才能兴旺。所以张廖道行派下子孙，每一代除少数留下守祖外，其余大多外迁，如广西柳州、广东饶平等地都有官陂廖姓的影子；一部分移居台湾，又有一些迁徙日本等地。20 世纪 90 年代，日本张廖富源家族特意回官陂寻根，还特意委托当时《福建日报》社高级记者张元锦先生（官陂人），根据其回乡寻根事迹写成一本传记。

在台湾客家中，有一支独特的"诏安客"，由于其群族特性处在“闽南人”和“客家人”之间，而受到台湾学者的重视。这就是从官陂等地传过去的“张廖子孙”，在台湾的张廖子孙，大多数保持了“廖”姓的本分，主要分布于云林县西螺镇和二仑乡、台中市西屯区、台中县大雅乡、台北县土城乡、南投县南投镇等地，人口达十万以上。台湾各地的张廖姓宗祠，如云林县西螺镇“张廖姓崇远堂大宗祠”、二仑乡“清武家庙垂裕堂”等，多达30余座。台中西屯区目前有古朴庄严的张廖家庙，张廖家庙（承佑堂）为张廖祠堂之一，清光绪十二年（公元1886年），由廖健三、廖国治、廖登渭等人，兴筑该祠庙奉祀张廖氏历代祖先。近年来，台湾云林县还先后出版了《恋恋诏安》《诏安客语1000常用词手册》等客语教材，并在当地推行诏安客语教学法等方式，在宝岛台湾大力推广闽南客家文化。

台中西屯张廖家庙

无独有偶。在廖氏的繁衍和播迁中，也曾发生过廖氏改王、张两个姓氏的故事。为了逃避横祸，以求生存，廖氏一族分出王、张两姓，但与“活廖死张”的故事相反。

据《廖氏总族谱》和揭阳《五房村廖氏族谱》记载，廖氏出自帝舜颛顼之后。颛项生卷章，卷章生吴回，吴回生陆终，陆终娶鬼方氏族的女嬇（kuì）为妻，生子六人，其中第三子篯铿受封于彭（今江苏省徐州），建立彭国，称为彭祖，其子孙以国名为姓，称为彭姓，也是世传“祝融八姓”中的彭姓的定姓之祖；长子己姓名樊创立“昆吾”国，夏时，其后代叔安因封于飂，故改国名为飂（飂故址在今河南省南阳市唐县），故称飂（古“廖”字）叔安，其后代以国名飂为氏，传至伯高，又将国名改为廖国，后世子孙遂以国名“廖”为姓，并尊称伯高为廖氏始祖。

廖氏世居河南中部地区。传至第83代四十一郎时，为避黄巢之乱，辗转南迁来到福建汀州宁化石壁寨（在今福建宁化县翠江镇石壁村）定居。四十一郎的曾孙廖元景，生有9个儿子，长子廖文广为宰相，次子廖文兴为参军，三子廖文举、四子廖文福、五子廖文亮、七子廖文用皆为翰林，六子廖文禄为卫经历，八子廖文明为通政司，九子廖文峰提刑部。9兄弟同朝为官，威震朝野，世所罕见。可惜当时已是唐朝末年，朝政腐败，战乱四起。各方藩镇为争城夺地扩充地盘而大动干戈。整个唐室江山被闹得四分五裂，危在旦夕。为了躲避战乱带来的危害和朝廷可能会发生的滥杀无辜而招致满门株连的飞天横祸，9兄弟经过反复商议，决定以分姓分居的办法避开祸乱，寻求生存。具体是：长子廖文广、次子廖文兴和三子廖文举承武威郡，仍属本姓廖氏；四子廖文福、五子廖文亮和六子廖文禄承太原郡，改为母亲之姓王氏；七子廖文用、八子廖文明和九子廖文峰承清河郡，改为祖母之姓张氏。这样，为避祸乱以求生存，廖氏分出了王、张两个姓氏。

# 起 名 篇

## 命名之礼

太初无名，天地未具形迹，万物不可名状，宇宙间只有一片混沌在回荡。世界是从命名开始的，中国伟大哲学家、思想家、道家学派创始人老子在《道德经》第一章劈头就说："道可道，非常道；名可名，非常名。无名天地之始；有名万物之母。"意思是说，正是命名，才开辟天地，初显景象，才使万物从原初的不可名状中分离出来，于是才有大地上高山流水、花鸟虫兽、人物诸事，各具其形，各有其名。命名，使世界成为可呼可叫的有名世界。

人本无名，人本来与天上的飞鸟、绿林中的走兽和碧波中的游鱼一样，无名无姓，可是人类进入氏族社会，就开始有了姓有了名。东汉许慎《说文解字》对"名"这样解释："名，自命也。从口、夕。夕者，冥也，冥不相见，故以口自名。"意思是，黄昏后，天黑暗不能相认识，人各以代号称，这便是名的由来。人一旦有了名字，这个名字就会成为他命运的一部分，一辈子都与他血肉相连，即使死了，肉体化为尘土，他的名字却可能仍然在人间出现，比如刻在墓碑上，有的还可能成为正面或反面材料出现在人们的言谈中。比如学习书法的人对"书圣"王羲之皆顶礼膜拜，历代读书的人都参拜祭祀"文圣"孔子，尊其为"先师"，做生意的人大多供奉关公。读者稍微留意一下众多饭店会发现，店里都会祭拜关公，生意人不但把神关公看作是管理钱财的神，也把他作为生意上监察诚信的守护神。关羽是众多财神中以刚毅耿介忠义著称于世。他的故事可说是家喻户晓，《三国演义》里有一句赞诗："人杰惟追古解良，士民争拜汉云长。"今天常见的对联有"韩信点兵，多多益善；关公仗义，旺旺大吉。"关羽，姓关，名羽，字叫"长生"，后改字为“云长”，河东解（今山西运城）人，东汉末年著名将领，自刘备于乡里聚众起兵开始追随刘备，是刘备最为信任的将领之一。在关羽去世后，其形象逐渐被后人神化，一直是历来民间祭祀的对象，被尊称为“关公”；又经历代朝廷褒封，清代时被奉为“忠义神武灵佑仁勇威显关圣大帝”，崇为“武圣”，与“文圣”孔子齐名。在台湾，祭祀关羽的庙宇也相当普遍，除了一般武庙、小型宫庙、神坛将其作为主祀外，也有称为恩主公庙的大型关帝庙，其中以行天宫最富盛名。所谓的“恩主”是鸾堂信仰的名词，也就是“救世主”的意思。

有了名字，一个人就会被社会打上了标志性的烙印，就被社会指定了一个身份，一个位置，一种存在的姿态。

在古代，中国人重视命名礼仪。人类的姓名礼仪制度自始至终就是社会的产物，人的身份、地位、种族、性别、职业、命运等都可以从其姓名中体现出来，千头万绪、错综复杂的关系在姓名这里汇合，也由姓名得以折射、解析，因此，命名礼仪就是透视中国传统民俗文化的有力视角。

载于典籍的命名礼仪制度在《礼记·内则》有介绍，《礼记·内则》：“妻将生子，及月辰，居侧室，夫使人日再问之，作而自问之，妻不敢见，使姆衣服而对，至于子生，夫复使人日再问之，夫齐则不入侧室之门。……异为孺子室于宫中，择于诸母与可者，必求其宽裕慈惠、温良恭敬、慎而寡言者，使为子师，其次为慈母，其次为保母，皆居子室，他人无事不往。三月之末，择日剪发为鬌，男角女羁，否则男左女右。是日也，妻以子见于父，贵人则为衣服，由命士以下，皆漱浣，男女夙兴，沐浴衣服，具视朔食，夫入门，升自阼阶。立于阼西乡，妻抱子出自房，当楣立东面。姆先，相曰：‘母某敢用时日只见孺子。’夫对曰：‘钦有帅。’父执子之右手，咳而名之。妻对曰：‘记有成。’遂左还，授师，子师辩告诸妇诸母名，妻遂适寝。夫告宰名，宰辩告诸男名，书曰：‘某年某月某日某生。’而藏之，宰告闾史，闾史书为二，其一藏诸闾府，其一献诸州史；州史献诸州伯，州伯命藏诸州府。夫入食如养礼。世子生，则君沐浴朝服，夫人亦如之，皆立于阼阶西乡，世妇抱子升自西阶，君名之，乃降。……公庶子生，就侧室。三月之末，其母沐浴朝服见于君，摈者以其子见，君所有赐，君名之。众子，则使有司名之。”这种命名礼仪是一个复杂但颇有条理的过程：孩子出生后三个月内，父亲不入产房惟经常使人慰问，显示对妻儿的关心。三个月后，命名礼择吉日举行，家族中有头面的妇女如祖母、伯母、叔母等，以及父亲已为孩子请好的老师（或保姆）都来参加。当日，母亲先行洗澡换衣服，孩子已剪去胎发，头上留着两个发角。礼仪开始时，母亲抱着婴儿出房，向东站在门楣下，祖母或者辈分最高的妇女先看孩子，并喊着孩子的母亲姓氏说：“某某氏，今天要让孩子拜见父亲了。”当父亲的应答道：“我一定要好好教养孩子，使他守礼循善。”然后，父亲走上前去，握过小孩的右手，给其以慈爱的笑容并逗戏，百日左右的小孩，往往会以嬉笑咿呀和手舞足蹈相回报，从而给庄重的礼仪增添了喜庆欢欣的气氛。

接着，最关键的程序开始了。做父亲的在根据孩子的出生时日、体形相貌等各种条件进行综合参酌后，咳嗽一声，当场宣布孩子的名字（也有事先拟定好的名字）。说出孩子的名字后，母亲立刻应答，略说一定谨记夫言，教儿成德。然后，她把孩子交给老师或保姆。对方抱过婴儿后，即依尊卑长幼的顺序，把小孩刚获得的“名”逐一向参加礼仪者宣告。祝贺声中，人之初，“名”得立矣。

命名礼的最后两道步骤，是告祖先告宰闾（宰：古代官名；闾：古代二十五家为一闾，宰闾相当于今天的居委会主任），这两道程序都由父亲唱主角。告祖先使新生儿之名获得家族内部的承认，告宰闾则为存档，其式为“某年某月某日某生”，由“闾史书为二，其一藏诸闾府，其一献诸州史”。从这个时候起，如不发生改名情况，命名礼上所赐予的这一特称，将陪同孩子终生乃至永远；在其有生之日，它的表现方式（如名片、印章、身份证等）有时候竟比其本身更具有证明效验（这种征象，到现在仍在银行、邮政局、学校等机构内行之有效），而在其身后，除了“尔曹身与名俱灭”外，流芳百世或遗臭万年的故事，不也比比皆是吗？这就难怪古人对于命名之礼，要如此慎重了。

战国末期楚国贵族屈伯庸给儿子屈平（字原，名平，通常称为

屈原）起名的经过，就是一个严格遵循古代命名礼仪的典范。距今2340多年前（约公元前343年），照甲子推算，那年应该是戊寅年，时值寅月寅日。和风煦煦，天气晴朗，坐落在楚国丹阳（今湖北秭归）临江水边的一处宅院内，传出了一声清亮的婴儿啼哭。立刻，一个小女孩跑进书房，禀报："爸爸，妈妈生了个小弟弟！"屈伯庸闻声惊喜。

遵照上流社会的礼法，三个月以后，屈伯庸才第一次见到了新生儿。孩子的头上，已经挽起两个发角小辫，更显得天真可爱。当父亲拉过儿子的小手，仔细端详，又掐指推算，笑眯眯说："好。生日合于吉度，貌端气正可则，就取名叫'平'吧。"瞧，既要测算时日，又要看相貌，古人对于命名之道是多么重视啊。周朝早期的著名政治家、思想家、文学家、军事家周公旦在《周礼》中规定：山师掌山林之名；川师掌川泽之名，辨其物与其利害，而颁之于邦国，使致其珍异之物；原师掌四方之地名，辨其兵陵、坟衍、原隰之名物之可以封邑者；媒氏掌万民之判，凡是男女，都要记录某年某月某日命名。

中国文学史上伟大的诗人屈原，就这样获得了他的本名。几十年后，他在《离骚》中追述了这个场景："摄提贞于孟陬兮，惟庚寅吾以降。皇览揆余初度兮，肇锡余以嘉名，名余曰正则兮，字余曰灵均。"摄提就是寅年，孟陬指正月，亦即寅月，初度指出生日，皇指父亲，锡指赐给。意思是说太岁星逢寅的那年寅月，又是庚寅的日子，我从母体降生了。父亲看到我生辰不凡，给我起了个好名字，名叫做"平"，字叫做"原"。东汉王逸在《章句》中解释屈原的名字时说："正，平也；则，法也。灵，神也；均，调也。言正平可法者莫过于天，养物均调者，莫神于地。"所以名"平以法天"，字"原以法地"。与他的出生戊寅年寅月寅日（屈原生于寅年寅月寅日，据邹汉勋、刘师培用殷历和夏历推算，定为前343年正月二十一日，而清代陈玚用周历推算定为前343年正月二十二日）配合起来，照字面上讲，"平"是公正的意思，平正就是天的象征；"原"是又宽又平的地形，就是地的象征，屈原的生辰和名字正符合"天开于子，地辟于丑，人生于寅"的天地人三统。这在今天看来，不只是巧合，更是一个好兆头。

复杂的命名礼仪，集中到一点，就是对“名”的特别重视。《礼记》记载：“黄帝正名百物，以明民共财。”孔子曰：“名不正，则言不顺；言不顺，则事不成。……君子名之必可言也，言之必可行也。”荀子说：“制名以指实，上以明贵贱，下以辨同异。”可见，对于中国人来说，命名的意义远远不止是一个标识的作用，更关系个人的命运。在过去十多年中，我见证了无数人被自己的姓名所累，也见证了很多人改了姓名后脱胎换骨。有人要问：重名的人多了，人生命运、个性都一样吗？当然不同。只凭名字来做预测有很大的局限性，所以严谨的命名法要与生辰八字相结合，我们的“上文五维全息起名法”，就是将姓名本身的吉凶与八字用神五行结合在一起，按照生辰八字五行→姓名格数→姓名意象→姓名音象→姓名形象这个步骤给人起名，如此则相同的姓名才会带来不同的影响，如此起名才起到良好的效果。

## 话说乳名

乳名，也叫奶名、小名或小字，是指婴儿在幼年时期家长所取的非正式的名字。在取大名前起个小名，古今都有这一习俗，古代人起小名无等级贵贱之分，上至帝王将相下至平民百姓，都可以有个小名。

明确见于史料记载的乳名，从汉代开始。如汉武帝的外祖母乳名叫“臧儿”。据《史记》记载，汉代文学家司马相如有一个有趣的小名叫“犬子”，这些都证明使用小名的历史，在我国至少可以追溯到两千多年前的西汉。宋代爱国词人辛弃疾在《永遇乐·京口北固亭怀古》诗词中就曾提起南朝宋武帝刘裕的小名“寄奴”，云：“斜阳草树，寻常巷陌，人道寄奴曾住。”翻阅史书，历史人物有小名的也不少，三国时魏武王曹操的小名叫“阿瞒”，刘备儿子刘禅的小名叫“阿斗”，明代著名航海家郑和的小名叫“三保”，教育家蔡元培的乳名叫“阿培”，他上私塾后取学名叫元培，周恩来的小名叫“大鸾”，郭沫若的小名叫“文豹”，郭沫若专门讲过他的小名的来源，如他在《少年时代》一书中写道："我母亲（杜邀贞）说我受胎的时候，梦见一个小豹子突然咬着她的左手的虎口，便一觉醒了，所以我的乳名叫文豹。"因其母亲的梦而得小名文豹，又因他在家庭中排行第八，他母亲总是亲切地称呼他"八儿"。

顾名思义，乳名是吃奶时用的称呼，所以本人长大后乳名一般都不能随其进入社会，而只在父母尊长或兄姐口中保留，表示亲昵如旧。曹操从小与许攸等人玩耍，"阿瞒"的乳名在他们之间叫惯了，后来许攸帮助曹操破袁绍得冀州，自恃有功，座席间常说："阿瞒，卿不得我，不得冀州！"曹操亦笑答："汝言是也！"但是如果没有这种从小到大的亲密关系而称乳名，便是故意轻蔑，甚至带有侮辱性了。如三国时孟达背蜀国投魏国后，写信劝降刘备养子刘封，信里称"自立阿斗为太子以来，有识之人相为寒心"，这里以乳名代称刘禅，便是有意轻蔑。刘禅的大名究竟该怎样读法，迄今史学者莫衷一是，但"扶不起的阿斗"一语，则家喻户晓，足见乳名在脱离适用范围后的副效应。

尽管小名对人的作用影响不及正式的名字，现代人有的还是给婴儿起个小名。小名为什么普遍受到人们的喜爱呢？一是因为小名体现出长辈对宝宝的喜爱，听起来亲切，二是叫起来的简单顺口，显得风趣，活泼，三是取小名比较随便，叫什么都行。起大名有很多讲究，而小名可以不拘一格。

现代的小名中带小、大、子等字的较多，如小莲、小文、小菊、小三、小妮、大刚、大明、大鹏、兰子 、祥子、柱子、英子等，为了表达父母对宝宝的关爱亲切之情，往往把小名叫成又轻又短的儿化音，如小三儿、小明儿、平儿。

起小名虽没有太多的讲究，但小名也不容易起，以下几种起小名的技巧，可以激发家长的灵感。

**1. 根据大名采用双声叠韵技巧取小名**

过去一般是先给孩子起个小名，等孩子上幼儿园时取学名，这个学名就是终生的大名了，现在这种习俗已经改变了，一般是大名起好后再考虑小名，这样随大名来起小名就容易些，例如张天雨的小名叫天天，刘宇轩的小名叫轩轩，刘彦彬的小名叫彬彬，高彤霞的小名叫彤彤。

**2. 以叠字起小名**

这种起名方法包含爱的成分多一些，也有寄托父母对下一代的期望和祝愿，例如，体现爱字信息的小名：毛毛、媛媛、楠楠、妞妞、豆豆、晶晶、程程、芊芊等，希望孩子健康美丽的小名有：丽丽、轩轩、虎虎、婷婷、飞飞、强强等。期望孩子有成就的小名有：成成、圆圆、佳佳、明明、庆庆、胜胜等。

**3. 以出生时间、地点、节气起小名**

据出生的地点可起小名：如京京、杭杭、宁宁、津津等。

据出生时间可以起小名：晨晨、亮亮、皎皎等。

据出生节气可起小名：冬冬、小雪、小雨、苗苗等。

**4. 以重大事件起小名**

著名相声演员姜昆给女儿起小名叫南南，原因是南南出生的时候，姜昆正在云南边境为解放军做慰问演出，所以起了这个小名。2003 年杨利伟驾驶航天飞机实现了中国人的飞天梦想，于是家长为宝宝取乳名叫大鹏或者飞飞。

**5. 以出生时吉兆起小名**

例如奶奶在小孙子出生前梦见鳄鱼飞上天了，为此给孙子起小名“飞龙”。

**6. 根据数字起小名**

例如当代国际水稻研究专家袁隆平先生给自己的三个儿子取小名叫五一、五二、五三。袁隆平先生还幽默地说：“我家孩子是单一品种，都是雄性，要有个女孩多好。”

**7. 以英文起小名**

不少白领夫妇紧跟时代潮流，起小名也日益国际化，比如张柏芝和谢霆锋的大儿子谢振轩取小名 Lucas，再如 leial（莉拉）lisa（丽莎）sunny（阳光）jerry（杰理）。

## 起名基础1——阴阳五行

起名要根据阴阳五行原理。一个人的出生时间即“八字”是先天的，是不受本人意志支配的，而一个人的名字却是后天的信息，是可以由自己去选择的。吉祥名字除了在音、形、义等方面要好外，还须与先天生辰八字五行相符合。

阴阳观念在中国经历了极其漫长的历史，自从阴阳意识的萌芽，到伏羲氏创立阴阳八卦，经夏、商时代，阴阳观念在人们的心目逐渐加深，至西周，周文王研究先人传下来的古《易》——夏朝的《连山》、商朝的《归藏》，他把自己的研究心得写成《周易》。《周易》号称“天书”，居“五经”之首，是中国传统文化最有代表性的优秀典籍之一。到春秋战国时期，老子、孔子、鬼谷子等圣贤名家都论述了阴阳的辩证关系。

阴阳为何物，中国古代伟大的哲学家和思想家老子是如何讲述的呢？老子《道德经》曰：

“道生一，一生二，二生三，三生万物。万物负阴而抱阳，中气以为和。”这里的“一”，指宇宙的根本是一团混沌之气，天地未分时的原初状态；“二”指阴与阳；“三”泛指多，也含天地之数多之意。《说文》：“三，天地之道也，从三数。”《淮南子·天文训》：“《易·系辞》：‘是故《易》有太极，是生两仪。’‘道’与‘易’异名同体。此云‘一’，即‘太极’，‘二’，即‘两仪’，谓天地也。天地气合而生和，二生三也。和气合而生物，三生万物也。”原文大意是：世界中的一切都产生于宇宙中一团混沌之气，然后一分为二成为阴阳，阴阳感应而产生多种事物，这些事物又反复地进行或繁衍或组合，于是天下就形成了万物万事万人。因此，所有的物种，都是阴阳结合而化生的，既有阴又有阳的中气即阴阳平衡之气，才是和谐。

孔子在《易传·系辞传》里说：“一阴一阳谓之道。”即阴阳观是天地人间的根本规律。《史记·孔子世家》记载：“孔子晚而喜《易》，序、彖、系、象、说卦、文言，读易，韦编三绝。”孔子晚年把研《易》心得写成“十翼”，并从新的角度理解和讲述《周易》之后，人们对《周易》的认识便又提高了一个层次。

鬼谷子（姓王名诩，春秋时齐国人，是纵横家之鼻祖）在《鬼谷子·捭阖》开篇说："奥（奥：发语词，无实意）若稽（稽：考）古，圣人之在天地间也，为众生之先。观阴阳之开阖（阖：关）以名命物，知存亡之门户（门户：关键之处），筹策万类之终始，达（达：通达）人心之理，见变化之眹（眹：征兆、行迹）焉，而守司其门户。故圣人之在天下也，自古及今，其道一也。变化无穷，各有所归，或阴或阳，或柔或刚，或开或闭，或弛或张。是故圣人一守司其门户，审察其所先后，度权量能，校其伎巧短长。"意思是：纵观古今历史，可知生活在天地间的圣人，都是做大众的先导者。圣人通过观察阴阳变化可对事物作出判断，并进一步把握事物存亡之理。圣人测算万物的发展变化过程，通晓人类思维的规律，揭示事物变化的征兆，从而控制事物发展变化的关键。所以，自古及今，所有的圣人在世上始终是奉守大自然阴阳的变化规律，并以此驾驭万物的。因为事物的变化虽然无穷无尽，然而都各有自己的归宿：或者属阴，或者归阳，或者柔弱，或者刚强；或者开放，或者封闭；或者松弛，或者紧张。所以，圣人始终善于把握万物发展变化的关键之处，审察它的变化顺序，揣度它的权谋，测量它的能力，再比较它的优劣。

主要从事中国先秦史研究的历史学博士谢维扬先生指出："《易经》运用其全部形式系统演示出以阴阳运动为主要内容的道的各种展现过程。"

春秋战国时期，阴阳之学应用领域更广泛了，政治上用它、经济上用它、文化上用它、中医上用它。比如，春秋时期，吴越两国相邻，经常打仗，公元前494年，吴王夫差带兵攻打越国，越国被吴国打败，越王勾践忍辱和妻子一起守护夫差的父墓和为夫差养马。后来吴王夫差放勾践回国，勾践从此卧薪尝胆，励志图强，经常向范蠡、文种等人咨询一些治理国家的问题，范蠡总以阴阳之学为勾践分析天下大事，他告诫越王勾践要遵循阴阳运动的自然规律，尤其深刻的是，他指出了阳到极限便会向阴转化，反之阴到了极限也会转向阳的一面，这就是中国人人皆知的"物极必反"的道理。越王勾践在范蠡、文种的辅佐下，经二十年的漫长准备，积聚了强大的国力，越国由弱变强，最后一举歼灭了吴国。

成书于战国时期的《黄帝内经》是运用阴阳五行辩证思想的最早的中医理论经典。《黄帝内经》在《素问》章《阴阳应象大论》篇指出："阴阳者，天地之道也，万物之纲纪，变化之父母，生杀之本始，神明之府地。治病必求于本，故积阳为天，积阴为地。阴静阳燥。阳生阴长，阳杀阴藏。"《黄帝内经》在《素问》章《四气调神论》篇指出："夫四时阴阳者，万物之根本也。所以圣人春夏养阳，秋冬养阴，以从其根，故与万物沉浮于生长之门。逆其根，则伐其本，坏其真矣。故阴阳四时者，万物之终始也，死生之本也。逆之则灾害生，从之则苛疾不起，是谓得道。道者，圣人行之，愚者佩之。从阴阳则生，逆之则死，从之则治，逆之则乱。"阴阳之道是《黄帝内经》辩证思想的精华部分之一，把这个两千多年前的阴阳观，与当今世界上任何一家哲学相比，都毫不逊色，这绝不是以它的年代久远摆老资格，而是因为它至今看来仍然那么深邃、那么实用。

什么是阴阳呢？在许多人的心目中，感觉阴阳很抽象，为此我们将万象万物的阴阳列举如下：

| 万物 | 阴阳 | 万物 | 阴阳 |
|---|---|---|---|
| 明 | 阳 | 雄 | 阳 |
| 暗 | 阴 | 雌 | 阴 |
| 日 | 阳 | 强 | 阳 |
| 月 | 阴 | 弱 | 阴 |
| 天 | 阳 | 上 | 阳 |
| 地 | 阴 | 下 | 阴 |
| 君 | 阳 | 动 | 阳 |
| 臣 | 阴 | 静 | 阴 |
| 男 | 阳 | 暖 | 阳 |
| 女 | 阴 | 寒 | 阴 |
| 夫 | 阳 | 前 | 阳 |
| 妻 | 阴 | 后 | 阴 |
| 父 | 阳 | 乾 | 阳 |
| 子 | 阴 | 坤 | 阴 |
| 刚 | 阳 | | |
| 柔 | 阴 | | |

一般来说，凡是具有男、高、刚、动、奇、公等性质的事物和现象属于阳的范畴，凡是具有女、低、柔、静、偶、母等性质的事物和现象就属于阴的范畴。但是我们对事物划分阴阳属性的时候，一定要注意，它是对同一事物、同一类的东西而言的。比如：公狗与母猪就不是一对阴阳，因为二者不同类，对狗而言，公狗与母狗就属于一对阴阳，公狗属阳，母狗属阴。因此，对处在同一个级别的两个事物，或者说处在同一个级别相关联的两个事物，你才能够区分阴阳。再比如一个家庭，一男一女，男为阳，女为阴，这是可以的，但是对两个男人而言，你不能说他们俩谁是阳谁是阴，因为他们同性。对一个女人及其宠物公狗，我们不能划分谁是阳谁是阴，因为他们不是同一个等级的事物。根据天人相应的理论，大自然中有什么，人体内就应该有什么，那么人体中的阴阳是怎么划分的呢？比如说胸部为阴、背部为阳，上部为阳、下部为阴，六腑为阳、五脏为阴。凡是明亮的，温暖的，积极的，向上的，进取的，具有这些特性的事物都属阳。反过来，凡是属于黑暗的，寒凉的，消极的，向下的，退行性的事物都属于阴。

阴阳观的核心是“无阳则阴无以生，无阴则阳无以化”，“孤阴不生，独阳不长”，“阳长阴消，阴长阳消”，“重阴必阳，重阳必阴”。

五行是什么？《尚书·洪范》载：“一曰水，二曰火，三曰木，四曰金，五曰土。”西汉史学家司马迁在《史记·历书》说：“盖黄帝考定星历，建立五行。”《尚书·洪范》记载上古传下来的治国九种大法竟然包括五行。在夏朝，禹的儿子启当王的时候，因为有扈氏“威侮五行”，启率军讨伐有扈氏，出征之前，夏王启发表讲话与誓言，其中列举了有扈氏的第一条罪状便是有扈氏轻慢了金、木、水、火、土五行，对此《尚书·夏书·甘誓》有记载，王（启）曰：“嗟！六事之人，予誓告汝：有扈氏威侮五行，怠弃三正，天用剿绝其命，今予惟恭行天之罚。”大意是：即将在甘进行一场大战，夏启召集了六军的将领，说：“嗨！六军的将士们，我要向你们宣告：有扈氏轻视侮辱金木水火土五行，怠慢甚至抛弃了我们颁布的历法。上天因此要我断绝他们的命运，现在我只有奉行上天对他们的惩罚。可见五行是多么重要。

西周末年，史伯提出“先王以土与金木水火杂，以成百物”（出自《国语·郑语》），从五行的功用来讲，说明当时人们已认识到五种基本物质之间的差别以及组合以后产生的作用。

在春秋战国时期，五行学说已经很成熟了，此后，五行学说就作为中华民族传统的世界观和方法论，并将它应用到政治学、经济学、军事学、医学、伦理学之中，成为认识自然界、人类社会的哲学工具。为什么说五行学说成熟于春秋战国时代？因为那时已经有了阴阳与五行相配合、四时与五行相配合的法则，而且有了五行相胜的学说，即五行相克的理论，接下来又有了五行相生之理，在文献上有《管子》、《黄帝内经》记载了五行学说，在代表人物上有战国时期的齐国著名的阴阳家邹衍，他把阴阳与五行结合在一起。

《黄帝内经》是运用阴阳五行的典范。《黄帝内经》指出：

“五行者，金木水火土也，更贵更贱，以知死生，以决成败，而定五脏之气，间甚之时，死生之期也。木得金而伐，火得水而灭，土得木而达，金得火而缺，水得土而绝，万物尽然，不可胜竭。”

阴阳家邹衍提出了“五德终始”学说，他认为人类社会都是按照五德（木、火、土、金、水等五行之德）转移的次序进行循环的。五德终始说是依照自然界的五行相克即土克水、木克土、金克木、火克金、水克火的规律来解释社会朝代更换的。人类社会的历史变化同自然界一样，也是受土、木、金、火、水五种元素支配的，历史上每一个王朝的出现都体现了一种必然性。邹衍说：“五德之次，从所不胜，故虞土、夏木、殷金、周火（《淮南子·齐俗训》篇高诱注引《邹子》）”。《文选·魏都赋》李善注引《七略》曰：“邹子有终始五德，从所不胜，木德继之，金德次之，火德次之，水德次之。”这种学说后来被秦始皇用了，为他的称帝及其统治服务。《史记·封禅书》说：“邹子之徒论著终始五德之运，及秦帝而齐人奏之，故始皇采用之。”

到了隋代，著名术数家萧吉撰写了一部专论五行的著作《五行大义》。该书是中国历史上关于五行学说最为权威的读本，该书内容极广，包括了五行的生数、成数，五行在四时的旺相休囚的规律，五行的生克，五行与河洛，五行与纳甲、纳音，五行与干支等各方面的知识。英国近代生物化学家和科学技术史专家李约瑟亦曾提及该书，谓之为迷信成份最少，科学成分最多。可见该书对于文史及思想研究学者之重要。萧吉在《五行大义序》说："夫五行者，盖造化之根源，人伦之资始，万品禀其变易，百灵因其感通，本乎阴阳，散乎精像，周竟天地，布极幽明。"

到唐代，吕才专门撰写了讲阴阳五行八卦的占卜典籍《大唐阴阳书》。旧《阴阳书》在唐初很流行，唐太宗曾"以《阴阳书》近代以来渐致讹伪，穿凿既甚，拘忌亦多，遂命（吕）才与学者十余人共加刊正，削其浅俗，存其可用者。勒成五十三卷，并旧书四十七卷，十五年书成，诏颁行之"（《旧唐书·吕才传》），于是吕才撰了《大唐阴阳书》。

中国近代历史学家、民俗学家顾颉刚先生说："五行是中国人的思维律，是中国人对于宇宙系统的信仰，两千余年来，它有极强固的势力。"可见，阴阳五行源远流长，经历了漫长岁月的积累和发展，并且它始终与人类的生命意识密不可分。阴阳五行理论在中国历史上占有举足轻重的地位，其影响直至我们生活的当代和未来。

大家都知道了五行是木、火、土、金、水，那么五行之间存在什么关系？五行之间存在生克关系。

五行学说认为，任何事物并不是相生就好，相克就坏，五行相生相克是宇宙间一切事物运动变化的规律，事物只有在生中有克，克中有生，相辅相成，才能正常运行。

五行生克，就是指五行及其所代表的人、事、物之间相生相克的关系。相生，即一事物对它事物的滋生、促进、助长作用。五行相生规律是：水生木，木生火，火生土，土生金，金生水。相生关系就是五行之间的相互生养，没有这种生养，就不会有宇宙万物的存在。五行相生的结果，是事物形态的转化，五行之间顺次相生，循环不已，但事物不能总这样循环相生下去，一直生下去的结果，那就是事物发展没节制了，"造化之机，不可无生；亦并不可无制（克）。无生，则发育无由；无制（克），则亢而有害"，生克互根，有生还必须有克（制约），整个宇宙万物才能保持动态平衡。相克，是指一事物对它事物的制约、抑制、约束等作用。五行相克，也称"五行相胜"，其规律为：水克火，火克金，金克木，木克土，土克水。《黄帝内经·素问》在“宝命全形论”篇对“五行相克”是这样记述的：“木得金而伐，火得水而灭，土得木而达，金得火而缺，水得土而绝。万物尽然，不可胜竭。”在下面的五行生克图中，五行之间是隔一相克、顺次相生。顺次相生形成一个促进性的循环系统；隔一相克造成一个抑制性的循环，如下图所示：

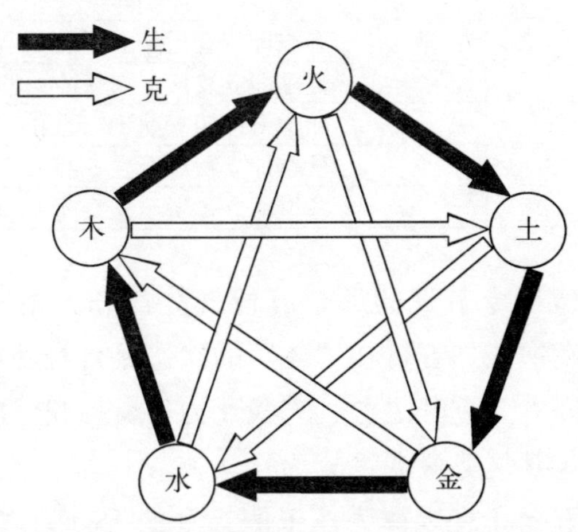


阴阳五行说起来容易用起来难，衡量一个起名师与预测师技术水平高低，关键看他对五行旺衰的把握程度，一旦将五行的旺衰程度判断失误，就找不准姓名与生辰八字的用神五行。判断五行的旺衰，除了熟能生巧的经验外，还要掌握什么？下面接着写：五行与节气。

五行加上时间要素才能够看出万事万物旺衰之道。四季与二十四节气是人人都离不开的时令，在成书于春秋战国时期的《黄帝内经》中就有五行在四季旺衰的描述，比如《黄帝内经·灵枢》说：“五行以东方为甲乙木旺春……”五行在一年四季中的强弱旺衰态势不同，依其旺衰程度，中国古人归纳出五种态势：旺、相、休、囚、死。

旺——最旺，当令的五行，犹人年富力强，故谓之“旺”。

相——次旺，被当令者所生的五行，犹人得母旺气生助（进气），故为次旺，谓之“相”。

休——小衰，生当令者的五行，犹人生子，生子元气耗泄甚大（退气），须稍事休养，故为小衰，谓之“休”。

囚——中衰，克当令者的五行，克物必费力，因克物时，其物亦有反克之力，受损非轻，故为中衰，谓之“囚”。

死——最衰，被当令五行的旺气所克者，犹人年老气衰，又遇到年富力强的对手，其离死亡不远矣，故为最衰，谓之“死”。

五行在四季中当令时间表：

| 五行 | 时间 |
|---|---|
| 木当令 | 春季即立春后至立夏前 19 天止 |
| 火当令 | 夏季即立夏后至立秋前 19 天止 |
| 土当令 | 四季末即四立前 18 天到四立止 |
| 金当令 | 秋季即立秋后至立冬前 19 天止 |
| 水当令 | 冬季即立冬后至立春前 19 天止 |

在四季中正值当令节气的那个五行气势最旺。相者为旺气所生之状态，其气势较次旺。五行在“休”的状态是自身功成身退后还有心促生的状态。囚者为克旺之位，克我无力，反被我俘虏成囚。死者为旺气所克之位，其气势最弱，故为死。

一年四季，五行旺衰规律为：正值当令的五行为“我”，当令的五行旺，亦即我旺，我生者相，生我者休，克我者囚，我克者死。如春季木当令，木则旺，木即我；火是木所生，火处于“相”的状态；水是生木之母，木已经旺盛，水便退休，所以木处于“休”的状态；金克我的木，我的木势强劲，金反而处于“囚”的态势；土是木所克者，木势强旺，所以土处于“死”的状态。春季时，木旺、火相、水休、金囚、土死。夏季时，火旺、土相、木休、水囚、金死。秋季时，金旺、水相、土休、火囚、木死。冬季时，水旺、木相、金休、土囚、火死。

五行四时旺相休囚表：

| 五行<br>状态 | 木 | 火 | 土 | 金 | 水 |
|---|---|---|---|---|---|
| 旺 | 春旺 | 夏旺 | 四季末旺 | 秋旺 | 冬旺 |
| 相 | 冬相 | 春相 | 夏相 | 四季末相 | 秋相 |
| 休 | 夏休 | 四季末休 | 秋休 | 冬休 | 春休 |
| 囚 | 四季末囚 | 秋囚 | 冬囚 | 春囚 | 夏囚 |
| 死 | 秋死 | 冬死 | 春死 | 夏死 | 四季末死 |

万物与五行对应关系。中国先哲们根据五行的性质属性，将宇宙万事万物进行了分类，这样一来，原本十分复杂、难以计量的万事万物就被精简为木、火、土、金、水五大类，任何事物一下子变得明晰易解了，又将复杂繁多的关系归纳为“生和克”，用五行生克理论解释宇宙万事万物的兴衰成败和人的生命。把具有向下、寒冷属性和功能的事物或现象归类为“水”。把具有炎热、上升属性和功能的事物或现象归类为“火”，这样“火”就作为哲学概念使用了。把具有伸展、生发、曲直属性和功能的事物和现象归类为“木”，这样“木”就作为哲学概念应用了。把具有内收、刚硬、革新属性和功能的事物和现象归类为“金”，这样“金”就作为哲学概念使用了。把具有承载、稳定、化育属性和功能的事物和现象归类为“土”，于是“土”作为中华传统哲学概念应用了。

万物与五行对应关系如下：

| 五行<br>事物 | 木 | 火 | 土 | 金 | 水 |
|---|---|---|---|---|---|
| 天干 | 甲乙 | 丙丁 | 戊己 | 庚辛 | 壬癸 |
| 地支 | 寅卯 | 巳午 | 辰戌丑未 | 申酉 | 子亥 |
| 五方 | 东 | 南 | 中 | 西 | 北 |
| 五季 | 春 | 夏 | 长夏 | 秋 | 冬 |
| 五时 | 平旦 | 日中 | 日西 | 合夜 | 夜半 |
| 五色 | 青 | 赤 | 黄 | 白 | 黑 |
| 五气 | 风 | 暑 | 湿 | 燥 | 寒 |
| 五化 | 生 | 长 | 化 | 收 | 藏 |
| 五味 | 酸 | 苦 | 甘 | 辛 | 咸 |
| 五音 | 角 | 徵 | 宫 | 商 | 羽 |
| 五脏 | 肝 | 心 | 脾 | 肺 | 肾 |
| 五腑 | 胆 | 小肠 | 胃 | 大肠 | 膀胱 |
| 五窍 | 目 | 舌 | 口 | 鼻 | 耳 |
| 五体 | 筋 | 脉 | 肌肉 | 皮毛 | 骨髓 |
| 五津 | 泪 | 汗 | 涎 | 涕 | 唾 |
| 五腧 | 井 | 荥 | 腧 | 经 | 合 |
| 五元 | 元性 | 元神 | 元气 | 元情 | 元精 |

续表

| 五行 事物 | 木 | 火 | 土 | 金 | 水 |
|---|---|---|---|---|---|
| 五德 | 仁 | 礼 | 信 | 义 | 智 |
| 五情 | 喜 | 乐 | 欲 | 怒 | 哀 |
| 五魔 | 财 | 贵 | 胜 | 杀 | 淫 |
| 五星 | 岁星 | 荧惑 | 振星 | 太白 | 辰星 |

##  起名基础2——汉字的五行

确定了生辰八字用神五行与姓名吉祥笔画后，下一步就是选择汉字起名字了。挑选起名用的汉字，不仅要考虑所选汉字跟姓氏搭配起来的音、形、义，还要考虑汉字的五行符合生辰用神五行，亦即根据汉字的字义、结构、偏旁、部首等所属的五行选择适合本人生辰用神五行的汉字起名，所以下面讲一讲汉字的五行。

判断汉字的五行从哪方面入手呢？从字义的五行、字形的五行、字音的五行的任一方面都可以判断汉字的五行。

字义的五行示例。凡是具有慈善性、生发性、草木性含义的汉字，其五行则属于木，如丛、从、东、亿、林、森、楚、梁、栋、张、长、寅、卯、材、村、春、季、衎等字。凡是表示发热发光和文明礼仪含义的汉字，其五行则属于火，如礼、晋、光、早、晓、旭、日、映、景、晶、思、想、明、月、烽、火等字。凡是具有敦实性、包容性、甜味性含义的汉字，其五行则属于土，如甘、甜、京、殿、宫、田、岱、岭、国、邦、邑、岩、研、堰、趼、砚、台、坤、岳等字。凡是表示智慧性、流动性含义的汉字，其五行则属于水，如迁、跃、海、智、泉、水等字。凡是表示质地坚硬、仗义、豪爽、革新、金属含义的汉字，其五行则属于金，如豪、金、银、铠、钟、革、尖、锐、锋、利等字。

字形的五行示例。汉字的字形包括偏旁、部首、笔画等。在宋朝时，有一位易学大师叫邵康节，他写了一本著名的《梅花易数》，该

书对汉字笔画的五行指出："五行者，立木，卧土，勾金、点火、曲水之象。"该书还对字形的五行指出："木瘦金方水主肥，土形敦厚背如龟，上尖下阔名为火，字象人形一样推。"

古人把构成一个字的基本笔画部首按其特征分属金、木、水、火、土五行，大致是这样规定的：

五行属于木的基本笔画和部首为：丨、乙、纟、艹、屮、三、弓、东、禾、户、木、门、竹、瓜、衤、舟、车、耒等，例如属于阳木的汉字有：木、树、林、枝、栅、桓、森、彬、杉、杈、柱、栋、松、柏、梨、栗、李、桦等带木字旁的字；属于阴木的汉字有：草、萌、蓝、蕙、蔡、葱、芳、芸、芬、花、芹、芙、英、莲、茜、芊、莘、蔓等带草字头的字；属于与阳木直接有关的汉字有：耕、耘、轴、轩、轳、轲、轵、轶、轸、轹、轺、轿、辁、辂、较、辆、辊、辐、辑、输等字；属于与阴木直接有关的汉字有：绅、纡、纣、纤、纥、约、级、纨、纩、纪、纫、纶、纼、纭、纴、纱、纬、纯、纰、纲、纳、纵、纷、纸、纺、纽、纾、纮、纻、细、织、终、绉、绊、绋、绌、绍、绎、绐、绒、结、绕、绗、绘、给、绚、绛、络、绝、统、绖、绡、绢、绣、绥、绦、继、绨、绪、绹、绻、综、绽、绾、绿、缀、缁、缍、缤、绩、绫、续、绮、绯、绰、绲、缦、维、绵、绶、缜、祇、祚、祜、祝、神、祠、祢、祏、祐、祒、祓、祤、祥、祧、祩、祫、祯、祮、禔、禛、禝等字。

五行属于火的基本笔画和部首为：丿、㐅、忄、心、火、丙、赤、目、马、巳、灬、光、红等。五行属于阳火的汉字有：火、炎、炳、煤、炮、烽、炜、炉、烧、焱、炬、炫、熔、煜、炚、炝、炊、炗、炓、炐、炞、炌、炂、炄、炅、炆、炏、炒、炔、炕、炖、炘、炙、炜、炠、炋、炇、炍、炻、炢、炲、炦、烂、炑、炩、炴、炸、炟、炡、炣、炤、炥、炦、炧、炨、炪、炫、烔、炳、炵、炶、炷、炼、炽、烁、烃、烔、烙、焙、焆、焇、焌、焕、焫、焥等带火字旁的字；五行属于阴火的汉字有：旴、旲、旰、旱、旳、时、旷、旵、旸、旼、昛、昖、昑、昍、昌、明、昏、昐、昒、易、昔、昕、昇、昙、昈、旺、昗、昨、昫、昂、昃、昊、昄、昆、昪、昈、昉、昊、昡、昲、昣、昜、昞、星、映、昡、昢、昤、昦、昧、昨、昪、昫、昏、昭、昜、是、昰、昱、昳、昴、昶、昷、昸、昼、显、昽、咏、昧、晔、晆、晀、晎、晃、晍、晄、晇、晅、晈、晊、晋、晌、晍、晏、晐、晑、晒、晓、晖、晟、晠、晢、晣、晤、晥、晦、晧、晨、普、景、晰、晱、晲、晳、晴、晵、晷、暘带日字旁的字；五行属于与阴火相关的带“忄”、“心”的汉字有：意、情、忕、忖、忙、忛、忚、忔、忣、忏、忓、忋、忦、恼、忯、忾、忟、忨、忸、忲、忱、忶、忤、怆、忴、忪、忬、快、忮、忯忹、忻、怀、忸、怑、怢、怉、怟、怰、怢、怶、怲、怩、悦、怍、怙、怛、怌、恂怿、怜、怡、怏、怖、怾、恇、恍、恒、恾、恽、恪、恫、恺、恔、恮、恂、恄。

五行属于土的基本笔画和部首为：王、言、阝、宀、幺、扌、户、土、辰、丑、田、艮、匚、肉、门、厂、广、阜、邑、甘等。五行属于阳土的汉字有：石、土、坦、垸、塬、塔、墨、坤、寺、坊、坛、城、域、培、佳等带土字旁的字，以及山、岚、岛、岩、崔、炭、幽、峨、岳、峰、崎、岱、屿、峦等带山字旁的字；五行属于阴土的汉字有：玉、玺、珍、玙、玛、玒、玕、玖、玗、玘、玚、玥、玓、玣、玮、玞、玠、玢、玡、玢、玤、玦、玧、玨、玩、玪、玭、玚、玟、玱、珀、玶、玿、玲、玳、玷、玹、玻、珣、珂、珄、珅、珇、珈、珉、珊、珌、珍、珎、珏、珑、珆、珝、珞、珠、琅、珣、珥、珦、珧、珩、珪、珫、珯、珬、班、珮、珹、珽、琤、珵、琋、珺、琈、琂、琀、琁、琂、球、琄、琅、理、琇、琉、琌、琍、琏、琎、琓、琚、琛、琝、琟、琙、琠、琢、琣、琥、琦、琨、琩、琪、琫、琬、琮、琯、瑾、瑊、琟、璇、璊、璋、璌、璎、璜、璝、璞、璟、璠。五行属于阴土的带有“邑（右阝）”、“宀”、“广”的汉字有：宝、府、邦、邻等等。

五行属于金的基本笔画和部首为：丶、钅、口、几、刀、戈、匕、刂、玉、石、皿、金、西、贝、兑、辛、戈等。五行属于阳金的汉字有：金、鑫、银、针、钦、钠、铁、铮、钢、铉、锋、鉴、钟、锌等带金字旁的字；五行属于阴金的汉字有：剑、刚、利、列、刊、划、别、制、剧、刘、则、剩、到、刮等带刀字旁的字，以及成、戗、戕、战等带“戈”旁的字，还有切、斩、韬等字。

五行属于水的基本笔画和部首为：亠、冫、氵、辶、廴、月、子、水、耳、鱼、黑、雨、川、癸、亥等。五行属于阳水的汉字有：水、淼、沁、涯、淞、滩、江、河、湖、海、洋、波、涛、洪等带水字旁的字；五行属于阴水的汉字有：雨、雷、雹、霖、雯、云、霓、雪、霏、霆、雾、霭、霍、露等带雨字旁的字。

辨别汉字笔画五行歌诀如下：

（一）

横画连勾作上称，一挑一捺俱为金；
撇长撇短皆为火，横直交加土最深；
有直不斜方是木，学者方明正五行。

（二）

一点悬空土进尘，三直相连化水名；
孤直无依为冷木，腹中横短作囊金；
点边得撇为炎火，五行变化在其中。

（三）

三横两短若无钩，乃是湿木水中流；
两点如挑金在水，八字相须火可求；
空云独作寒金断，好己心钩比木舟。

（四）

无钩之画土稍寒，直非端正木休参；
围中横满无源水，口小金方莫错谈；
四匡无风全五事，用心辨别莫迟难。

（五）

穿心捺撇火陶金，走之平稳水溶溶；
直中一捺金伤木，提起无尖不是金；
数点笔连休作火，奇奇偶偶水源清。

（六）

无直无钩独有横，水用土化复何云；
点挑撇捺同相聚，共总将来化土音；
四点不连金化火，孤行一笔五行同。

字音的五行。根据汉字的声母、韵母拼音划分如下：

木音：舌根音，g k h

火音：舌尖音，d t n l

土音：喉音，a o e ai ei ao ou an en un iang ün üan ing ang eng ong

金音：前摩擦音，j q x zh ch sh r z c s j（y）

水音：唇音，b p m f u ü（w）

在普通话普及的今天，汉字的字音五行应以普通话音韵为标准。复音合成字的五行，除了 i、u、ü 作为单韵母使用外，它们与五行属于土的韵母结合成复韵母则以五行“土”论，例如 ie、üe、in、iang、iao、uen、ueng 等都属于土音，如果汉字合成音中还有其他五行时，再参考其他五行论。例如“普（pǔ）”字从音韵五行上讲属于五行水，“闰（rùn）”字属于五行“金（r）＋土（un）”，以“金”论，“凯（kǎi）”字五行为“木＋土”。

再如，从字音上讲属于五行水的字有：居（ju）、曲（qu），因为 j 属“金”、ü 属于“水”，“金”生“水”，所以“居”字属“水”，这里的韵母“ü”作为单韵母使用，“ü”跟声母结合在一起，则省略“ü”上的两点。

使用汉字的五行时，以汉字的字义、字形五行为主，以其字音五行为辅。

## 起名基础 3——天干地支

天干、地支简称干支。天干是甲、乙、丙、丁、戊、己、庚、辛、壬、癸的总称，又叫“十天干”。地支是子、丑、寅、卯、辰、巳、午、未、申、酉、戌、亥的总称，又叫“十二地支”。

干支都可以作为中国人表示年、月、日、时的符号，又可以用作描述宇宙生命发生、发展变化的符号。干支的意义及其排列序位代表万物产生、发展、壮大、灭亡、更生的整个过程。

干支与阴阳、五行、时间、脏腑等相配，体现了事物之间的有机联系和“天人相应“的全息观。

天干与五行对应关系如下：

| 天干 | 五行 | 天干 | 五行 |
|---|---|---|---|
| 甲 | 阳木 | 己 | 阴土 |
| 乙 | 阴木 | 庚 | 阳金 |
| 丙 | 阳火 | 辛 | 阴金 |
| 丁 | 阴火 | 壬 | 阳水 |
| 戊 | 阳土 | 癸 | 阴水 |

地支与五行的对应关系如下：

| 地支 | 五行 | 地支 | 五行 |
|---|---|---|---|
| 子 | 水 | 午 | 火 |
| 丑 | 土 | 未 | 土 |
| 寅 | 木 | 申 | 金 |
| 卯 | 木 | 酉 | 金 |
| 辰 | 土 | 戌 | 土 |
| 巳 | 火 | 亥 | 水 |

天干与地支组合表如下：

| 1. 甲子 | 11. 甲戌 | 21. 甲申 | 31. 甲午 | 41. 甲辰 | 51. 甲寅 |
|---|---|---|---|---|---|
| 2. 乙丑 | 12. 乙亥 | 22. 乙酉 | 32. 乙未 | 42. 乙巳 | 52. 乙卯 |
| 3. 丙寅 | 13. 丙子 | 23. 丙戌 | 33. 丙申 | 43. 丙午 | 53. 丙辰 |
| 4. 丁卯 | 14. 丁丑 | 24. 丁亥 | 34. 丁酉 | 44. 丁未 | 54. 丁巳 |
| 5. 戊辰 | 15. 戊寅 | 25. 戊子 | 35. 戊戌 | 45. 戊申 | 55. 戊午 |
| 6. 己巳 | 16. 己卯 | 26. 己丑 | 36. 己亥 | 46. 己酉 | 56. 己未 |
| 7. 庚午 | 17. 庚辰 | 27. 庚寅 | 37. 庚子 | 47. 庚戌 | 57. 庚申 |
| 8. 辛未 | 18. 辛巳 | 28. 辛卯 | 38. 辛丑 | 48. 辛亥 | 58. 辛酉 |
| 9. 壬申 | 19. 壬午 | 29. 壬辰 | 39. 壬寅 | 49. 壬子 | 59. 壬戌 |
| 10. 癸酉 | 20. 癸未 | 30. 癸巳 | 40. 癸卯 | 50. 癸丑 | 60. 癸亥 |

上述干支组合是中华民族传统的纪时工具。天干和地支组合用来表示时间，通常叫干支纪年、纪月、纪日、纪辰。一个人出生的

"八字"就是用干支记录这个人出生的年、月、日、辰的方式。

干支是中国人表示年、月、日、时的时间模型。用天干、地支表示一个人的出生年、月、日、时，共有八字，即人的生辰八字，又称为"四柱"，即年柱、月柱、日柱、时柱，《三命通会·论年月日时》云："凡论人命，年、月、日、时排成四柱。"例如：某人生于阳历2002年1月2日13时02分，用天干地支表示其"八字"为：

| 年 | 月 | 日 | 时 |
|---|---|---|---|
| 辛 | 庚 | 庚 | 癸 |
| 巳 | 子 | 午 | 未 |

因每年的阳历1月5日或6日为小寒节，2002年1月2日在大雪与小寒之间，所以纪年纪月的干支为辛巳年庚子月，由年地支可知道这个人的生肖属蛇。

在古代还有专用的名字称呼十个天干与十二地支，今列举如下：

| 天干 | 甲 | 乙 | 丙 | 丁 | 戊 | 己 | 庚 | 辛 | 壬 | 癸 |
|---|---|---|---|---|---|---|---|---|---|---|
| 《尔雅》中的天干专名 | 阏逢 | 旃蒙 | 柔兆 | 强圉 | 著雍 | 屠维 | 上章 | 重光 | 玄（元）黓 | 昭阳 |
| 《史记》中的天干专名 | 焉逢 | 端蒙 | 游兆 | 强梧 | 徒维 | 祝犁 | 商横 | 昭阳 | 横艾 | 尚章 |

| 地支 | 子 | 丑 | 寅 | 卯 | 辰 | 巳 | 午 | 未 | 申 | 酉 | 戌 | 亥 |
|---|---|---|---|---|---|---|---|---|---|---|---|---|
| 《尔雅》中的地支专名 | 困敦 | 赤奋若 | 摄提格 | 单阏 | 执徐 | 大荒落 | 敦牂 | 协洽 | 涒滩 | 作噩 | 阉茂 | 大渊献 |
| 《史记》中的地支专名 | 困敦 | 赤奋若 | 摄提格 | 单阏 | 执徐 | 大荒骆，大芒落 | 敦牂 | 叶洽 | 涒滩 | 作鄂 | 淹茂 | 大渊献 |

例如：《资治通鉴》卷153标题是"屠维作噩一年"，据上表可知"屠维"对应的天干就是"己"，"作噩"对应的地支就是酉，所以这一年为己酉年（公元529年）。屈原在《离骚》中说，"摄提贞于孟陬兮，惟庚寅吾以降"。句首"摄提"就是寅年。

##  起名基础 4——干支纳音五行

天干与地支之间的关系十分密切，二者组合在一起构成一种力量即干支力，干支力就是干支纳音五行，例如甲子与乙丑纳音五行叫“海中金”，因此，具有五行金的信息。六十甲子与五音十二律结合起来构成了“六十甲子纳音五行”，按照金、木、水、火、土五行属性，每两年归为一类，周而复始，所以六十甲子纳音五行常被民间用来推算命，例如：2010 年是庚寅年、2011 年是辛卯年，这两年出生的人都具有“松柏木”的信息，民间习惯上叫“木”命人。我们现在介绍中国传统的“六十甲子纳音五行”，揭开“命”谜，使人们不再“迷信”，这样更有利于提高国民的知识素养。

| 干支 | 纳音五行 | 解　释 |
|---|---|---|
| 甲子<br>乙丑 | 海中金 | 子属水，又为湖，又为水旺之地，兼金死于子，墓于丑，水旺而金死、墓，故曰海中金也。 |
| 丙寅<br>丁卯 | 炉中火 | 寅为三阳，卯为四阳，火既得地，又得寅卯之木以生之，此时天地开炉、万物始生，故曰炉中火也。 |
| 戊辰<br>己巳 | 大林木 | 辰为原野，巳为六阳，木至六阳则枝荣叶茂，以茂盛之木而在原野之间，故曰大林木也。 |
| 庚午<br>辛未 | 路傍土 | 未中之木而生午位之旺火，火旺则土焦，未能育物，犹路傍土若也。故曰路傍土也。 |
| 壬申<br>癸酉 | 剑锋金 | 申酉金之正位兼临官申、帝旺酉，金既生旺则成刚矣，刚刚无satisfies于剑锋，故曰剑锋金也。 |
| 甲戌<br>乙亥 | 山头火 | 戌亥为天门，火照天门，其光至高，故曰山头火也。 |
| 丙子<br>丁丑 | 涧下水 | 水旺于子，衰于丑，旺而反衰，则不能为江河，故曰涧下水也。 |
| 戊寅<br>己卯 | 城头土 | 天干戊己属土，寅为艮，山土积而为山，故曰城头土也。 |

续表

| 干支 | 纳音五行 | 解　释 |
|---|---|---|
| 庚辰<br>辛巳 | 白蜡金 | 金养于辰、生于巳，形质初成，未能坚利，故曰白蜡金也。 |
| 壬午<br>癸未 | 杨柳木 | 木死于午，墓于未，木既死且墓，虽得天干壬癸之水以生之，终是柔弱，故曰杨柳木也。 |
| 甲申<br>乙酉 | 泉中水 | 金临官申、帝旺酉，金既生旺，则水由以生，然方生之际力量未洪，故曰泉中水也。 |
| 丙戌<br>丁亥 | 屋上土 | 丙丁属火，戌亥为天门，火既炎上，则土非在下而生，故曰屋上土也。 |
| 戊子<br>己丑 | 霹雳火 | 丑属土，子属水，水居正位而纳音乃火，水中之火非神龙则无，故曰霹雳火也。 |
| 庚寅<br>辛卯 | 松柏木 | 木临官寅、帝旺卯，木既生旺则非柔弱之比，故曰松柏木也。 |
| 壬辰<br>癸巳 | 长流水 | 辰为水库，巳为金长生之地，金生则水性已存，以库水而逢生金则泉源终不竭，故曰长流水也。 |
| 甲午<br>乙未 | 沙中金 | 午为火旺之地，火旺则金败，未为火衰之地，火衰则金冠带，败而方冠带，未能盛满，故曰沙中金也。 |
| 丙申<br>丁酉 | 山下火 | 申为地户，酉为日入之门，日至此时而藏光，故曰山下火也。 |
| 戊戌<br>己亥 | 平地木 | 戌为原野，亥为木生之地，夫木生于原野则非一根一株之比，故曰平地木也。 |
| 庚子<br>辛丑 | 壁上土 | 丑虽土家正位而子则水旺之地，土见水多则为泥也，故曰壁上土也。 |
| 壬寅<br>癸卯 | 金箔金 | 寅卯为木旺之地，木旺则金羸，又金绝于寅、胎于卯，金既无力，故曰金箔金也。 |
| 甲辰<br>乙巳 | 佛灯火 | 传明继晦，犹如夜间庙宇里的灯光，故曰佛灯火也。 |
| 丙午<br>丁未 | 天河水 | 丙丁属火，午为火旺之地而纳音乃水，水自火出，非银河不能有也，故曰天河水也。 |

续表

| 干支 | 纳音五行 | 解　释 |
|---|---|---|
| 戊申<br>己酉 | 大驿土 | 申为坤，坤为地，酉为兑，兑为泽，戊己之土加于坤泽之上，非其他浮薄之土也，故曰大驿土也。 |
| 庚戌<br>辛亥 | 钗钏金 | 金至戌而衰，至亥而病，金既衰病则诚柔矣，故曰钗钏金也。 |
| 壬子<br>癸丑 | 桑树木 | 子属水，丑属土，水土方生木，木气盘屈，形状未伸，犹如桑树木也。 |
| 甲寅<br>乙卯 | 大溪水 | 寅为东北维，卯为正东，水流正东则其性顺而川涧池沼俱合而归，故曰大溪水也。 |
| 丙辰<br>丁巳 | 沙中土 | 土库辰、绝巳，而天干丙丁之火至辰冠带、巳临官，土既库、绝、旺，火复兴生之，故曰沙中土也。 |
| 戊午<br>己未 | 天上火 | 辰为食时，巳为禺中，午为火旺之地，未中之木又复生之，火性炎上又逢生地，艳阳之势光于天下，故曰天上火也。 |
| 庚申<br>辛酉 | 石榴木 | 申为七月，酉为八月，此时木则绝矣，惟石榴之木反结实，故曰石榴木也。 |
| 壬戌<br>癸亥 | 大海水 | 水冠带戌、临官亥，水临官、冠带则力厚矣，兼亥为江，非他水之比，故曰大海水也。 |

## 起名之道 1——上文五维全息吉祥起名法

作者从事起名研究十多年，在起名实践中逐渐发现了五格数理起名法和十二生肖起名法的不足，而“上文五维全息吉祥起名法”正好能弥补各种起名法的缺陷和不足，“上文五维全息吉祥起名法”是一种综合性、全方位复杂的起名方法，使取名的效果由单纯的识别功有所扩大。

上文五维全息吉祥起名法中的“五维”，指生辰八字五行、数理、意象、形象、音象。经作者多年来对五维全息吉祥起名法的研究、观察与验证，从这五个方面起名、改名对人的运气、身体、婚姻、事业、学业更有利，是宝宝美好人生的开端。

上文五维全息吉祥起名法不但重视名字的音、形、义所含的信息，而且重视命理（生辰八字）、数理，所以此种起名方法难度很大，一般水平的人难以应用。

“上文五维全息吉祥起名法”的步骤：出生时空（八字）→姓名数理 → 姓名读音 → 姓名意象 → 姓名形象。下面逐一介绍每一步骤。

首先，“上文五维全息吉祥起名法”考虑出生时间和地点，将宝宝的出生时间转换为“八字”，即用天干地支表示一个人的出生年、月、日、时，古人又称此步骤为“排四柱”。学好用“八字”记录生年、生月、生日、生时不容易。中国传统文化的代表《易经》和传统哲学都认为时空一变，万物就变了。著名国学大师南怀瑾先生在美国大学讲学时说：“不管宗教、哲学、科学，有两个重点要注意：一个是时间，一个是空间。事实上，时间、空间左右了一切，我现在告诉大家了，我们中国的传统文化《易经》把时空并用，它是一体的两面。”这就是我十多年来一直强调起名要重点考虑出生时间和地点的依据。举个排“八字”例子吧，现在是北京时间阳历 2010 年 1 月 6 日 15 时 56 分，此时此刻，在广州市有一个宝宝诞生，用天干地支表示如下：

己　丁　丙　丙
丑　丑　辰　申

这就是“四柱”，民间习惯上称之为“八字”，读作己丑年、丁丑月、丙辰日、丙申时。同一时间在新疆乌鲁木齐市出生的宝宝，因其出生空间地点不同，其八字就变为：

己　丁　丙　乙
丑　丑　辰　未

上述两个宝宝的“八字”中的年、月、日的干支相同，时干支不同，这是因为乌鲁木齐市 1 月 6 日的天亮时间是 9 时 11 分、日出 9 时 43 分，而 1 月 6 日的广州的天亮时间是 6 时 45 分、日出 7 时 9 分，这两个城市基本上相差一个时辰。

排出一个人的“生辰八字”后，紧接着就是分析“八字”五行的比例以及五行的旺衰，根据先天八字五行的旺衰喜忌起名，这就需要读者掌握干支与五行的对应律、天干五行十二月令发展变化律和五行四时旺相休囚法则，这些专业知识详见《宝宝吉祥起名大全》。

举两个例子讲五行旺衰，例一：阳历 2006 年 10 月 1 日（阴历的八月初十）早上 7 点 39 分对应的生辰八字为：

丙　丁　癸　丙

戌　酉　亥　辰

五行比例 2 丙火、1 丁火、1 戌土、1 辰土、1 酉金、0 木、1 癸水、1 亥水。出生的日干支为癸亥，日元为癸水，宝宝生于这个时间正是秋季酉金之月，秋季五行“金”旺，“水”处于次旺即“相”的状态，日元癸水得日支亥水之源泉，所以日元癸水偏旺盛，根据《周易》五行平衡原理，宝宝先天五行缺木不利，起名补五行木为上策，用“木”来泄日元癸水，这对本人的发展更有利。

例二：女宝宝出生时间是阳历 2009 年 12 月 21 日 8 时 45 分（农历十一月初六日），对应的生辰八字为：

己　丙　庚　庚

丑　子　子　辰

先天八字中的五行比例个数（不计藏干）：2 水、0 木、1 火、3 土、2 金。五行力量：水旺、火死、土囚、金休。阴阳比例是：阴气占 62.8%、阳气占 37.2%，符合女孩以阴气为主阳气为辅的自然法则。代表本人的日元庚金生于丙子月显然不得时令，因为子月的五行旺衰规律是水旺、木相、金休、土囚、火死，加上年支丑为庚金之墓，此丑土不但不能够生庚金，反而把庚金关藏起来，使庚金难以舒展开，所以庚金很弱，幸好有时柱的天干庚帮助、地支辰土生庚金，还有年干己土生庚金，庚金得到生助，弱中得解救。命中的用神五行为土，喜神为金。宝宝生于寒冷冬季，八字可适当借五行火调候，调候用神五行为火，命中丙火虽然不缺，但是火力太弱，处于“死”的状态，起名应该加强火、土、金的力量，五行缺木不需要补。

读者一定要注意：根据五行起名，并不是先天五行缺什么就补什么，要视日元五行强弱而定，如果所缺五行对本人有利，不补反而好，补了则凶；如果一个人的先天八字五行出现不齐全，所缺五行需要补则补，补救的办法有三种：一是字形补法，二是字意补法，三是数理补法。

其次，“上文五维全息吉祥起名法”的第二步骤考虑姓名的数理吉凶。在中国传统哲学文化范畴，数理又叫“数理哲学”，用数解释问题、说明问题。姓名分为五格数理：天格数理、人格数理、地格数理、总格数理、外格数理，其中最关键的是人格数理、总格数理，给新生宝宝起名还要重视姓名地格数理。有人说姓名的“三才”——天格、人格、地格的五行相生则吉、相克则凶，这种说法很片面，香港大富豪李嘉诚的姓名天格五行属于金、人格五行属于木、地格五行也是金，虽然 2 金克 1 木，但是他照样成为大名鼎鼎的富豪和慈善家，这是因为他的名字信息与其生辰八字（戊辰年戊午月甲申日丁卯时）五行相符。关于姓名五格数理，详见下一节。读者要查阅 1～81 数理吉凶信息作用，请参考作者写的另一本书《宝宝吉祥起名大全》第 56 页至 63 页。

第三，“上文五维全息吉祥起名法”第三步骤讲究姓名的音韵美（即 HI），预防姓名出现不吉不雅的谐音。一般规则是只要姓名的声母与韵母不一样，听起来就好听，再考虑姓名声调因素，姓名的声调不同，听起来就悦耳，姓名的声母与韵母不同而声调相同，这样的姓名也好听，仍然能够达到好的语音效果。姓名的声母、韵母相同或者接近，声调又都相同，这样姓名的语音效果很差。姓名谐音带来的贬义外号，轻则损其尊严，重则妨害前程，很容易给本人造成沉重的心理负担，影响当事人的发展。美妙动听的名字所蕴藏的音波信息对人体产生有益的感应作用，调理人的生理节律与行为。大家都有一个共同的体验：当听到优美的歌曲时，我们的身体会下意识地活动。假如你的姓名音律美好，对本人肯定产生好的结果。

第四，“上文五维全息吉祥起名法”第四步骤是推敲姓名的意象美（即 MI），不要起出含义不雅或者有贬义的姓名，避免出现不好的外号。汉字是负载着神奇信息并能激发人的能动性的灵性文字。我们根据当代著名的汉字学家萧启宏先生写的《汉字通〈易经〉》原理和在全球中西文化界享有巨大声望的国学大师南怀瑾先生的教导，发现了汉字的“字音消灾，字形藏理，字意通神”的规律。姓名内在的蕴义不良，长期使用它，就影响人的心情，不利于事业、婚姻，因为姓名具有诱导或暗示潜意识的作用力，孩子在有意或无意之中把贬义的姓名或外号和他自己的行为联系起来，经过一段时间，具有负面消极含义的名号会给孩子留下不良的持久暗示力，这就侵蚀和伤害了孩子心灵。宋慈是中国法学史上著名的法医、法官，其父也是一位负责刑狱的法官，深知百姓疾苦，父亲对他说："我为你取名'慈'，字'惠父'，是希望你将来做官后要仁慈爱民，为百姓送实惠。"宋慈没有辜负父亲取名时对他的殷切期望，一生都把慈爱施于民，他侦破了许多复杂案件，使许多冤假错案得以平反，受到百姓的爱戴，他结合自己破案经验，编写了规模宏大的《洗冤集录》，这部书成为世界上最早的法医学著作。著名导演张艺谋最初的姓名叫张诒谋，很多人并不知道张诒谋，"诒"字的解释是"诒者，勋也"，是期望他在未来建立功勋，光宗耀祖。"诒谋"具有建功立业的谋略智慧之意。不过，因为"诒"字不常用，张诒谋上学后，有人把他的名字写成"张治谋"，有人写成"张冶谋"，还有同学跟他开玩笑，叫他"张阴谋"，为此他就自己把名字改为现在的"张艺谋"，意思是具有艺术家的谋略与智慧。

第五，"上文五维全息吉祥起名法"的第五步骤是注意姓名的形象美（即 VI），使姓名的形体美观、平稳中和，不致于起出像丁一馨、戴鹏义这样的姓名。

为便于读者领会"上文五维全息吉祥起名法"，现在举一个起名范例如下：

**起名应提供的资料：**

父母姓名：霍先生、李女士

宝宝出生地：中国山东省

宝宝出生时间：阳历 2007 年 11 月 20 日 18 时 38 分

宝宝性别：女

家长要求：无

联系电话、传真：略

E-mail：略

宝宝出生的时空信息为：

| 2007 年 | 11 月 | 20 日 | 18：38 |
|---|---|---|---|
| 丁亥 | 辛亥 | 戊午 | 辛酉 |

五行比例是 3 金、0 木、2 火、1 土、2 水，代表本人的日元戊土在亥水之月不得时令，幸而得 2 火生，所以戊土不旺，根据《周易》五行平衡原理，宝宝先天五行缺木没有妨害，起名加强五行土与火对宝宝更有利，运用“上文五维全息吉祥起名法”命名如下：

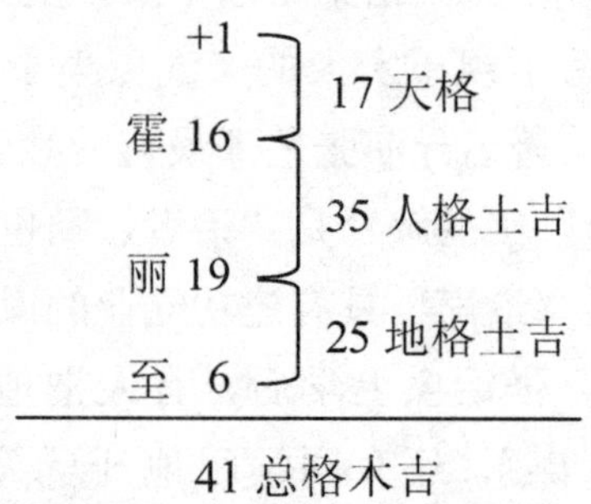


**霍丽至创意解析：**

从五行上讲，姓名既补了五行木，又加强了五行土，名命相合。

从姓名意象（MI 识别）上讲，霍指姓氏；丽指美丽；至指达到某种境界；该姓名的意境是达到最美丽的境界。姓与名组合在一起没有任何不雅的含义，并且名字特别新颖。

从姓名形象（VI 识别）上讲，该姓名的字形搭配美观，给人第一形象很好！

从姓名音象（HI 识别）上讲，该名字读之朗朗上口，听之悦耳动听，没有其他的不良谐音，在交际中不会给本人造成不良的影响！

从姓名数理功能上分析：该姓名数理信息都吉，对本人有积极的诱导作用。该姓名人格数理 35 具有“温和平静，理智兼具，文昌技艺，成就非凡”的诱导作用。总格数理 41 具有“天赐吉运，和顺畅达，德高望重，博得名利”的诱导作用。

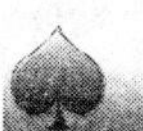

## 起名之道2——五格起名法

五格姓名学发源于1918年，日本人熊崎健翁将中国数理加以整理及应用，自创了这种起名方法。此后这套计算姓名笔画吉凶的五格起名法在日本大行其道，上至日本天皇家族，下至普通日本人，给孩子起名的时候，都遵循这套繁琐的规则，天皇皇子的起名比平民的讲究更多，有专职的顾问解决此事。20世纪70年代末，一直受日本文化影响极大的台湾开始流行五格姓名学。

学习五格起名法，一定要知道“五格”及其作用。“五格”包括天格、人格、地格、总格、外格，其中天格、人格、地格被称为“三才”，总格、人格、地格为整个姓名最重要的部分。

| | 天格 | 人格 | 地格 | 总格 | 外格 |
|---|---|---|---|---|---|
| 影响及作用 | 祖先流传下的姓氏，对人影响微不足道，天格数理仅供参考而已。 | 反映期待的性格与才能，昭示一生的吉凶，人格位于天格之下地格之上，因此，人格是整个姓名的中心与重点。 | 反映青少年之前的人生运势，地格要符合对健康、平安、学业、生育的追求。 | 代表中晚年的运势，关系后半生的终身成就。 | 代表所处的外界环境，以及家族关系，暗示交际能力。外格数理只是参考，对人没有太大影响。 |
| 重要程度 | 低 | 高 | 高 | 高 | 低 |

### “天格”代表姓氏的信息

一个孩子出生后，要么随父姓，要么随母姓，这个姓因是祖传的，所以通常是不可改变的。姓是先天的，名是后天的，姓是骨，名是肉，骨肉不能分开，所以起名字要先后天都结合起来。名字不好可以改，采用“上文五维全息吉祥起名法”，就能改个吉祥名字，而姓氏一般不能改。因此，天格的数理吉凶通常只是一种参考，对人生影响不大。

天格的计算方法是：天格跟姓氏的笔画数有关，单姓的天格数就是“姓”的笔画数加上1画，如王为4画，王姓的天格数就是4加1的和，亦即5；复姓的天格数就是复姓的总笔画数，如西汉史学家司马迁的姓氏为复姓“司马”，司为5画，马即馬为10画，“司马”的天格数就是15。单姓的天格数为什么要添加1呢？因为单姓就一个字，复姓是两个字，两个字的笔画数相加生成天格数，而一个字的笔画数因没有被加数就不能生成天格数，所以要添加“1”，这个1就是假借数。这也是天格不计吉凶的原因之一，另一个原因是同一姓氏的人太多，没有哪个姓比另外的姓更吉或更凶。所以，只有不好的名字，没有不好的姓。但是也有人改姓，这不是因为“天格数”凶，而是由以下两种原因：

其一，孩子上学前，在征得父母同意的情况下，有法定权利选择随母姓或者随父姓，《中华人共和国民法通则》第九十九条规定：公民享有姓名权，有权决定、使用和依照规定改变自己的姓名，禁止他人干涉、盗用、假冒。

其二，父母离婚后，由于母亲憎恨父亲，或者母亲再婚后，便于孩子跟继父处理关系，母亲提出给孩子改姓，或继父的姓，或随母姓。

### “人格”代表一生的运势

“人格”数是一个人的姓名中最重要的数，因为这个数理暗示一个人一生的运气，所以“人格”又称为“主运”。人格对人生的影响最大。

人格的计算方法是：单姓的姓名人格等于“姓”的笔画数加上名的第一个字的笔画数，如赵薇，赵即趙为14画，薇为19画，赵薇的人格数就是33吉数（14+19）；复姓的姓名人格数就是姓尾名头笔画数相加，姓尾即姓中的最后一个字，名头即名字中第一个字。

对于按照家谱中排辈字起名的人来说，有的姓名的人格数可能不吉，这个时候可以用同音异字替换表示辈分的字，如四川省万县市王氏家谱字辈为“相吾青其，玉美兴居，一行仁厚，显耀永立，国政天顺”，相字辈的人起名叫王相X，吾字辈的人起名叫王吾X，王相X的人格数是王的笔画数4加相得笔画数9，总计13，人格13属于吉数，王吾X的人格数是11，也是吉数，但是对于青字辈的姓名王青X来说，人格数就不吉，王是4画，青石8画，合计12，人格数12是凶数，属于掘井无泉之象，具有“无理伸张，薄弱无力，外甜内苦，谋事难成”的不良诱导作用。我们用“清”字替换“青”，这样人格数就变为16吉数。如果没有其他汉字替代，就只好不用排辈字起名了。

**“地格”代表青少年之前的运势**

对于未婚未生子的人来说，地格也很重要，主要对幼少年时期人生状况有影响。“地格”又称为“前运”。一个人结婚生子后，地格数的影响力逐渐减弱，若是姓名只有地格数不吉，就算不改名也无妨。

地格的计算方法是：多字名的笔画数相加就是地格数；单名笔画数加1则为地格数，单名即一个字的名。

**“总格”代表中晚年后半生的运势**

“总格”对中晚年的运势起诱导作用，所以“总格”又称为“后运”。

总格的计算方法是：将姓与名字的实际笔画数相加，就是总格数。

**“外格”是姓名的参考信息**

虽然姓名有“五格”，但是“外格”仅仅是一种衬托数而已，充当“五格”的门面，如果没有“外格”，“五格姓名学”就变成了“四格姓名学”，“四格”作为名称，就不如“五格”好听，也不如“五格”吉祥，因为“四格”的总数为14（四4＋格10），14属于凶数，“五格”的总数为15（五5＋格10）吉数。“外格”仅代表所处的外界环境，暗示交际能力。外格数是一个人的外界辅助力量，因此，外格数理只是一种参考信息，对人没有太大影响。

外格的计算方法是：总格减去人格数理再加上姓名的添加数。香港的李居明先生认为，外格数是总格数加1，这也未尝不可，无可厚非，反正外格不重要。

“外格”数理没有经过奇妙的组合，因此，一般不列入起名讨论的范围。以我们十几年的起名实战经验来看，起名不能眉毛胡子一把抓，凡事要抓住问题的主要方面，起名只要抓住“人格”、“地格”与“总格”就迎刃而解了。姓名五格面面俱到也未必就是吉名，因为“五格”都吉的姓名，如果不符合本人生辰八字中的用神五行的要求，也不是真正的吉祥名字，姓名五格自身的吉凶与本人的用神五行结合在一起相辅相成，这才是真正的吉名。

**姓名五格数理全方位例解**

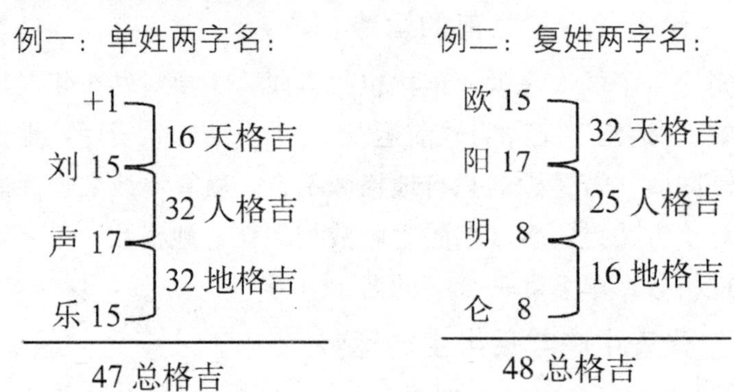


**姓名笔画数计算标准**

中国汉字起源于上古时期，并非一人一时之作，但是中华民族的人文始祖黄帝的贤臣仓颉却是最早参与了汉字的创造发明。古籍《淮南子》记载：“仓颉作书而天雨粟，鬼夜哭。”《春秋元命苞》说：“（仓颉）于是穷天地之变，仰观奎星圆曲之势，俯察龟文鸟羽山川，指掌而创文字，天为雨粟，鬼为夜哭，龙乃潜藏。”可见，仓颉创作文字真正是惊天地泣鬼神了。在河南虞城有仓颉墓与仓颉祠，仓颉祠里有仓颉“鸟迹书”，因其伟大的创造，在陕西白水县人们还建立了仓颉庙。仓颉见鸟兽之迹，依据“六书”法则（注：六书是一曰“指事”，二曰“象形”，三曰“形声”，四曰“会意”，五曰“转注”，六曰“假借”），由纵横、左右、上下、长短、疏密等变化的点和线创作汉字，其微妙的点线体系，皆合于自然造化之法则。至于点与线的变化更启示着万物的命运，蕴含着微妙的数理灵动，不能任意加减一点或一画。人们就利用点线组成的汉字之“数”来测定推理吉凶祸福，故构成姓名的汉字，虽是一画一点，也不可忽视。为此，我向读者介绍姓名笔画数计算法则：

首先，通常按繁体字的笔画数计算，不用简体字的笔画数。繁体字是中华民族在1949年之前长期使用的未简化的字体，是中华文化的根，它更能传递出丰富的信息。比如：“奋”的繁体字——“奮”，由“大”、“隹”、“田”三字组成同，“大”与“小”相对，“隹”（zhuī）是什么？是一种鸟，它底下是“田”，“田”代表鸟的栖息地，任何鸟只有振作起来，展翅飞翔，才能完成南北迁徙，所以“奋”字具有“振作，鼓劲”的意思。再如“圣”的繁体字——“聖”，字形从耳、从口、从王，只有善于用耳听、精通天、地、人之道、有口才的人，才是圣人。

许多人常把异体字与繁体字混淆。比如“倖”是“幸”的异体字而不是“幸”的繁体字。

其次，必须掌一些汉字的笔画数特殊计算规则，比如：带“艹”字头的汉字有四种情况：“艹”当3画时，如“敬”（12画）；“艹”当4画时，如“黄”（12画）；“艹”当6画时，如“芳”、“花”、“蕾”等字；“艹”当8画时，如“荣”（14画）、“莹”（15画）等字。

第三，凡本身具有数的内涵的汉字，则按照其数计算，如五，计数为5，但是“百”按6画计算，“千”按3画计算，“万”（萬）按15画计算。

第四，掌握偏旁部首的笔画数，例如：

“氵”旁按4画计算，因为“水”字为4画，如“池”计为7画。

“月”旁，按8画计算，因为“月”是“肉”演化而来。

左“阝”旁，按8画计算，因为“阝”通“阜”。

右“阝”旁，按7画计算，因为右旁“阝”通“邑”。

“辶”按照7画计算，因为“辶”通“走”。

“忄”旁按4画计算，因为“忄”通“心”。

“王”旁按5画计算，因为“王”字旁本是“玉”。

“讠”=言，按照7画计算。

“礻”=示，按5画计算。

### 五格姓名学中的沙石

五格姓名学中珠宝亮点很多，但是也有一些沙石，这些沙石就像我们吃的大米中的沙石一样，只会害人，没有一点价值。“三才”（天格、人格、地格）相克则凶的观点就是五格姓名学中的沙石之一。将天格、人格、地格之数归为五行类，认为天格克人格、地格克人格或人格克天格不吉，这个观点正是五格起名法的一个重大缺陷或不足，因为《周易》最讲究“中和”之理，我们不能片面夸大五行相生作用，还要重视五行相克的益处。姓名的“三才“数理五行作为一种信息与本人的生辰五行是相辅相成的，数理五行对本人生辰五行起辅助调节作用，只要姓名的数理五行与本人生辰五行构成一个完整的金、木、水、火、土的五行系统，根据宇宙万物全息规律，系统内的五行生克共存，循环往复，姓名“三才”五行相克自然是好事，这是因为宇宙万物的“造化之机，不可无生，亦不可无制。无生，则发育无由；无制（克），则亢而有害。”自然法则是生克互存，有生还必须有克制，事物才能保持动态平衡，所以被生得过火了或者被克得过头了，对人生发展都不利。中国先哲、贤士们很早就明白：“金旺得火，方成器皿。火旺得水，方成相济。水旺得土，方成池沼。土旺得水，方能疏通。木旺得金，方成栋梁。”五行的运用是相当有学问的，其中关键变化之奥妙，非初学者可领悟。

我们为弥补五格数理起名法的不足，在给人起名时，常常结合当事人的生辰五行先天信息，使姓名的五行与本人先天生辰五行相辅相成，这样取出的名字才更加吉祥。

我们以华人富商李嘉诚、亚洲船王的包玉刚为例子，加以证明姓名“三才”相克也不凶。

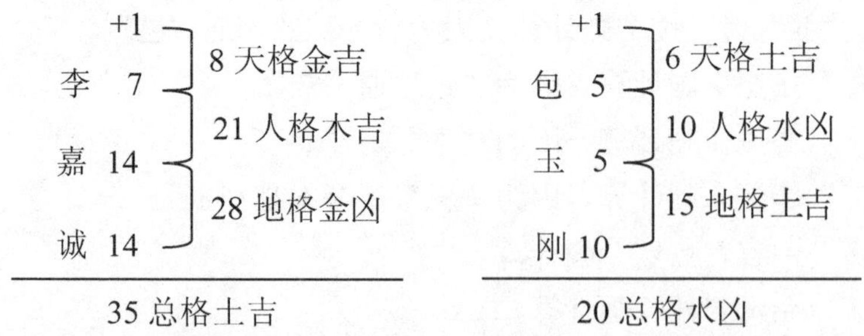


李嘉诚先生的姓名就三才五行生克来讲，天格数理五行金克人格数理五行木，地格数理五行金克人格数理五行木，虽然其“三才”

五行相克，但李嘉诚这个姓名还是属于吉名，其人仍然成为当今大名鼎鼎的华人富豪。

包玉刚的姓名天格数理五行土与地格数理五行土都克人格数理五行水，包玉刚先生照样成为世界船王。

此外，我们长期研究姓名数理，用大量事实与统计经验证明了数理10、20、28、26、54等并非绝对不可用，往往有很多伟人、富豪等成功者的姓名带凶数理，凶数理的五行为本人生辰五行所喜，用之反凶为吉。有人统计了名气较大的歌星姓名，总结出：姓名中数理信息尾数是7、8的人暗示具有音乐细胞。数理7、8五行属金，代表金属、乐器等。例如：

（1）郭富城（郭15画，富12画，人格27数）

（2）黎明（明8画，地格8数）

（3）满江（江7画，外格8数）

（4）陈明（明8画，地格8数）

（5）周蕙（蕙18画，地格18数）

（6）杨坤（坤8画，地格8数）

（7）王昆（昆8画，地格8数）

（8）雪村（雪11画，村7画，相加为人格18数）

（9）任静（静16画，地格17数）

（10）刘欢（刘15画，欢22画，相加为人格37数）

（11）蒋大为（蒋15画，大3画，相加为人格18数）

（12）蔡国庆（蔡17画，国11画，庆16画，相加为人格28数）

（13）周杰伦（杰8画，伦10画，相加为地格18数）

（14）费玉清（费12画，玉5画，清12画，人格地格都是17数）

（15）张含韵（张11画，含7画，相加为人格18数）

（16）陈冠希（希7画，外格8数）

（17）陈慧琳（慧15画，琳13画，慧琳相加为地格28数）

（18）王力宏（宏7画，外格8数）

（19）邓丽君（君7画，外格8数）

（20）童安格（童12画，安6画，相加为人格18数，总格28数）

1～81 数理吉凶为统计经验而得，为方便读者查阅，今详列如下，仅供参考。

(1) 1～81 数理蕴涵宇宙的大自然力，其力有吉凶之分，如天地有阴阳，物有刚柔、表里一样。因此，各数信息能量对人产生诱导感应作用亦有好坏之别。

(2) 数前标有“○”，表示此数诱导力为吉；标有“□”，表示此数信息感应力为半吉；标有“▲”，表示此数信息感应力为凶。

(3) 凡 81 数以上者，除其盈数 80，还归 1、2、3……81 数推导使用。例如：161 数除以 80 余 1，就按 1 数理判断使用。

○1. 宇宙太极之数

太极之数，万物开泰，生发无穷，利禄亨通。

□2. 两仪之数

阴阳之数，混沌未开，进退保守，忧心劳神。

○3. 天人地三才之数

三才之数，天地人和，事业有成，繁荣昌盛。

□4. 四象之数

四象之数，待时生发，万事谨慎，还可营谋。

○5. 五行之数

五行俱全，循环生克，圆通畅达，福寿集成。

○6. 六爻之数

六爻之数，精打细算，安稳幸运，余荫深厚。

○7. 七政之数

刚毅果断，勇往直前，天赋之力，好奇心强。

○8. 八卦之数

八卦之数，努力发达，志刚意坚，遂成大功。

□9. 大成之数

小舟进海，暗含凶险，有成有败，小心把握。

▲10. 满盈之数

满盈之数，万物终局，费尽心力，回顾茫然。

○11. 旱苗逢雨

万物更新，调顺发达，稳健泽世，繁荣富贵。

▲12. 掘井无泉

无理伸张，薄弱无力，外甜内苦，谋事难成。

○13. 春阳牡丹

多才多艺，智能超群，忍柔处事，必获大功。

▲14. 破败离散

家庭缘浅，沦落天涯，失意烦闷，谋事不顺。

○15. 福寿

福寿圆满，涵养雅量，立业兴家，必有成就。

○16. 厚重

厚重载物，安富尊荣，财官双美，功成名就。

□17. 坚强

刚毅坚强，宜养柔德，突破万难，必获成功。

○18. 铁镜重磨

谨慎勿骄，机遇重来，有志竟成，博得名利。

□19. 多难

成功较早，辛苦不断，虽有智谋，成败难定（但先天五行有金、水者，可成巨富、怪杰、伟人）。

▲20. （屋下藏金）

智高志大，历尽艰辛，焦心忧劳，进退两难。

○21. （明月中天）

为人尊仰，富贵荣华，立业兴家，大博名利。

▲22. （秋草逢霜）

秋草逢霜，怀才不遇，忧愁怨苦，事不如意。

○23. （壮丽）

旭日东升，壮丽可观，逐步进展，功名荣达。

○24. （掘藏得金）

锦绣前程，贵人得宠，白手起家，财源广进。

○25. （英俊）

资性灵敏，才能奇特，诚信和气，自成大业。

□26. （变异）

常出豪杰，波澜起伏，义气侠情，必建大功。

□27.（增长）

自我心强，易受诽谤，愿望强烈，可以成功。

▲28.（阔水浮萍）

遭难之数，争论不和，四海飘泊，终世劳苦。

○29.（智谋）

智谋奇略，财利俱备，名闻海内，成就大业。

□30.（歧运）

沉浮不定，凶吉难分，好运配合，成功自至。

○31.（春日花开）

智勇得志，博得名利，统领众人，成就大业。

○32.（宝马金鞍）

荣幸多成，贵人相助，财帛丰裕，繁荣昌盛。

○33. 飞龙升天

旭日东升，鸾凤相会，才德双全，家业昌盛。

▲34.（破家之数）

破家之数，难望成功，辛苦遭厄，灾难不断。

○35. 高楼望月

温和平静，理智兼具，文昌技艺，成就非凡。

▲36. 不平之数

风浪不平，常陷穷困，动不如静，枉费心力。

○37. 猛虎出林

权威显达，热诚忠信，涵养雅量，终身荣富。

□38. 磨铁成针

有志乏力，难为首领，从事技艺，可望成功。

○39. 富贵之数

德泽四乡，富贵荣华，财源茂盛，光明坦途。

□40. 退安

智谋胆力，冒险投机，沉浮不定，谨慎平安。

○41. 德高之数

天赐吉运，和顺畅达，德高望重，博得名利。

□42. 多才之数

博识多能，精通世情，专心进取，尚可成功。

▲43. 散财之数

散财破产，诸事不遂，虽有才识，财去困苦。

□44. 怪异之数

破家亡身，暗隐惨淡，事不如意，乱世怪杰。

○45. 顺风之数

顺风扬帆，万事如意，智谋不凡，富贵繁荣。

▲46. 浪里淘金

载金沉舟，困难辛苦，离祖破家，孤独悲哀。

○47. 点石成金

开花结果，祥瑞亨通，进退攻守，皆有成就。

○48. 古松立鹤

德智兼备，鹤立鸡群，量大荣达，名利双收。

□49. 转折

吉凶难分，得而复失，小心谨慎，逢凶化吉。

□50. 小舟进海

吉凶参半，一成一败，亲多无助，须防倾覆。

□51. 沉浮

失得庇荫，竭力经营，一盛一衰，沉浮不定。

○52. 慧眼

卓识慧眼，光见之明，顺理成章，名利双收。

▲53. 内忧

忧愁困苦，外祥内患，先富后贫，磨难破家。

▲54. 横祸

石上栽花，难得成活，忧闷频来，倾家荡产。

□55. 善恶

外观隆昌，内隐祸患，坚心固志，亦能成功。

▲56. 浪里行舟

浪里行舟，历尽艰辛，事与愿违，祸不单行。

〇57. 月照春松

资刚性坚，时来运转，天赐吉运，繁荣如意。

□58. 晚行遇月

沉浮多端，祸福无常，历经患难，晚年运佳。

▲59. 寒蝉悲风

寒蝉悲风，时运不济，缺乏忍耐，苦难不休。

▲60. 无谋

心迷意乱，飘泊不定，晦明暗黑，动摇不安。

〇61. 名利

修德甚行，花开富贵，名利双收，定享幸福。

▲62. 衰败

缺乏信用，内外不合，志望难达，衰败家废。

〇63. 舟归平海

万物化育，繁荣之象，不费心神，万事如意。

▲64. 非命之数

骨肉分离，孤独悲愁，徒劳无功，不得安心。

〇65. 寿荣之数

天长地久，家运隆昌，福寿绵长，事事有成。

▲66. 不和之数

进退维谷，艰难不堪，内外不和，身家遭损。

〇67. 通达之数

利禄亨通，贵人援助，家道兴旺，紫气东来。

〇68. 发明之数

志向坚定，创新发明，勤勉力行，发展壮大。

▲69. 非业

坐立不安，常陷逆境，穷迫滞寒，尝尽痛苦。

▲70. 废亡之数

残菊逢霜，空虚寂寞，惨淡忧愁，晚景凄凉。

□71. 劳苦之数

内心劳苦，缺乏精神，勇于进取，定可成功。

▲72. 悲运之数

劳苦相伴，阴云蔽月，外观虽吉，内里生凶。

□73. 无勇之数

盛衰交加，缺少勇气，天赐福祉，终生平安。

▲74. 逆运之数

残花经霜，智能无用，辛苦繁多，沉沦逆境。

□75. 退守

退守保安，妄动失败，自有吉相，有谋可成。

▲76. 离散

倾覆离散，骨肉分离，内外不合，多陷逆境。

□77. 半吉之数

家庭和悦，先甜后苦，善于守成，前逆后顺。

□78. 晚苦之数

福祸参半，智能齐备，中年发达，晚景凄凉。

▲79. 云头望月

云头望月，身疲力尽，前途无光，劳而无功。

□80. 遁吉之数

辛苦不绝，刑商患病，积善修德，化凶转吉。

○81. 万物回春

最极之数，还本归元，重得繁荣，发达成功。

## 起名之道3——十二生肖起名法

在中国传统民俗中，十二生肖作为一种人生信息，只能反映出一个人的性格、习性特征，比如，属狗的人忠诚、缺乏通融性，没有反映出生肖五行与八字五行的关系，所以，十二生肖起名法只是根据生肖特性牵强附会把生肖习性与名字的字形联系起来，并且二者相关性不紧密，例如狗爱啃骨头吃肉，属狗的人起名用“骨”字旁的字就很冷僻，历史上几乎没有带“骨”字旁的名字。按照十二生肖起名法讲，狗不能在田地里干活，所以起名不宜用“田”字根，如富、由、男、甸、町、界、单、留、画、畸、畴、疆等字，其实不然，属狗的人生辰八字中需要加强五行“土”，用“田”字根的汉字对本人更加有利。再如，一个属猪人先天生辰八字五行需要加强五行“金”，如果因猪喜欢吃“豆”、“禾”、“米”、“花”、“芝”之类的食物，起名就用这些字，那么这个人可能一辈子不幸福，吃不好、住不好、学不好、干不好。既然一个人一生的官位、财运、婚姻以及长寿或病残等都有定数，都隐藏在出生年月日时先天八字五行中，而根据人的生肖即生年地支属相推测人生命运和起名，就太笼统、太粗略了。所以根据生肖所起的名字仅仅反映了生肖特性这一面，除非巧合外，姓名信息与人的先天生辰五行肯定不吻合，因此生肖起名对本人所起的开运、改运效果极其有限。只有根据生辰八字五行起名、命名，才对本人的健康、婚姻、运程、事业、性格产生更加有效的作用，如属牛的人生辰五行中日元五行土多土厚，起名用带“金”的汉字对本人更有利。

十二生肖起名法实质是根据十二生肖的习性来命名。所以，该方法对起名开运转运有很大的局限性和片面性。

##  张姓起名笔画数吉祥模型

适合女性的张氏起名结构：

+1
张 11　12天格
X 14　25人格
X 10　24地格
35总格

+1
张 11　12天格
X 4　15人格
X 20　24地格
35总格

+1
张 11　12天格
X 13　24人格
X 11　24地格
35总格

+1
张 11　12天格
X 5　16人格
X 8　13地格
24总格

+1
张 11　12天格
X 7　18人格
X 17　24地格
35总格

+1
张 11　12天格
X 4　15人格
X 9　13地格
24总格

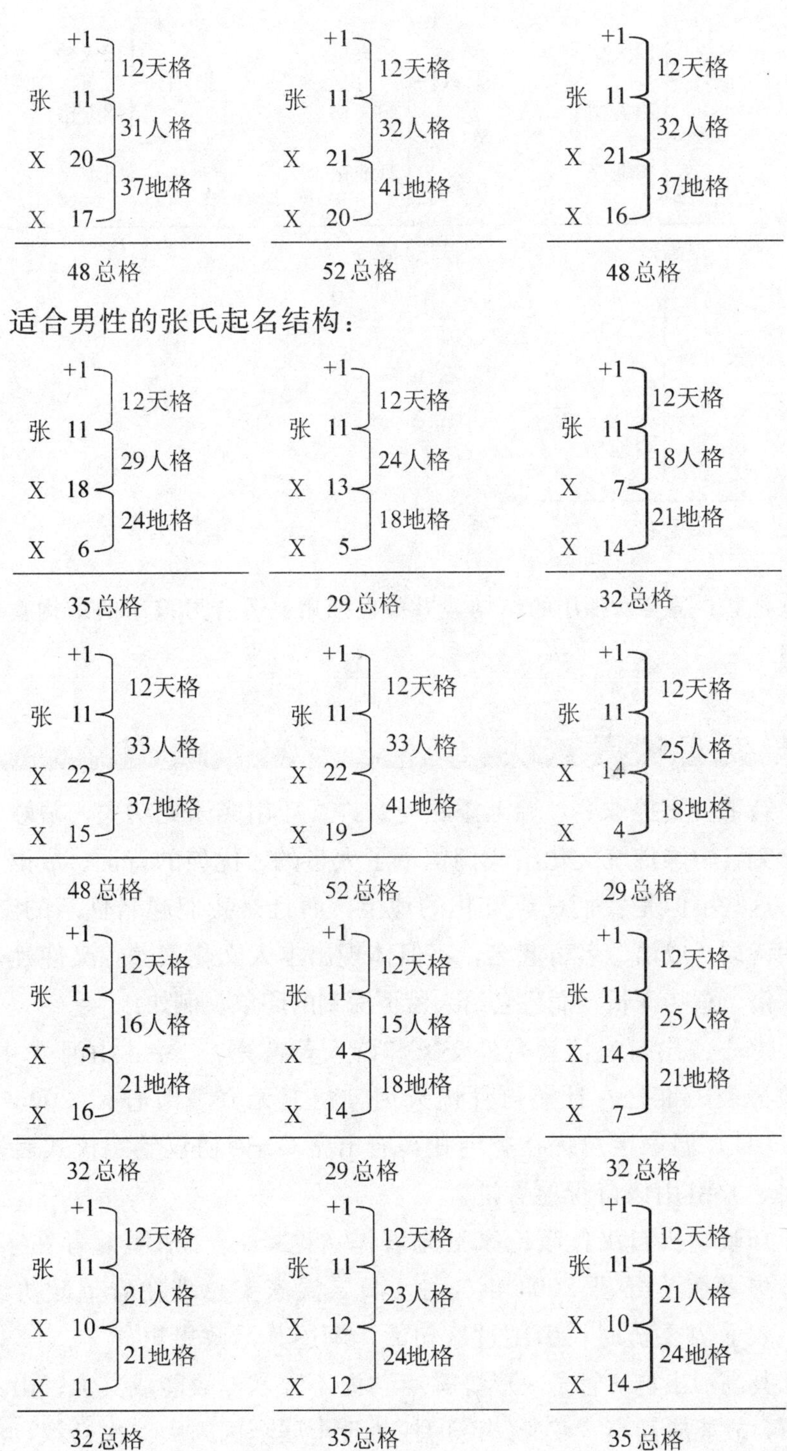

张 11、X 20、X 17（+1）：12天格，31人格，37地格，48总格

张 11、X 21、X 20（+1）：12天格，32人格，41地格，52总格

张 11、X 21、X 16（+1）：12天格，32人格，37地格，48总格

适合男性的张氏起名结构：

张 11、X 18、X 6（+1）：12天格，29人格，24地格，35总格

张 11、X 13、X 5（+1）：12天格，24人格，18地格，29总格

张 11、X 7、X 14（+1）：12天格，18人格，21地格，32总格

张 11、X 22、X 15（+1）：12天格，33人格，37地格，48总格

张 11、X 22、X 19（+1）：12天格，33人格，41地格，52总格

张 11、X 14、X 4（+1）：12天格，25人格，18地格，29总格

张 11、X 5、X 16（+1）：12天格，16人格，21地格，32总格

张 11、X 4、X 14（+1）：12天格，15人格，18地格，29总格

张 11、X 14、X 7（+1）：12天格，25人格，21地格，32总格

张 11、X 10、X 11（+1）：12天格，21人格，21地格，32总格

张 11、X 12、X 12（+1）：12天格，23人格，24地格，35总格

张 11、X 10、X 14（+1）：12天格，21人格，24地格，35总格

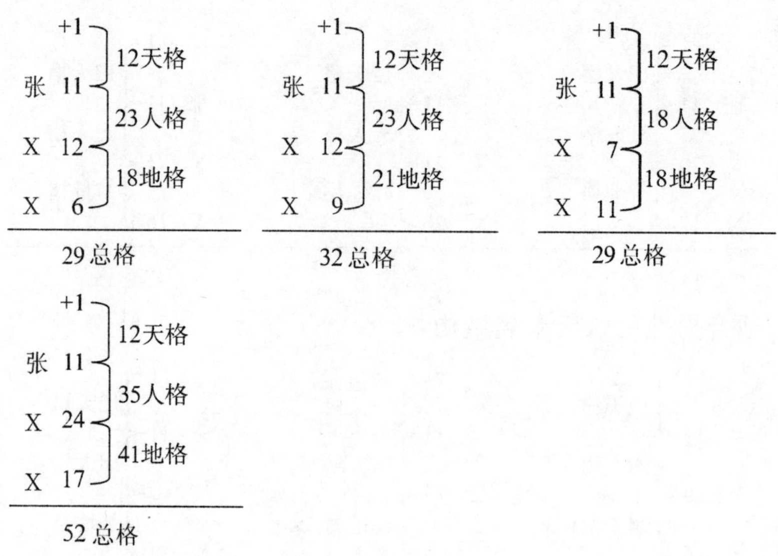


注意：适合女孩用的结构，男孩也能用，适合男孩用的结构女孩不能用。

## 起名创意

诗歌佳言提取名，锦上添花受赞许。巧用成语见功夫，精妙绝伦意无穷。中国传统文化给我们留下了大量的、优美的诗词、成语、名言，这些不但是我们民族文化的瑰宝，而且是我们起名创意的宝库。巧用诗词、成语、名言起名，不但体现出本人文化素养，又使姓名新颖脱俗、意味深长，而且会给人留下深刻的印象。例如：

海心：出自晚清著名外交家和诗人黄遵宪："寸寸山河寸寸金，侉离分裂力谁任？杜鹃再拜忧天泪，精卫无穷填海心。"2003 年 6 月 29 日，温家宝总理在香港礼宾府出席 CEPA 协议签字仪式后发表演讲，并引用该诗祝愿香港。

知政：出自汉代政论家王充著作《论衡》："知屋漏者在宇下，知政失者在草野。"2004 年 3 月 4 日，温家宝总理在看望政协经济界、农业界委员时，引用过这句话，阐述其治政思想。

其高：出自《管子·形势解》："海不辞水，故能成其大；山不辞土石，故能成其高。"2004 年 3 月 14 日十届全国人大二次会议，温家宝总理引用这两句古语，为中国特色社会主义发展作了形象注解。

朝闻：出自《论语》："朝闻道，夕死可矣！"

三立：出自《左传·襄公二十四年》："大上有立德，再次有立功，其次有立言，虽久不衰，此之谓不朽。"

经国：出自《典论·论文》："盖文章者，经国之大业，不朽之盛事。"

学思：出自《论语》："学而不思则罔，思而不学则殆。"

省吾：出自《询子·劝学篇》："吾日三省吾身。"

致君：出自诗句："致君尧舜上。"

浩然：出自《孟子》："我善养吾浩然之气。"

至清：出自古诗歌："水至清而无鱼，人至察则无徒。"

思行：出自《论语·公冶长》："季文子三思而后行。"

春晖：出自唐代孟郊《游子吟》："谁言寸草心，报得三春晖。"

温如：出自"君子之亲温如人。"

彦今：出自《诗经·郑风》："彼其之子，邦其彦今。"

乔木：出自《诗经·伐木》："出自幽谷，迁于乔木。"

积善：出自王永彬《围炉夜话》："积善之家必有馀庆，积不善之家必有馀殃。"

志行：出自《周易·豫》："刚应而志行，顺以动。"

习之：出自《论语·学而》："学而时习之，不亦说乎？"

子规：出自唐·杜甫《子规》："两边山木合，终日子规啼。"

子都：出自《孟子·告子上》："至于子都，天下莫不知其姣也"

丰衍：出自《后汉书·任延传》："谷稼丰衍。"

明哲：出自《尚书·说命上》："知之曰明哲。"

逊志：出自《尚书·说命下》："惟学逊志，务时敏，厥修乃来。"

三秋：出自《诗经·王风·采葛》："一日不见如三秋兮。"

心远：出自晋·陶渊明的《饮酒·结庐在人境》："结庐在人境，而无车马喧；问君何能尔，心远地自偏。"

从善：出自唐·吴兢《贞观政要·教戒太子诸王》："从善则有

誉，改过则无咎。”

勇智：出自宋·苏轼“大勇若怯，大智若愚。”

独悟：出自《王文公集·拟寒山拾得》：“独悟自根本，不从他处起。”

省非：出自“广积不如教子，避祸不如省非。”

拂心：出自《菜根谭》：“耳中常闻逆耳之言，心中常有拂心之事，才是进德修行的砥石。”

自明：出自《菜根潭》：“水不波则自定，鉴不翳则自明。”

克明：出自《尚书·伊训》：“居上克明，为下克忠。”

善志：出自《淮南子·主术训》：“人无善志，虽勇必伤。”

泽积：出自“山积而高，泽积而长。”

介然：出自《荀子·修身》：“善在身，介然，必以自好也。”

素诚：出自晋·鲍照《拟古八首》：“石以坚为性，君勿轻素诚。”

己正：出自汉·杨雄《法言·修身》：“天下有三好：众人好己从，贤人好己正，圣人好己师。”

惟静：出自唐·姚崇《口箴》：“惟静惟默，澄神之极。”

欣德：出自陶渊明：“伊余怀人，欣德孜孜。”

新雨：出自“草色新雨中，松事晚窗里，及兹契幽绝，自足荡心耳。”

达人：出自《菜根谭》：“达人观物外之物，思身后之身。”

鸿飞：出自杜甫：“鸿飞冥冥日月白，青枫叶赤天雨霜。”

天旭：出自东晋·陶渊明“欢来苦夕短，已复至天旭。”

真淳：出自金·元好问《论诗三十首》：“一语天然万古新，豪华落尽见真淳。”

韶华：出自宋·秦观：“韶华不为少年留，恨悠悠，几时休！”

守逸：出自《菜根谭》：“栖恬守逸之味，最淡亦最长。”

容众：出自《韩诗外传》：“君子尊贤而容众，喜善而矜不能。”

宁恬：出自清·王豫《蕉窗日记》：“宁直毋媚，宁介毋通，宁恬毋竞。”

克己：出自清·陈确《陈确集·别集·不乱说》：“求仁之方，

无过克己。”

至哲：出自清·刘嗣绾《贻友人书》：“人即至哲，必不能掩己之短，以兼人人之长。”

尚行：出自《渔樵对问》：“尚行，则笃实之风行焉。”

志齐：出自《韩诗外传》：“思齐则成，志齐则盈。”

忠信：出自《论语·卫灵公》：“言忠信，行笃敬。”

清容：出自《菜根谭》：“清能有容，仁能善断，明不伤察，直不过娇，是谓蜜饯不甜，海味不咸，才是懿德。”

斯远：出自明·王永彬《围炉夜话》：“品超斯远，云飞而不碍空。”

介福：出自《诗经·小雅·信南山》：“报以介福，万寿无疆。”

辉光：出自《周易·大畜》：“辉光日新其德。”

至道：出自《礼记·学记》：“虽有至道，弗学，不知其善也。”

弘毅：出自《论语》：“士不可以不弘毅，任重而道远，仁以为己任，不亦重乎？”

思诚：出自《孟子·离娄上》：“是故诚者，天之道也；思诚者，人之道也。”

志清：出自《顾子》：“登高使人意遐，临深使人志清。”

敬守：出自《管子·内业》：“敬守勿失，是谓成德，德成而智出。”

蒙正：出自《周易·蒙》：“蒙以养正。”

凯风：出自《诗经》：“凯风自南，吹彼棘心。”

宇泰：出自《庄子·庚桑楚》：“宇泰定者，发乎天光。”

知闲：出自《庄子·齐物论》：“大知闲闲，小知间间。”

诗雪：出自宋·卢梅坡：“有梅无雪不精神，有雪无诗俗了人。”

素月：出自东晋·陶渊明：“白日沦西河，素月出东岭。”

莹静：出自宋·晁礼：“莹无尘，素娥淡伫，静可数，丹桂参差。”

敬之：出自《孟子·离娄下》：“爱人者人恒爱之，敬人者人恒敬之。”

清冰：出自唐·白居易："火不热真玉，蝇不点清冰。"

定波：出自唐·聂夷中："白日无定影，清江无定波。"

常勤：出自清·翟灏《通俗偏·地理》："汝寻常勤精进，譬如水小长流，则能穿石。"

毅然：出自《朱舜水集》："毅然特立，有为之土也。"

思睿：出自《近思录·致知》："思曰睿，思虑之后，睿自然生。"

志逸：出自东晋·陶渊明："猛志逸四海，骞翮思远翥。"

若飞：出自《木兰诗》："关山度若飞。"

修远：出自战国·楚·屈原："路漫漫其修远兮，吾将上下而求索。"

卓心：出自明·王永彬《围炉夜话》："一室闲居，必常怀振卓心，才有生气。"

远闻：出自唐·孟郊："离怀无近趣，清抱多远闻。"

诚明：出自古语："自诚明，谓之性；自明读，谓之教。"

恨水：出自《乌夜啼》："自是人生长恨水长东。"

秋鸿：出自苏轼诗："人似秋鸿来有信。"

知涯：出自《庄子》："吾生也有涯，而知也无涯。"

尽美：出自"尽美矣，也尽善也。"

思齐：出自"见贤思齐，见不贤其内省。"

闲云：出自唐·王勃："闲云潭影日悠悠，物换星移几度秋。"

雁飞：出自诗词"坐对高楼千万山，雁飞秋色满阑干。"

梦远：出自宋·李煜："闲梦远，南国正清秋。"

桐叶：出自"千里稻花应秀色，五更桐叶最佳音。"

流泉：出自明·袁中道："流泉得月光，化为一溪雪。"

江花：出自唐·白居易："日出江花红胜火，春来江水绿如蓝。"

荷露：出自唐·白居易："草莹有耀终非火，荷露虽圆岂是珠。"

水静：出自《全唐诗》："水静鱼吹浪，枝闲鸟下空。"

万道光：金光万道，灿烂辉煌。巧用姓氏展开描绘。

马识途：出自“老马识途”，比喻经验丰富。

叶知秋：出自“一叶知秋”，比喻以小见大，由现象见本质。

马行空：出自“天马行空”。

万斯年：出自“亿万斯年”，借成语之意以抒情，表达千秋万代永远铭记的心迹。

程万里：出自“鹏程万里”。

任唯才：出自“唯才是举”。

成于思：出自“行成于思”。

石惊天：出自“石破天惊”。

钱未闻：出自“前所未闻”。

戴星月：出自“披星戴月”。

高建瓴：出自“高屋建瓴”。

于得水：出自“如鱼得水”。

方未然：出自“防患于未然”。

易了然：出自“一目了然”。

黄腾达：出自“飞黄腾达”。

安思危：出自“居安思危”。

沈力行：出自“身体力行”。

茅顿开：出自“茅塞顿开”。

冯甘霖：出自“久旱逢甘霖”。

韦三绝：出自“韦编三绝”。

金玉良：出自“金玉良言”。

邢成思：出自“行成于思”。

郑光明：出自“正大光明”。

安自在：出自“安闲自在”。

屈不挠：出自“不屈不挠”。

金玉堂：出自“金马玉堂”。

荣昌盛：出自“繁荣昌盛”。

林玉树：出自“琼林玉树”。

安如常：出自“安适如常”。

文如人：出自“文如其人”。

盛太平：出自“太平盛世”。

江岸花：出自“柳岸花明”，让人联想到陆游的著名诗句：“山重水复疑无路，柳暗花明又一村。”

翟从善：出自《论语·述而》：“三人行，必有我师焉，择其善者而从之，其不善者而改之。”

朱明丽：出自王永彬《围炉夜话》：“观朱霞悟其明丽，观白云悟其卷舒。”

林兰芷：出自“兰芷满汀洲，游丝横路。”

常思奋：出自爱国名言：“常思奋不顾身，而殉国家之急——司马迁”。

前锋：出自爱国名言：“祖国如有难，汝应作前锋——陈毅”。

书善：出自名言：“书犹药也，善读之可以医愚——刘向”。

致远：出自名言：“非淡泊无以明志，非宁静无以致远——诸葛亮”。

明艳：出自名言：“成功之花，人们往往惊羡它现时的明艳，然而当初，它的芽儿却浸透了奋斗的泪泉，洒满了牺牲的血雨——冰心”。

择善：出自名言：“择善人而交，择善书而读，择善言而听，择善行而从。”

##  选择吉日公布名字

预选了几个可用的名字之后，谁来决定用哪一个名字呢？我们的经验是：身强的孩子由父亲或爷爷或外祖父决定；身弱的孩子由母亲或奶奶或外祖母决定。

“身强”与“身弱”是指孩子的生辰八字中的日主即日干强弱而言，判断日主强弱是“八字学”中较复杂的技术，具体情况可参考《起名技巧大全》与《周易与人生策划》。

确定了名字后，要选吉日来公布这个名字，告知亲朋好友，并叫新名字三声便可。

孩子生辰八字的用神为“土”，天干“戊”日、“己”日为吉日；地支“辰、戌、丑、未”日为吉日。

孩子生辰八字的用神为“金”，天干“庚”日、“辛”日为吉日；地支“酉、申、戌”日为吉日。

孩子生辰八字的用神为“水”，天干“壬”日、“癸”日为吉日；地支“子、亥”日为吉日。

孩子生辰八字的用神为“木”，天干“甲”日、“乙”日为吉日；地支“寅、卯”日为吉日。

孩子生辰八字的用神为“火”，天干“丙”日、“丁”日为吉日；地支“巳、午”日为吉日。

上述吉日再与“建除十二星”择日法结合起来更佳。建除十二星择日，又称董公择日，一般的日历本上都有详细记载，民间的择日比较重视，也很常用，我们也可以参考，十二星的顺序是：建、除、满、平、定、执、破、危、成、收、开、闭，共 12 星，从各月的节气（立春、惊蛰、清明、立夏、芒种、小暑、立秋、白露、寒露、立冬、小雪、小寒）日之后临月建日数起，除日、定日、开日、成日、执日为黄道吉日，其他为黑道凶日。但凡岁破、月破之日不用，凡日破之时不用，凡冲孩子生肖之日、时不用。不过，并不是黄道则吉，黑道则凶，“黑中‘平’无碍，黄中‘危’不强”，黄黑道各有所指，不同的事情要看不同的值日星。如拆屋要用破日，结婚宜用成日，开张宜用开日，放生宜用除日，公布名字用黄道吉日中的哪一天要考虑孩子的用神才能决定，要灵活变通。

# 起名实例篇

**张姓吉祥姓名例一：张梦晗**

| 客户资料 | 父亲姓名 | 张先生 | 性别 | 女 | 出生地 | 海南海口市 |
|---|---|---|---|---|---|---|
| | 母亲姓名 | 牛女士 | 出生时间 | 阳历 | | |
| | 起名要求 | 宝宝起名 | | 阴历 | 2010 年 7 月初 2 中午 11 时 50 分 | |

| 宝宝的出生时间对应的生辰五行为： | 庚 | 甲 | 癸 | 戊 |
|---|---|---|---|---|
| | 寅 | 申 | 巳 | 午 |

其中包括 2 金、2 木、2 火、1 土、1 水，代表本人先天日元五行癸水生于申金之月，不得时令五行金之力，日元癸水得 2 金生之，所以日元癸水相对平衡，根据《周易》平衡原理，女性以日元五行平衡为佳，五行齐全，起名数理吉祥对宝宝的健康、学业、事业、财运都非常有利。

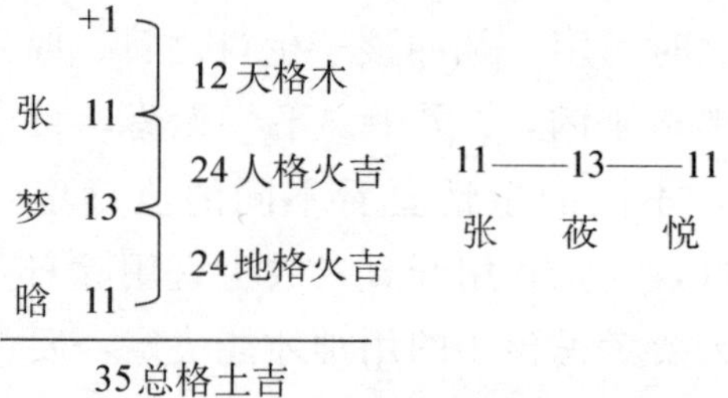


以上两名数理吉祥，符合贵女的生辰五行，有利于其今后的发展。符合 NIS 命名法则，音、形、意配合得当，没有不吉不雅的谐音谐意，请任意选取。梦晗：梦 mèng 梦想，梦寐以求。晗 hán 天将明，暗示梦想成真，生活如诗如画。筱悦：筱，小竹子，暗示生命力旺盛，悦，喜悦，暗示才能突出，会一眼就被选中，一生财好运好，吉祥富贵。

姓名的人格及总格对人一生的诱导作用最大：

24 数理暗示：锦绣前程，能奏大功，白手起家，财源广进。

35 数理暗示：温和平静，学智兼具，文昌技艺，成就非凡。

**家长最后选择：张梦晗**

**张姓吉祥姓名例二：张赫芮**

<table>
<tr><td rowspan="3">客户资料</td><td>父亲姓名</td><td>略</td><td>性别</td><td>女</td><td>出生地</td><td colspan="2">山东济南市</td></tr>
<tr><td>母亲姓名</td><td>略</td><td>出生时间</td><td>阳历</td><td colspan="3"></td></tr>
<tr><td>起名要求</td><td colspan="2">张女士改名</td><td>阴历</td><td colspan="3">1978 年 10 月 15 日上午 9 时 45 分</td></tr>
<tr><td colspan="4" rowspan="2">您的出生时间对应的生辰五行为：</td><td>戊</td><td>癸</td><td>辛</td><td>癸</td></tr>
<tr><td>午</td><td>亥</td><td>巳</td><td>巳</td></tr>
</table>

其中包括 1 金、0 木、3 火、1 土、3 水，代表本人先天日元辛金生于亥水之月，不得时令五行水之力，日元辛金得 1 土生之，所以日元辛金相对弱，根据《周易》平衡原理，女性以日元五行平衡为佳，结合本人大运，五行缺木不利，起名补木对本人的健康、事业、财运都有利。

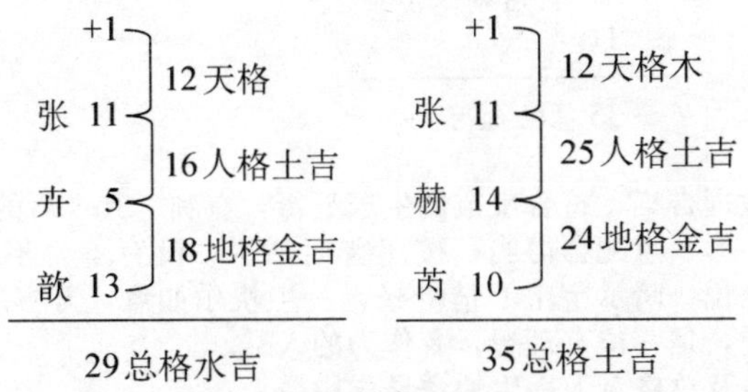


以上两名数理吉祥，符合张女士的生辰五行，有利于其今后的发展。其中"芮、卉"五行为木强木。符合 NIS 命名法则，音、形、意配合得当，按普通话讲，没有不吉不雅的谐音谐意，请任意选取。赫芮：赫 hè 明显，显著，盛大，芮 ruì 草生的样子，暗示生命力旺盛，生活美好。卉歆：盛开的花朵，欣欣向荣。

姓名的人格及总格对人一生的诱导作用最大：
16 数理暗示：厚重载德，安富尊荣，财官双美，功成名就。
24 数理暗示：锦绣前程，能奏大功，白手起家，财源广进。
25 数理暗示：资性英敏，才能奇特，讲信和睦，自成大业。
29 数理暗示：智谋优异，财力归集，名闻四海，成就大业。
35 数理暗示：温和平静，学智兼具，文昌技艺，成就非凡。

**张女士最后选中：张赫芮**

**张姓吉祥姓名例三：张歆悦**

| 客户资料 | 父亲姓名 | 张先生 | 性别 | 女 | 出生地 | 中国香港 |
|---|---|---|---|---|---|---|
| | 母亲姓名 | 吴女士 | 出生时间 | 阳历 | 2010年7月2日凌晨2时40分 | |
| | 起名要求 | 宝宝起名 | | 阴历 | 2010年5月21 | |

| 宝宝的出生时间对应的生辰五行为： | 庚 | 壬 | 癸 | 癸 |
|---|---|---|---|---|
| | 寅 | 午 | 丑 | 丑 |

其中包括1火、3水、1木、1金、2土，代表本人先天日元癸水生于午火之月，不得时令五行火之力，日元癸水得2水帮助，得1金生之。所以日元癸水相对平衡，根据《周易》平衡原理，女性以日元五行平衡为佳，五行齐全，所以起名数理吉祥对宝宝今后的健康、学业、事业、财运及成长更加有利。

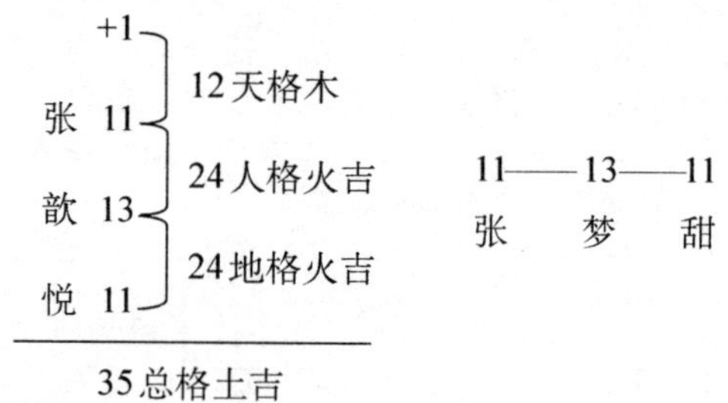


以上两名数理吉祥，符合宝宝的生辰五行，有利于其今后的发展。符合NIS命名法则，音、形、意配合得当，按照普通话讲，没有不吉不雅的谐音谐意，请任意选取。歆悦：暗示宝宝心情舒畅，一生快乐如意，万事顺心。梦甜：暗示宝宝甜美可爱，是一位有理想，有作为的人。

姓名的人格及总格对人一生的诱导作用最大：

24数理暗示：锦绣前程，能奏大功，白手起家，财源广进。

35数理暗示：温和平静，学智兼具，文昌技艺，成就非凡。

**家长最后选中：张歆悦**

**张姓吉祥姓名例四：张筱域**

| 客户资料 | 父亲姓名 | 张先生 | 性别 | 女 | 出生地 | 北京市 |
|---|---|---|---|---|---|---|
| | 母亲姓名 | 何女士 | 出生时间 | 阳历 | 2007年6月26日 | |
| | 起名要求 | 宝宝起名 | | 阴历 | 2007年5月12日上午10时30分 | |

| 宝宝的出生时间对应的生辰五行为： | 丁 | 丙 | 辛 | 癸 |
|---|---|---|---|---|
| | 亥 | 午 | 卯 | 巳 |

其中包括1金、1木、4火、0土、2水，代表本人先天日元五行辛金生于午火之月，不得时令五行火之力，日元辛金得相对弱，根据《周易》平衡原理，女性以日元五行平衡为佳，五行缺土不利，起名补土对本人的健康、学业、事业、财运都非常有利。

（续前）

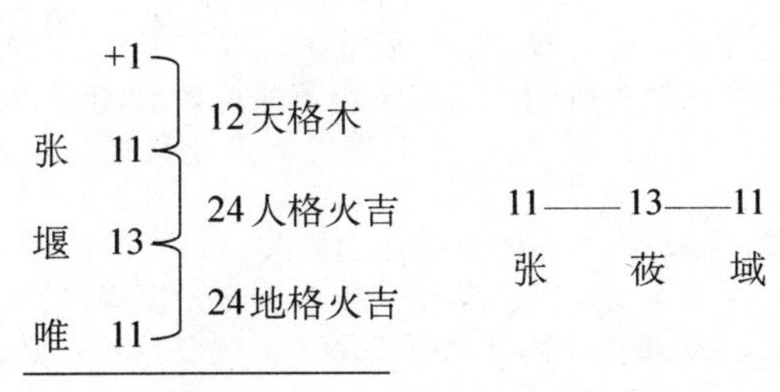


以上两名数理吉祥，符合宝宝的生辰五行，“域、堰”字形字意补土，有利于其今后的发展。符合 NIS 命名法则，音、形、意配合得当，按照普通话讲，没有不吉不雅的谐音谐意，请任意选取。筱域：暗示宝宝天真可爱，是一位有理想，有作为的人。堰唯：象征着前程美好，在事业上取得一番好的成绩，得人嘉奖和赞扬。

姓名的人格及总格对人一生的诱导作用最大：

24 数理暗示：锦绣前程，能奏大功，白手起家，财源广进。

35 数理暗示：温和平静，学智兼具，文昌技艺，成就非凡。

**家长最后选中：张筱域**

**张姓吉祥姓名例五：张鹤霏**

| 客户资料 | 父亲姓名 | 张先生 | 性别 | 女 | 出生地 | 河北石家庄市 | |
|---|---|---|---|---|---|---|---|
| | 母亲姓名 | 黄女士 | 出生时间 | 阳历 | 2010 年 6 月 1 日 13 时 50 分 | | |
| | 起名要求 | 宝宝起名 | | 阴历 | 2010 年 4 月 19 日 | | |
| 宝宝的出生时间对应的生辰五行为： | | | | 庚 | 辛 | 壬 | 丁 |
| | | | | 寅 | 巳 | 午 | 未 |

其中包括 2 金、1 木、3 火、1 土、1 水，代表本人先天日元五行壬水生于巳火之月，不得时令五行火之力，日元壬水得 2 金生之，所以日元壬水相对平衡，根据《周易》平衡原理，女性以日元五行平衡为佳，五行齐全，起名数理吉祥对宝宝的健康、学业、事业、财运都非常有利。

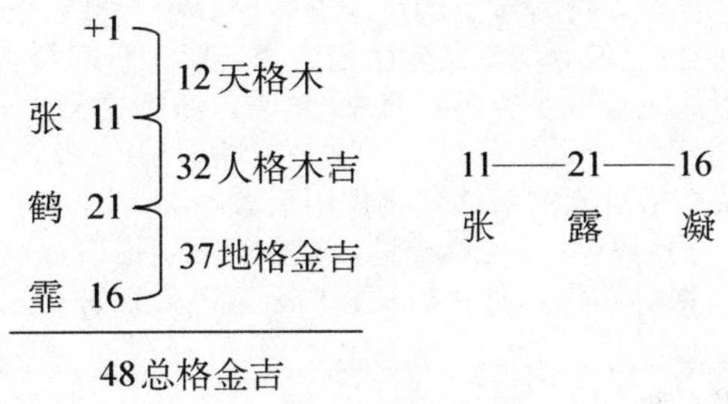

（续前）

以上两名数理吉祥，符合贵女的生辰五行，有利于其今后的发展。符合 NIS 命名法则，音、形、意配合得当，没有不吉不雅的谐音谐意，请任意选取。鹤霏：鹤 hè 鹤寿（形容人长寿）暗示心地善良，举止得体，给人留下美好的印象。露凝：略。

姓名的人格及总格对人一生的诱导作用最大：

32 数理暗示：荣幸多成，贵人得助，财帛丰裕，繁荣昌盛。

48 数理暗示：德智兼备，鹤立鸡群，量大荣达，名利双收。

**家长最后选中：张鹤霏**

**张姓吉祥姓名例六：张方昱**

| 客户资料 | 父亲姓名 | 张先生 | 性别 | 男 | 出生地 | 浙江温州市 |
|---|---|---|---|---|---|---|
| | 母亲姓名 | 赵女士 | 出生时间 | 阳历 | | |
| | 起名要求 | 宝宝改名 | | 阴历 | 2006 年 10 月 25 日下午 6 时 | |
| 宝宝的出生时间对应的生辰五行为： | | | | 丙 | 庚 | 戊 | 辛 |
| | | | | 戌 | 子 | 寅 | 酉 |

其中包括 1 水、3 金、2 土、1 木、1 火，代表本人先天日元戊土生于子水之月，不得时令五行水之力，日元戊土得 1 火生之，得一戌土之根，所以日元戊土平衡，根居《周易》平衡原理，男性以日元五行平衡或旺盛为佳，五行齐全，子月土冷，所以起名补火，有利于孩子的健康、学业、事业、婚姻、财运。

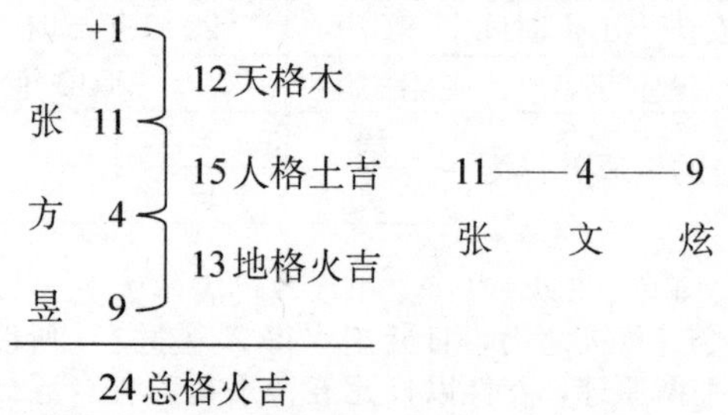


以上两名数理吉祥，符合宝宝的生辰五行，其中“昱、炫”字形字意补火，数理 13、24 五行强火，符合 NIS 命名法则，音、形、意配合得当，没有不吉不雅的谐音谐意，请任意选取。方昱：昱 yù 光明、照耀之意，“日以昱乎昼，月以昱乎夜”。暗示前程美好，吉祥富贵。文炫：略。

姓名的人格及总格对人的潜移默化作用最大：

15 数理暗示：福寿圆满，涵养雅量，立业兴家，必有成就。

24 数理暗示：锦绣前程，贵人得宠，白手起家，财源广进。

**家长最后选中：张方昱**

**张姓吉祥姓名例七：张策**

| 客户资料 | 父亲姓名 | 张先生 | 性别 | 男 | 出生地 | 浙江宁波市 | |
|---|---|---|---|---|---|---|---|
| | 母亲姓名 | 孙女士 | 出生时间 | 阳历 | | | |
| | 起名要求 | 起单名字 | | 阴历 | 2008 年正月初三 20 时 40 分 | | |
| 宝宝的出生时间对应的生辰五行为： | | | | 戊 | 甲 | 己 | 甲 |
| | | | | 子 | 寅 | 卯 | 戌 |

其中包括 1 水、0 金、3 土、4 木、0 火，代表本人先天日元已土生于寅木之月，不得时令五行木之力，日元已土得 2 土帮助，所以日元已土平衡偏弱，根居《周易》平衡原理，男性以日元五行平衡或旺盛为佳，五行缺金无妨碍，五行缺火不利，所以起名补火有利于孩子的健康、学业、事业、婚姻、财运。

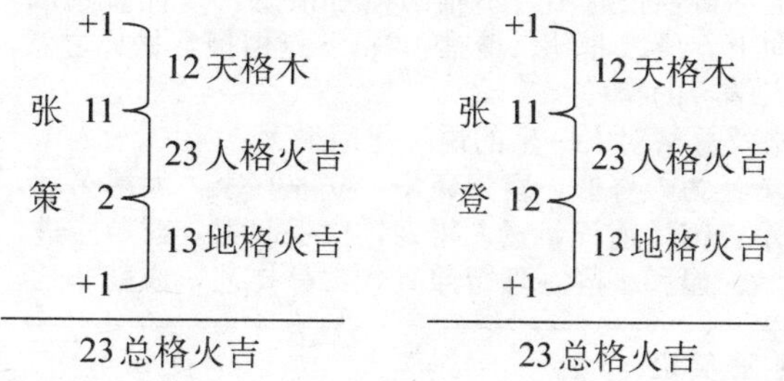


以上两名数理吉祥，符合宝宝的生辰五行，数理 23、13 五行强火，有利于其今后的发展。符合 NIS 命名法则，音、形、意配合得当，没有不吉不雅的谐音谐意，请任意选取。策：决策，有决策权的领军人才。登：永登高峰。

姓名的人格及总格对人一生的诱导作用最大：

13 数理暗示：才艺多能，智谋奇略，忍柔处事，必获大功。

23 数理暗示：旭日东升，壮丽可观，逐步进展，功名荣达。

**家长最后选中：张策**

**张姓吉祥姓名例八：张笑语**

| 客户资料 | 父亲姓名 | 张先生 | 性别 | 男 | 出生地 | 浙江杭州市 | |
|---|---|---|---|---|---|---|---|
| | 母亲姓名 | 王女士 | 出生时间 | 阳历 | 2006 年 11 月 30 日 15 时 25 分 | | |
| | 起名要求 | 宝宝起名 | | 阴历 | | | |
| 宝宝的出生时间对应的生辰五行为： | | | | 丙 | 己 | 癸 | 庚 |
| | | | | 戌 | 亥 | 亥 | 申 |

其中包括 1 火、3 水、0 木、2 金、2 土，代表本人先天日元癸水生于亥水之月，得时令五行水之力，日元癸水得 2 金生之，得 2 水帮助。所以日元癸水旺盛，根据《周易》平衡原理，男性以日元五行平衡或旺盛为佳，五行缺木不利，起名补木对宝宝今后的学业、事业、财运及成长更加有利。

（续前）

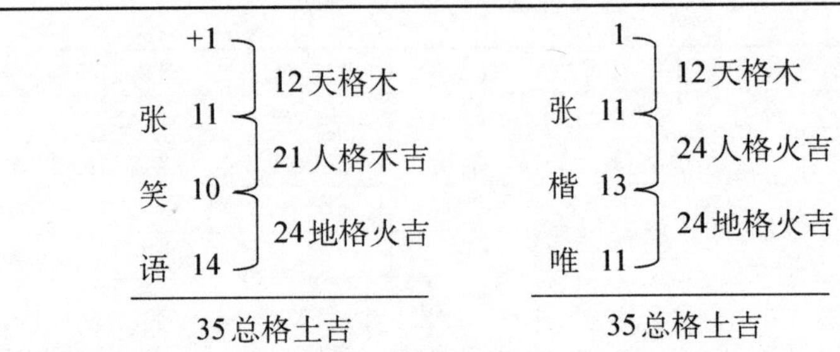


以上两名数理吉祥，符合贵子的生辰五行，其中“笑、楷”字形字意补木，数理21五行强木，有利于其今后的发展。符合NIS命名法则，音、形、意配合得当，按照普通话讲，没有不吉不雅的谐音谐意，请任意选取。笑语：暗示心态乐观，积极向上，成就非凡。楷唯：“楷”指楷模，榜样之意，暗示具有领导的风范，是众人学习的榜样。

姓名的人格及总格对人一生的诱导作用最大：

21数理暗示：为人尊仰，富贵荣华，立业兴家，大博名利。

24数理暗示：锦绣前程，贵人得宠，白手起家，财源广进。

35数理暗示：温和平静，理智兼具，文昌技艺，成就非凡。

**家长最后选中：张笑语**

**张姓吉祥姓名例九：张加润**

<table>
<tr><td rowspan="3">客户资料</td><td>父亲姓名</td><td>张先生</td><td>性别</td><td>男</td><td>出生地</td><td colspan="2">山西太原市</td></tr>
<tr><td>母亲姓名</td><td>温女士</td><td>出生时间</td><td>阳历</td><td colspan="3">2005年11月3日下午4时12分</td></tr>
<tr><td>起名要求</td><td colspan="2">宝宝起名</td><td>阴历</td><td colspan="3"></td></tr>
<tr><td colspan="4" rowspan="2">宝宝的出生时间对应的生辰五行为：</td><td>乙</td><td>丙</td><td>辛</td><td>丙</td></tr>
<tr><td>酉</td><td>戌</td><td>卯</td><td>申</td></tr>
</table>

其中包括2火、0水、2木、3金、1土，代表本人先天日元辛金生于戌土之月，不得时令五行土之力，日元辛金得2金帮助，得1土生之。所以日元辛金偏旺，根据《周易》平衡原理，男性以日元五行平衡或旺盛为佳，五行缺水不利，所以起名补水对宝宝今后的学业、事业、财运及成长更加有利。

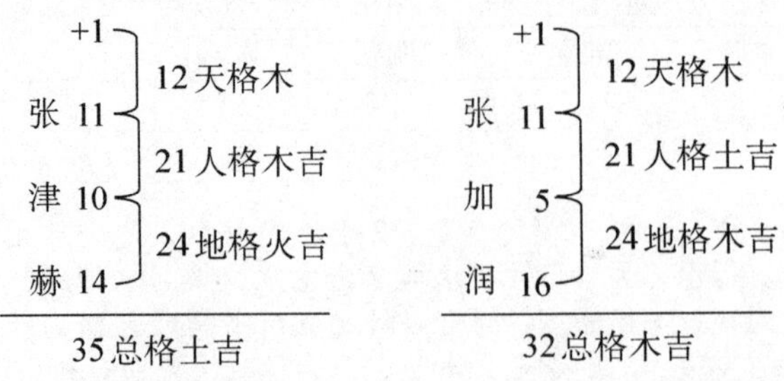

（续前）

以上两名数理吉祥，符合宝宝的生辰五行，其中“津、润”字形字意补水，有利于其今后的发展。符合 NIS 命名法则，音、形、意配合得当，按照普通话讲，没有不吉不雅的谐音谐意，请任意选取。津赫：暗示津津乐道，生活美好，有显赫的地位。加润：“润”润泽，暗示人生滋润，未来更加美好。

姓名的人格及总格对人一生的诱导作用最大：

16 数理暗示：厚德载物，安富尊荣，财官双美，功成名就。

21 数理暗示：为人尊仰，富贵荣华，立业兴家，大博名利。

32 数理暗示：荣幸多成，贵人得助，财帛丰裕，繁荣昌盛。

35 数理暗示：温和平静，理智兼具，文昌技艺，成就非凡。

**家长最后选中：张加润**

**张姓吉祥姓名例十：张汇恩**

| 客户资料 | 父亲姓名 | 略 | 性别 | 男 | 出生地 | 安徽合肥市 |
|---|---|---|---|---|---|---|
| | 母亲姓名 | 略 | 出生时间 | 阳历 | | |
| | 起名要求 | 成人改名 | | 阴历 | 1966 年 5 月初 6 早上 6 时 36 分 | |

| 您的出生时间对应的生辰五行为： | 丙 | 甲 | 甲 | 丁 |
|---|---|---|---|---|
| | 午 | 午 | 寅 | 卯 |

其中包括 0 土、0 金、4 木、0 水、4 火，根据《周易》平衡原理，代表本人先天日元五行甲木生于午火之月，天热木燥，用水调候，利本人婚姻、事业、财运的发展。

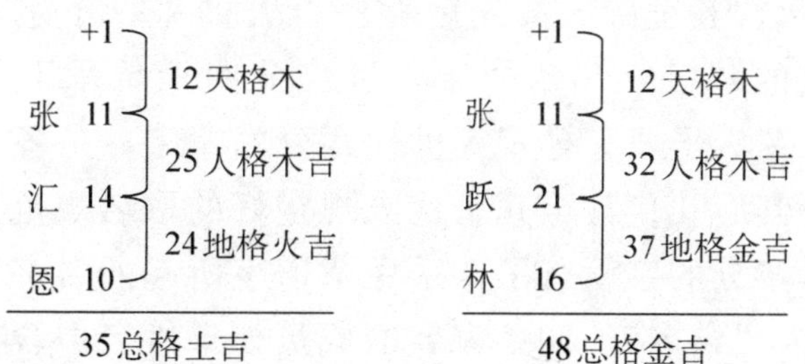


以上两名数理吉祥，符合您的生辰五行，其中“汇、霖”字形字意补水，各名有利于其今后的发展，符合 NIS 命名法则，音、形、意配合得当，没有不吉不雅的谐音谐意，请任意选取。汇恩：汇集才能，知恩图报。跃霖：“霖”甘霖，暗示技艺精湛，取得雨后甘霖，飞跃发展。

姓名的人格及总格对人的潜移默化作用最大：

25 数理暗示：资性灵敏，才能奇特，诚信和气，自成大业。

32 数理暗示：荣幸多成，贵人得助，财帛丰裕，繁荣昌盛。

35 数理暗示：温和平静，理智兼具，文昌技艺，成就非凡。

48 数理暗示：德智兼备，鹤立鸡群，量大荣达，名利双收。

**本人最后选中：张汇恩**

# 风 俗 篇

## 辈字入名

辈字，又称昭穆、派字、行派、派序、派语、班次（班列的次序），用来表明同宗家族世系血缘远近以及辈分关系。家谱中的辈字对于理顺整个家族或家庭的血缘关系，具有十分奇妙的无可替代的作用。同一家族的人，只要知道到对方的名字，就清楚对方和自己的关系。

百家姓中的辈分排行有序，用字讲究，为了便于记诵，这些辈分字都编成诗歌、对联。例如，清代光绪《陇西郡李氏族谱》列李观脉派班次为："绍祖隆先泽，道德传家良；学士登魁首，荣华万载香"；"光宗思继述，世代发籍长；久远绵祖德，永赖振纲常"。这两首五言诗，按先后顺序拆开的每一个字，就是李观后裔每一代的辈字，一辈一字，世代分明地传承下去，不致紊乱。表示父辈、子辈、孙辈等世代辈分的辈字，是各家族的先祖在生前就为其后几代甚至几十代人规定好的取名规范用字，起名时加上表示辈分的字就行了。采用辈谱字所起的名字称为"辈分名"，又称为"谱名"。同一家族的成员如果姓名中含有相同的辈分字，则必定是同辈人。

用表示排行的辈分字起名是中国历史上影响巨大、范围广泛、时间久远的民俗，上从皇室家族，下至黎民百姓，甚至和尚道士都有此讲究。宋以后，尤其明清，辈分字命名法最盛行。至今，从农村族谱中可看出这一现象。

辈分字起名法萌芽于汉朝末期，形成于南北朝时代，唐朝以后就逐渐盛行起来。汉末刘表有二个儿子，分别叫刘琦和刘琮，兄弟二人的名字都以"玉"字为偏旁，体现了两者的统一性。这是中国早期的带有辈分特征的名字。在南北朝时代，一些帝王家族普遍使用辈分字起名，如：宋武帝刘裕有七个儿子，名字分别是义符、义隆、义真、义康、义恭、义宣、义季，把"义"字作为共用字，表示辈分；梁武帝有八个儿子，名字分别是续、综、统、纲、绩、纶、绎、纪，都含有偏旁"纟"。到宋朝，制订辈分字习俗已成为制度，此时，辈分字不再是由父辈临时为儿辈确定，而是规范了家族辈分字，即由家族统一为后来的世世代代规定好辈分字，当家族的一代新生儿出世后，就对号入座按照规定的辈分字起名。如宋太祖赵匡胤为家族后人规定了十三代辈分字：德、惟、从、世、令、子、伯、师、希、与、孟、由、宜，也就是说，赵匡胤儿子辈的姓名中必须含有"德"字，孙子辈的姓名中必须含有"惟"字，依次类推。赵匡胤的用意是从他这一代人开始，以"匡"为辈，加上上面的 13 个辈分字，恰好是一幅字辈对联：

匡德惟从世令子

伯师希与孟由宜

可见，字辈谱并非随意编写的，它们或由一首诗组成，或是一句含义深刻的话，或是一副对仗工巧的对联，每个字代表一代人，表达了一个家族或家庭的理念，以寄托先祖对本家族的愿望。

字辈谱最完整、最有代表性的就是被历代帝王奉为"圣人"的孔子家族。孔子后代的字辈谱是中国历史上辈分延续时间最长、包罗内容最丰富的字谱，以一首五言诗表述如下：

希言公彦承，宏闻贞尚衍。
兴毓传继广，昭先庆繁祥。
令德维垂佑，钦绍念显扬。
建道敦安定，懋修肇益常。
裕文焕景瑞，永锡世绪昌。

宋太祖赵匡胤首先给孔子后代钦赐辈字："希言公彦承，宏闻贞尚衍"。明代万历神宗朱翊钧钦赐"兴毓传继广，昭先庆繁祥"这十代辈字。清朝咸丰皇帝钦赐"令德维垂佑，钦绍念显扬"。1774 年，乾隆皇帝非常尊敬孔子，又给孔子后裔重赐了从 66 代到 85 代的三十字辈：希言公彦承，宏闻贞尚衍。兴毓传继广，昭先庆繁祥。令德维垂佑，钦绍念显扬。1920年，孔子的第76代人孔令贻又在这三十个字后续修了二十个辈字，并经北洋军阀政府内务部加盖印章批准遵照执行：建道敦安定，懋修肇益常，裕文焕景瑞，永锡世绪昌。

根据以上排列辈分，如果我们看到孔子的后裔的姓名中间的字，就可推算出其辈分。如全国政协委员中有孔祥祯、孔令明、孔德懋，看其族谱辈字就可以知道前2人是孔子的75、76代孙，后一人是孔子77代孙。

清王朝从康熙皇帝开始皇室成员采用辈谱字取名。清朝皇室成员姓氏都是“爱新觉罗”，在满语里，“爱新”是“金”的意思。满族人入主中原建立清朝后，他们的姓氏并没有改，但名字起的全是汉名。比如康熙皇帝的姓名：爱新觉罗·玄烨，玄烨就是他的名字，“玄烨”在汉语里是非常宏大光辉的意思。康熙皇帝开始按字辈命名，不仅规定了必用字，而且规定了第二字的偏旁，雍正皇帝是康熙的第四子，起名叫胤禛。雍正这辈兄弟的第一字皆用“胤”字，第二字必须是带“示”旁的字，如胤禛、胤祺、胤祯等。乾隆皇帝起名叫弘历，乾隆这辈兄弟的第一字皆用“弘”字，第二字必须用“日”旁的汉字。乾隆规定在“弘”辈以下选用“永、绵、奕、载”四字作为取名辈字。道光皇帝的名字为旻宁，道光又在“载”之后亲定“溥、毓、恒、启”四代辈字。咸丰皇帝又在“启”字辈下补充“焘、屹、增、祺”四字为辈字。因此清朝皇室从雍正辈起，取名用字的顺序是：胤、弘、永、绵、奕、载、溥、毓、恒、启、焘、增、祺。到了末代皇帝溥仪的“溥”字辈，清王朝就被推翻了，爱新觉罗氏以后取名有的还使用这些辈字。

以辈字起名，有的家族把辈分字放在姓名中间，也有的把辈分字放在姓名的最后；还有的家族上代辈字在前，下代辈字在后，再下代人起名又把辈字放前。如某家族“万”字辈下是“民”字辈，万字辈的人起名：万明、万全、万方等；民字辈的人起名：维民、海民、兴民等。还有的一代双名，一代单名，单名以偏旁相连，循环反复，延续下去。

关于张姓辈分字介绍如下：

安徽省寿县张氏从第63代开始的字辈谱为：

志廷昌世传，
应远芳兰贵，
诚实罗益生，
荣华多仁义，
安康道德明。

安徽省临泉县张氏先祖字辈谱按金、水、木、火、土五行运转的顺序编制，五代辈字五行一循环，已经百年，因家族人多，后代已经到了第七辈，往下排辈有些混乱。于是，临泉县张氏1992年3月19日重修家谱时，在祖先所定辈分字基础上，补加上一个五行运转，十代辈字五行一个大循环，世代有序，永不紊乱。此次重修字辈谱的指导原则：以“金水木火土永世传家宝”十个字开头，新修七言字辈谱如下：

金银铜铁锐锋剑
江淮汝汉泽浩源
东林桂荣格彬栋
光灿焕然煜杰炎
幸坤城基坚增喜
永久万古正义延
世大宇广智慧聪
传宗仁爱五行转
家有礼德福禄寿
宝玉珍珠信诚垒

荆湘地区的张氏也进行了一次史无前例的大联宗，制订了名叫“清河流芳”的五言新辈谱如下：

碧海金龙跃
青山彩凤翔
荆湘谋伟举
俊杰建辉煌

这首新辈谱的大意是：金龙之所以跳跃，凤凰之所以飞翔，是因为荆湘张氏在谋求宏伟的壮举，俊杰在创建辉煌的业绩！

清光绪年间张允选等修《张氏族谱》载山东黄县张氏辈字：“基业可久，名望堂昭，衍庆为志，肇锡永超。”

张绶青刊修《张氏族谱》载江苏润城张姓辈分字：“好学用典，有文斯远，积庆之家，儒宗以衍，运际昌明，时乘光显。”

1935 年张勉西所修《张氏族谱》载广西桂林张姓辈字：“增其心性学，器宇自温纯，积厚垂麻远，国恩申锡频。”

河南潢川张姓一支辈字：“有国文学重，安帮德化生，思书继世新，忠后传家远。”

肃清张氏思本堂字辈：“淮荣耀经镛润柏烨埠鐙嵩达尊文铨治桂烽培鈺国宏奇经镛润柏烽埠鐙书洵傅家宝诗诚淑世文林凤成祥铭沛森炎埈钟贤良安宪钧沅槐炳塏录”。续增十六字三十一世起：“燕翼祇庸谦恭廉刚毅嘉惠悦和”。

六都张氏忠努堂字辈：“祖本力田傅以忠厚代有正人用克垂久”。泾川张氏字辈：“懋守臣子道本元思有继克尚光宗祖国士文世正”。

清河张氏馀庆堂字辈：“基布星胪孙枝衍庆永振鸿图”。如皋东马庄张氏禄宜堂字辈：“大宗乃敦笃毓秀必诗书常守同居训其昌占庆馀”。

湖南浏阳金冈段张氏字辈：“庆清公勝士光国永世昌宗德延先泽人文啓瑞祥纯儒钦佐运动业耀铭常孝友傅家政忠良万代扬”。

长沙坳上张氏字辈：“献光王国声名远孝友傅家世泽延”，新增宗派：“肇锡宏庆翊赞昌明振志宣定应运维新”。

张氏都会堂字辈：“道善卿明隆积相良才庆文际德荣光会显昌绍芳承启依诗先后述书昭应贻衍谟祯谋绪烈祥永长”。

张氏字辈：“坦任承先椠行仁裕后昆光明君子泽忠孝圣贤根”，清光绪年复定宗派：“坦任承先椠行仁启世昌传家崇德礼华国进贤良”。

张氏孝友堂字辈：“国正治朝万事学道本在其中运泰有兆愿复克家滋大长保”。

张氏一支字辈："元和承世澤方正兆家與忠厚先人積經綸大道存"。

丹徒张氏字辈："崇祖承芳远傅家衍绪繁"。

姚江三墙张氏树德堂字辈："添大亚禾万常斌遇小宗敬震凤鸣高科锡汝景福積善承庆孝友忠良宽厚诚正仕讓中和克念作聖"。

张氏应西公支系字辈："功高泽沛隆忠厚传家永培德福寿增继织承先志世代阴华云"。

高峰张氏字辈："硕德开宗云仍亿万永忠贞和孝友祥发长元仲仕义礼智偕煴良恭俭一伯嘉文廷甲希继世英贤教大伦昌隆承祖远辅佐显能臣正学邦家道君明啟后熏"。

靖江张氏字辈："永言孝义照明嗣服肇应昌期业宏丕绩翊宣文华显杨□*德启后承先同心敬述"。

灵岩张氏百忍堂字辈："斌助鑰茂士贤良仁义礼智孝悌忠信"，新定排行："敬祖敦宗崇儒希圣学粹经明福绥位至德咸孚邦国朝观而业聿昭其聲远振慎守贻谋万年鼎盛"。

新坪塘张氏字辈："肇明元德永振起世家聲孝友承先泽文华显国英"。

清河张氏崇本堂字辈："寿迓栗煜早仲求恒节枢沂暹福勇熏昭云俭级煩仍旻絥烈凤纲絪绿笔宏基典"。

绵西张氏字辈："国正崇文学安邦本德能永怀先世泽绍述定昌荣"。女班行："兰秀芳徵茂萬柔淑質延英华聪慧至礼范端荘全"。

上湘张氏金鑑堂字辈："安邦宗道学耀祖肇湘湖盛绍千秋鑑通才式敬夫迪光敦礼义笃庆富名儒仁德傅良训书香定远谟"。

张氏通派字辈："德茂光先祖良贻在克家殷勤敦宾务谦厚发菁华绂冕芬微圭璋品诣嘉席珍留待聘掞藻燦云霞。"

张氏孝友堂字辈："膺正世大光明显曜承绍人文永昭宗道"，新增派语："建立功言进修德业恢振先声蔚启英哲"。

宁乡官山张氏字辈："德茂光先祖良贻在克家殷勤敦实务谦厚发菁华绂冕芬徽卺圭璋品诣嘉席珍留待聘掞藻灿雲霞"。

江西赣洲张氏字辈："正元高国福玉定志用金顺茂盛昌忠信永

* 因姓氏古家谱在保存过程中发生自然的损坏，所以家谱中辨不清的辈谱字以"□"形式代替。——编者注

有光学士攀龙凤贤才振纪刚仁义为珍宝诗书作栋梁祖宗恩德积科甲傅名扬”。

湘西学士张氏希贤堂字辈：原定派语：“齐家汉国起文仕邦”，续定派语：“光明正大孝友忠良”，再续派语：“克承先志远绍书香”。

张氏桂公孝友堂字辈：本宗旧谱派语：“天道益世达廷广时文应之善良。”七英后裔合派语：“英裔傅合美珂里步前修第峻齐標甲恩纶福泽悠振绳峥大业孝友绍先猷光裕崇儒定家声永作求。”宣公后裔通谱派语：“德茂光先祖良贻在克家殷勤敦务实谦厚发菁华绂冕芬馓theorem圭璋品谊嘉席珍留待聘掞藻燦雲霞。”

洋湖张氏清河堂字辈：“开国忠为上承家孝在先立基图远大积德自绵延”。

张氏孝友堂字辈：老派语：“譽正世大光明显曜承绍人文永昭宗道”，新增派语：“建立功言进修德业恢振先声蔚啓英哲”。

官塘张氏字辈：“德茂光先祖良贻在克家殷勤敦实务谦厚么菁华绂冕芬徽쯤圭璋品诣嘉席珍留待聘掞藻燦雲霞”。

张氏金镶堂字辈：“仁讓敦古道雍和受以庄金玉曰君子冈陵永尔康经纬才能超利贞位育安春萱同茂盛兰桂奕芬芳荣华徵九如仁宧有书香左右清昭穆动臣邦国扬”，派行古风：“化雲腾上吴承先绍启宗仲兴山诒远永廷应万崇日振昌英俊贤声继祖功”，五修派行：“传家惟诗礼抡秀良与忠積善恩光大庆馀福自通德泽宜皆学作求泰常逢”。

城南张氏孝友堂字辈：旧派语：“寿彦子添瑄志必玉春以问明开国正德茂光先祖”，咸丰三年族先酌颁新派：“傅家尊理学辅世重经纶孝友兼名节儒风百代新”，通谱合派：“德茂光先祖长贻在克家殷勤敦宝务谦厚发菁华纹冕芬徽쯤圭璋品谊嘉席珍晋待聘掞藻燦雲霞”。

江西上饶张氏玉海堂字辈：讳行字派：“文武成康烈从周儒雅诗书诏令德孝友启新献华国重良弼光天钦远谋芳声延祖泽维与勤家修”，行派：“宗支蕃衍盛元亨利贞祥富贵荣华显斯庆绵长棠棣联芳秀贤圣伦蒸当圭璋含辉耀翰学拜明堂源流恢先绪奕翼后厥昌克昭家声振万古姓名香”。

张氏清河堂字辈：原派："木火土金水仁义礼智信恭從明聪睿肃又哲谋圣"，三修续派："明孝友作则存忠厚为良裕德才宏显培基泽远长"，芝蔴湾原派："文应光宗国士正天心顺官清大学永"，七里砎原派："先宾联孝国正天心顺官清大学永"，四修族谱续派："友作述显忠良德泽傳家远诗书守世长"。

湖南益阳张氏金镶堂字辈："大宝时国日万正仕祈芳和世家声远千秋学业长承宗敦孝友应题啟文光基植先培本源开永发祥"。

张氏孝友堂字辈："化云腾上昊承先绍啓宗仲兴山诒远永庭应万崇日振昌英俊贤垢继祖功文运开世兆科元定显隆傅家惟孝友佐国本纯忠德业辉金鼎规模大嶽嵩"。

张氏金鑑堂老派字辈："景远荣华起金玉满堂兴国正天心顺官清民德纯"，新派字辈："喜庆昇平世洪恩合大开從修家道盛绍泽显英才"。

张氏惠和堂字辈：原派语："万世傅宗谱闻铎思绍先正文学圣训禄享沐君恩"，续派语："功高标鼎石品卓冠贤金玉家声振铭经祖德延"，新派语："绳武开基业英嗣百代昌温恭敦孝友积厚允流芳"，通派语："德茂光先祖良贻在克家殷勤敦实务谦厚发菁华绂冕芬徽匕圭璋品诣嘉席珍留待聘掞藻灿雲霞"。

湖南平江张氏敦本堂字辈："白泉公立派添志必文天朝尚池仁承"，福積公立派："汉道丹玉单大本汝兴兴臣"，丙申重修字派："礼乐光昭远诗书发泽长于今登一本世代显而昌"，丙申重修字派、己未重修派同："礼乐光青阳诗书发泽长雨铭传道德百忍肃家常业以千秋著名因万選芳雲礽绵世德奕叶自辉煌"，己丑重修字派："礼乐光青阳诗书发泽长传家原孝友立品在端方"。

湖南益阳张氏孝文堂字辈：旧派："富标瑞世贵显都京唐宋廷秀元明尚应"，新派："克让光尧代允恭裕舜朝中天开景运盛德自宣昭"。

湖南长沙张氏字辈："学圣光前泽名成啟嗣芳道德隆家永邦国庆安康"。

江西兴国张氏字辈："光大世德庆朝思锡育功光大碧玉显贤声继祖瑞協文明兆福徵景运隆傅家惟诗礼垂训在孝忠涵养期宽厚经书

求广通尧舜作模范唐虞乐相逢积善祥长发富贵益盈丰”。

浙江嵊县剡西富润张氏字辈：“奠居富润肇自从宜瑞开灵鹤乃建洪基后人蔚起先泽永垂”，新行：“奠居富润肇人宜瑞开灵鹤乃建洪基后人蔚起先泽永垂”。

## 亲子连名

一个家族内不同代的人名中都含有一个共同的字，这就是亲子连名。

旧时对当朝皇帝及其祖先的名字都要避讳，既不能写，又不能叫，万不得已遇到它，都要用另字替代，或是读成别音，这就是“国讳”。比如：司马迁写《史记·宋微子世家》时，开头就这样记：“微子开者，殷帝乙之首子而帝纣之庶兄也。”微子的名本来叫启，司马迁把“启”写作“开”的原因，是避讳汉景帝刘启的名。再如中秋节时大家必会想起的美女嫦娥，其名本叫姮娥，因汉文帝名叫刘恒，便避讳成现在的叫法了。受此“国讳”影响，也出现了“家讳”，晚辈不能用长辈的名字。但是“家讳”没有那么严格，古今都有子孙的名字含有爷爷或父亲的名字中的一个字，如周厉王名“胡”，其后周僖王名“胡齐”；周穆王名“满”，到周襄王时，《国语·周语》和《通志·氏族略》记载周襄王的儿子、周顷王之孙的名也叫满，被称为王孙满；原国务院总理李鹏，其子李小鹏；毛泽东的外孙女孔东梅（其母亲是毛泽东长女李敏，父亲是孔从洲将军之子孔令华）和他一样下巴长了一颗痣。1972 年毛泽东看到李敏刚生的孩子照片，给她取名“东梅”，“东”是他名字里的一个字，“梅”又是他的平生最爱的植物。

中国人取名字不讲避讳的例子也很多，东晋书法家王羲之家族就采用父子孙连名方式命名，儿孙们的名字中大都含有“之”字，如五个儿子分别叫王玄之、王凝之、王徽之、王操之、王献之；孙子中有王桢之、王宣之、王静之，曾孙王冀之，直至王羲之的 10 世孙王熊之。进一步查证，琅琊（今山东临沂）王氏至少在十代内都有含“之”的人名，根本不讲避讳。不只如此，在魏晋南北朝时期，除了王氏几代共用“之”字入名，当时琅琊的颜氏、范阳的祖氏、东海的徐氏、山东的孔氏、河间的褚氏、陈留的阮氏、南阳的范氏等有名的家族，也都出现了父子名字共用“之”、祖孙名字同用“之”、兄弟名字同用“之”的现象。可见，“之”在名字中特别受青睐，地位高者，权力大者，特别是当时的显贵士人，名字里往往都带一个“之”字，似乎是当时精英人士的标志和荣耀。如为《三国志》作注的南朝宋人斐松之、东晋时著名将领刘牢之、北魏著名道士寇谦之，这些人的名字里都未离开“之”。晋代的皇族对“之”字也情有独钟，如晋宣帝的弟弟、安平献王叫司马孚之，儿子、汝南王叫司马亮之，后代还有司马景之、司马昙之等。

喜欢在名字中用“之”字，成为魏晋时期人名的最大特色，此风气影响到了后世的起名，甚至在今天，效尤者亦多。

不但汉族有亲子连名的习俗，我国少数民族如蒙古族、苗族、彝族、高山族、哈尼族、景颇族、纳西族、佤族也流传着比较原始的“口传亲子连名”习俗，这种亲子连名制也能表示辈分，据张联芳主编《中国人的姓名》介绍，景颇族的父子连名就是在子辈的名字上冠以父名的末一个或两个字，如景颇族荣姓某家 33 代的姓名分别是：毛母伦→母伦贡→贡麻布→布阿昌→昌佐标→佐标得→得木荣→木荣飘→飘碧央→央伦勒→勒等遮→遮刚佑→刚佑九→九冲车→冲车约→约奥钉→钉洛峨→洛峨张→张鲍→鲍奴→奴佣→佣登→登陆→陆格→格程→程六→六仲→仲崩→崩昌→昌克→克姜→姜宗→宗烧。景颇族的连名制是把父名作为子名的首字放在前面，还有相反的情况，即把父名放在子名的后面，佤族即采取这种方式，如西盟马散艾拉特家人的连名谱系是：普依其司岗→良普依其→康良→希勒里连姆康→尼希勒→格罗姆尼→怪格罗姆→格洛怪→勒格洛→坎勒→孟坎→苦特孟→克勒苦特→炎克勒……维吾尔族也采取这种方式，如卡迪尔·艾山→吐尔逊·卡迪尔→马木提·吐尔逊……学术界称前一种方式为前连型亲子名，后一种方式为后连型亲子名。由于口传连名谱中的字数是有限的，因此，随着人口的增加，就不可避免地会出现重名现象。高山族的人们为解决这一问题，就根据重名者的一些显著特征给他们加上不同的外号，如“舒拉”（大地之意思），加上外号就有了胖子舒拉、大个儿舒拉、黑舒拉等等，这也给高山族的姓名增添了不少情趣。

## 生肖星座

十二生肖，是由十一种源于自然界的动物即鼠、牛、虎、兔、蛇、马、羊、猴、鸡、狗、猪以及传说中的龙所组成，用于纪年，顺序排列为子鼠、丑牛、寅虎、卯兔、辰龙、巳蛇、午马、未羊、申猴、酉鸡、戌狗、亥猪。虽然十二生肖是中国传统的民俗，但在越南、印度、埃及、墨西哥、欧洲多个国家和民族也广泛使用十二生肖。中国有许多诗人写有描绘十二生肖的诗词。中国人往往以十二生肖中的动物来比喻人的性格、特征、习性等。

中国古代星座的成就要比西方早，中国人说三垣 28 宿，把天上星座分成三大块 28 类，而不是只有西方的 12 星座。本节介绍的是占星学中的 12 星座。十二星座即黄道十二宫，是占星学描述太阳在天球上经过黄道的十二个区域，包括白羊座、金牛座、双子座、巨蟹座、狮子座、处女座、天秤座、天蝎座、射手座、摩羯座、水瓶座、双鱼座，虽然蛇夫座也被黄道经过，但不属占星学所使用的黄道十二宫之列，在占星学的黄道十二宫定义只是指在黄道带上十二个均分的区域，不同于天文学上的黄道星座。而经国际天文学联合会在 1928 年规范星座边界后，黄道中共有 13 个星座。十二星座代表了 12 种基本性格原型，一个人出生时，各星体落入黄道上的位置，正是反映一个人的先天性格、天赋及行为的表现的方式。

根据占星学说，各个星座与人的各方面有对应关系如下：

12 星座的时间每年都有 1～2 天的差异，划分星座的关键是节气。比如，水瓶星座与双鱼星座的分界是雨水，只要使用精确的万年历，查到雨水的时刻就可以区分了。

| 星座 | 人生阶段 | 人体部位 | 性格特征 |
|---|---|---|---|
| 白羊座 | 婴儿 | 头 | 勇气、斗志、好胜 |
| 金牛座 | 幼儿 | 颈 喉咙 | 谨慎、温和、务实 |
| 双子座 | 儿童 | 手 臂 肩 肺 | 机智、善变、好奇心旺盛 |
| 巨蟹座 | 少年 | 胸胃 | 敏感、情绪化、外刚内柔 |
| 狮子座 | 青年 | 脊椎 心脏 | 慷慨、霸气、自尊心强 |
| 处女座 | 青年 | 肠 神经系统 | 镇静、善辩、完美主义 |
| 天秤座 | 成年 | 下背 臀 肾脏 | 自恋、追求公平 |
| 天蝎座 | 成年 | 生殖器官 | 神秘、爱恨分明、占有欲强 |
| 射手座 | 壮年 | 大腿 | 乐观、诚实、爱冒险 |
| 摩羯座 | 老年 | 骨头关节、膝盖 | 意志坚强、专注力高、勇敢 |
| 水瓶座 | 重生 | 小腿 | 睿智、独立、叛逆 |
| 双鱼座 | 灵魂 | 足踝 脚掌 | 浪漫、富同情心、不切实际、优柔寡断 |

占星学中的星座如下：

| | |
|---|---|
| 白羊座 | 3月21日—4月19日 |
| 金牛座 | 4月20日—5月20日 |
| 双子座 | 5月21日—6月21日 |
| 巨蟹座 | 6月22日—7月22日 |
| 狮子座 | 7月23日—8月22日 |
| 处女座 | 8月23日—9月22日 |
| 天秤座 | 9月23日—10月23日 |
| 天蝎座 | 10月24日—11月22日 |
| 射手座 | 11月23日—12月21日 |
| 摩羯座 | 12月22日—翌年1月19日 |
| 水瓶座 | 1月20日—2月18日 |
| 双鱼座 | 2月19日—3月20日 |

不同星座与不同生肖的组合搭配会产生不同的人生信息，以下是一些生肖与星座组合反映的人生信息，仅供休闲参考，不可硬性对号入座：

山羊座（摩羯座）：12 月 22 日—1 月 19 日出生的人

鼠：性格上显得犹豫不决，经常自我怀疑。感情丰富，思考能力很强，好幻想，事业上需要与一位十分亲近的人合作。

牛：本性纯良，易与人相处。对演艺音乐兴趣浓厚，可出成就。请注意把握方向，人生若无目标，便是浪迹天涯。

虎：性格敏感，情绪不稳，刚愎自用，是一个自我主义者。对家庭尽心尽职，在工作上聪明又勤奋，勇于面对各种困难。

兔：生性活泼，充满精力又相当时髦。喜欢缠绵的爱并极富爱心，在事业上颇具野心，适合从事文学、律师、经济等职业。

龙：性情漂浮不定，对于可能发生的失败及错误过分忧虑，在交际方面极舍得花钱。应注意自觉地多训练自己的戒备之心。

蛇：本性宽容对人，人缘极佳，是个利他主义者。在生活和工作上做事较啰嗦，害怕孤独，任何情况下总喜欢找个伴儿。

马：克服困难的超然能力，将使其取得一般人不敢想象的成就，具有改造世界的强烈欲望，说话尖刻很难与他人相处。

羊：虽缺少领导才能，但是一个极棒的合作伙伴或下属，做事需要得到周围人的经常激励，否则会突然松懈下来而功败垂成。

猴：个性风趣、幽默，模仿能力强，常在生活中孤芳自赏，难以承受失败的打击。特别适合从事演员、作家或老师的工作。

鸡：并非最可信，却是最可爱的人。为人慷慨大方，善于恭维别人，尤其是其倾慕的异性，很会掩饰，要求别人绝对的坦诚。

狗：表面冷淡而高傲，善于掩饰内心的痛苦，交际广泛并一表人才，易招致他人妒忌，能言善道，适合从政、做律师。人生追求自由独立，喜欢旅游。

猪：善于安排生活，精于享受，社交活跃。有时固执己见，竞争感强，十分自信，在事业方面会有伟大的成就。

水瓶座：1 月 20 日—2 月 18 日出生的人

鼠：个性敏感、活力无穷，对困难的承受能力强。为人稍嫌显暴，不易与朋友相处，对爱情喜欢坦诚相待，有时表现得热情大方，有时却冷若冰霜。

牛：耐性较差，活泼好动。常因控制不住自己的购买欲望而欠债甚多，为人慷慨且乐于助人。

虎：助人、开导是其最大的优点，懂得为自己选择一条正确的人生道路，喜欢思考，做事有条不紊，能给他人以绝对安全感。

兔：生性乐天无忧，好自我炫耀。寻求稳定的婚姻。喜欢结交新的朋友，但在交往时又较保守。为了乐趣而积聚众多的知识。

龙：个性柔顺、唠叨，处理事情有极高的技巧。男士会用毕生的精力去争取社会地位，女性则可能把时间都花在交际上。

蛇：喜欢恶语伤人，时常与人对立，人缘较差。做事追求利益，否则会半途而废。婚姻上大多数较晚。渴望在法律上有所成就。

马：人生以事业第一，但较为缺乏耐性，不太善于以言辞来表达自己的想法，看待事情十分固执，在受到太大压力时易退缩。

羊：志向远大，直觉强，有灵感，能够预测未来。在事业上靠汲取别人的经验和运气取得成功。

猴：行动敏捷，有哲学家的思想，善于享受，大多数不喜欢勤劳的工作。性情比较反复无常，做事有计划且精于理财。

鸡：积极致力于事业，如能自律，则会获益无穷，能吸取教训，适合外交、演说家及文字工作等职业。注意保持自己情绪稳定。

狗：做事谨慎而稳健，行动积极，但太过于苛求别人，为人讲信誉，身边有许多患难与共的知心朋友。

猪：性格孤僻，文人气浓厚，任性且又反复无常，依赖心较重，对困难的承受能力弱，虽有无比的潜力，但不知怎样去发挥。

**双鱼座：2月19日—3月20日出生的人**

鼠：性格聪慧、谨慎并且有良好的口才，喜欢物质享受，对人情义理比较看重，爱情观比较自私、任性，工作上依赖性强，是个好的合作者。

牛：有勇气、想象丰富并且善良。好冲动而使远大计划遭致破坏；在情感上颇为执着，在艺术方面有相当成就。

虎：生性善良、敏感及富有冒险精神，善于解决矛盾。追求炽热、刺激的爱，对爱情充满好奇心。工作上注意不要恃才自傲而导致失败。

兔：生性谨慎、沉默、内向。追求理智与秩序，不善社交，远离时尚与流行。在爱情上是天生的浪漫者，要求伴侣太过于完美，以致结婚较晚。

龙：性格敏感，为人亲切、活泼，做事勤奋。在爱情上很易被他人的温柔所感动，以至全心投入。工作上因拥有很高的天赋，会有较大成就。

蛇：性格善良、敏感、有礼貌，爱情上缺乏实际行动，往往错过许多机会而遗憾不止。在工作上是个机会主义者。

马：有一颗善良的心，有着天性仅存的纯真。在爱情上是个完美主义者，奢求永恒不变的爱情。在工作上虽具才华，但因行动不力而无大成。

羊：性格内向、善良并多愁善感。在感情上表现出神秘感，不愿受到情感的约束。工作思想不稳定，如能得到长辈的辅助，则可能有一定的成就。

猴：对人友善、有礼，颇具创造力，适应能力非常强，故常常能败中求胜。爱情观比较独立，喜欢被人依赖，对家庭绝对认真负责。

鸡：诚恳、友善及富有冒险精神。在工作上极有自信心。对爱情不太主动，往往因此失去时机，不过对每段感情都极其真诚。

狗：温柔有礼，乐于助人，值得依赖，对恋人体贴、细致而宽容。工作时认真严谨，但娱乐时则十分尽情。

猪：为人友善，好奇心重，喜欢受到外界的关怀。在爱情上因为不主动出击，而痛失良机，但在工作上敏捷地抓住机会，取得辉煌的成果。

**白羊座（牧羊座）：3月21日—4月19日出生的人**

鼠：性格倔强、固执，乐于助人，对事业、爱情十分执着。但自满使其事业进展迟缓，行动不力会使在爱情上错失机会。

牛：性格积极、聪敏及观察力强，表现沉默、内向，但亦不失机灵幽默，极易为异性所吸引。搞好人际关系，能帮助其事业有成。

虎：心性善良，乃性情中人。对爱异常地投入，亦非常地真诚。在工作上极有才华及勇气，对事情如能冷静处理则事业有成。

兔：性格优雅，充满智慧，一生中追求优雅美丽与文化气息浓厚的事物，在感情中并非绝对诚实，从不愿卷入情感纠纷之中。

龙：性格善良，为人敏感并颇有勇气，在生活中如能改掉脾气暴躁的缺点，人缘就会好转。爱情上可谓好事多磨，工作上勇于克服困难。

蛇：具有双重性格，行为颇令人费解。一方面追求此生不渝的爱，另一方面又害怕被婚姻的枷锁管束，让恋人无所适从。工作上如能与同事处理好关系，就会在商界中创造出一番事业。

马：性格较为暴躁，对爱情太过投入会使结果适得其反。虽具有领导者的才华，但请注意自己形象的树立，否则会功亏一篑。

羊：性格善良、礼貌、柔顺、文雅。因不善于表达情感而使恋人觉得其太贫乏，因拿不定主意易出现三角恋。工作上倒是十分地沉着、冷静。

猴：性格坚强、有勇气，是个善用心计、城府较深的人。因善解人意而使恋爱历程总是一帆风顺。工作上只要做到谦虚为好，成就往往是很大的。

鸡：机智、敏捷、伶俐、口才极佳。喜爱忙碌、自由的生活，渴望受到重视与信任，结婚比较晚。

狗：处事冷静，能在逆境中保持不败之身，爱情上懂得适当地给予和接受，故颇得恋人的倾心。

猪：性格固执、善良，喜欢冒险，虽才华横溢，但处事好武断。在爱情上因极要脸面而痛失良机。在艺术上有非凡的成就。

金牛座（牧牛座）：4 月 20 日—5 月 20 日出生的人

鼠：性格和善有礼，善于投机取巧，能言善辩，人缘极好，心理承受能力强，助人为乐，是个十分懂得享受的人。

牛：性格冲动、任性，但具热情。在爱情上是个强者，工作上很适合与他人合作。

虎：性格敏捷、诚实、固执，对恋情非常执着，对恋人关怀备至，在工作上权欲极大，如注意多采纳他人意见，则成就不小。

兔：天生具有想象力，喜爱享受舒适的生活。在爱情上喜爱单纯的感情关系。在工作上沉着冷静，在艺术上有非凡的成就。

龙：任性、固执、喜好孤独，人缘较差，偏爱至死不渝的情感。工作上才能非常惊人，只要能找到好的合作者，成就亦是非常惊人的。

蛇：生性谨慎、暴躁，善于掩饰自己的情绪。在爱情上处事犹豫，不善于表露自己的情感而使恋情不顺，但婚后对家庭责任心强，具有艺术家的天分。

马：本性纯洁，毫不自私。对爱情认真投入，对工作有高度的热忱，但应多训练如何加强自己的决心与勇气，是个值得依赖的人。

羊：性格善良、勤奋、诚实。对爱情缺乏勇气，但是个工作狂，无论有多大困难，其总会想方设法去解决，心理承受能力极强。

猴：性格冷静，乐观而又幽默，是个有趣的人，在爱情上颇得恋人的倾心，在工作上要注意收敛自己的锋芒，以免他人嫉妒。

鸡：聪明、谨慎并富有同情心。既渴望爱情的到来，又害怕受到伤害，结婚较晚，工作能力很强，人缘颇佳。

狗：性格坚定、勇敢、敏感。对感情相当投入，但一旦察觉恋人不忠，便会马上施以报复。对工作有坚强的毅力，并且天分较高。

猪：性格固执，心地纯洁，不善言辞，极有内才，爱情方面言行不力。健康方面切勿暴食。在艺术、设计及文字工作等方面有特别才能。

双子座：5月21日—6月21日出生的人

鼠：性格机灵、活泼、友善并且固执，常有怀才不遇的感叹，忽视对知识的追求。天生易变的性格使他令别人无所适从。

牛：性格稳重、友善、冷静且能言善辩，社交广泛使其朋友众多。在情场上无往而不利，在商场上亦能逢凶化吉。

虎：性格多变、懒散、聪明又善良。在爱情上从不喜受约束。工作上若能更加努力勤奋，事业必能有成。

兔：自我意识感与自我表现欲十分强烈。有着传统性格，注重隐私并心地善良，厌恶商界中的狡猾与欺瞒。

龙：性格友善，机敏。在爱情上不大专情，只喜欢短暂的恋情。在工作上宜收敛锋芒，在生活很爱护、关心比其弱小的人。

蛇：性格积极、机智、和善。善于化解困难，爱情观稳定、专一。因思维敏捷，极适合从事外交、写作等职业。

马：性格优柔寡断，聪明友善。对爱情的目的性不强，不喜欢受束缚。工作上才华横溢，在艺术方面往往有较大的成就。

羊：性格反复无常，好幻想而导致对现实抱怨多，由于活泼而幽默，故人缘较好。在工作和爱情上变化多而快，多数成就很小。

猴：性格飘忽不定、任性，讨厌在爱情上受到管束，极易见异思迁，工作上往往能标新立异，博得上司及同事的惊奇与侧目。

鸡：性格复杂善变。在爱情及生活中易失去伴侣或朋友，人虽聪明但耐性不足。比较适合外交或演艺行业。

狗：性格善变、友善并富于同情心。恋爱方式较稳定，是个多情的人，对工作上的失败和错误过于担忧，以致难成大业。

猪：具有出众的口才，挺拔的外表，对恋人能倾其情感。天赋的才智使其在工作上成就颇佳，化解矛盾的能力特别强。

**巨蟹座：6 月 22 日—7 月 22 日出生的人**

鼠：善于社交，想象力丰富，讲原则，有爱心，家庭观念重。工作上善于把握时机，尤其适合在贸易或艺术方面发展。

牛：为人正直，对工作锲而不舍。对感情十分敏感，如得知恋人有私情，会决然与对方分手。

虎：爱好宁静、安祥的家庭生活，对家庭负有很强的责任感。对伴侣体贴入微但拙于言辞。生活及工作上最需别人的劝告。

兔：生性诚实可靠，善于款待朋友，他们是热情温柔的情人，追求美好的生活享受，是典型的爱家之人。

龙：好助人为乐，对感情不存幻想，选择伴侣时十分客观、实际，善于持家。稳重、慎重的性格使其工作颇有成绩。

蛇：十分重视家庭生活，不论婚前婚后对爱人都温柔体贴。善于从失败中汲取教训，乐于助人，经常留心情绪及精神压力带来的影响。

马：性格沉静、敏感。对恋人体贴细致，对家庭责任感很强。在工作上虽热衷权力，但正直不伪，尝试接纳他人的意见只有百利而无一害。

羊：性格较沉静、内向，感情较脆弱。在工作上极具领导才能。朋友很少但大多数都能倾心而交。

猴：本性善良、乐于助人并富于同情心，对爱情倾其真心，痛恨虚情假意。工作上易受外界影响而分散精力。

鸡：性格沉稳、含蓄。工作能力不错，但要学会借助外力来提高自己，在爱情上有点拖拉和过分小心，是个值得信任的人。

狗：情感丰富、敏感。在爱情上可称为“大情圣”，对家庭极其负责。在工作上如能面对困难并解决它，事业必有成就。健康方面请留意鼻敏感、伤风感冒等小病。

猪：本性善良、敏感、乐于助人。爱情方面过度犹豫保守。工作上要注意人际关系的处理。呼吸系统方面的保健要多加留意。

狮子座：7 月 23 日—8 月 22 日出生的人

鼠：具有非常旺盛的精力，权利欲较强，为达到目的而不择手段，喜好专制，具有优良的表达能力，是一个成功的领导者。

牛：任性、放纵、对人快意恩仇。天生具有领导才能，但自视过高，应常以“骄兵必败”来警戒自己。

虎：生性热情、急躁，主观意识特浓，在爱情、工作上如不能注意好好接受亲戚朋友、长辈、同事的善言及劝告，则会一事无成。

兔：生性灵活机智，庄严而独立，文雅高尚，加上为人慷慨，使其具有成就伟业的必要条件。

龙：有充沛的活力，具有领导人物的条件，善将情感藏于内心，给人以面冷心慈的感觉。人生中事业高于一切，勇于克服困难，成就非凡。

蛇：性格内向、固执，自尊心强，人缘较劣，不太受别人的尊重，生活和工作上有诸多磨难，是有后福之人。

马：对爱情执着，但缺乏趣味，是一个自我主义者，在遭受挫败后能很快地恢复自信，但不要因一时的坏脾气而自毁前程。

羊：性格沉着、冷静、对人和善友好，耐性强，人缘颇佳，具有领导者的气质。

猴：乐观，充满活力，处事不够严谨，喜爱并精于享受。为人具有强烈的反抗意志，是个天生的强者，个性谦逊，极少自夸。

鸡：极具魅力，性格开朗、乐观，不易被困难、挫折所击倒，是个天生的强者。爱情上极投入并有情趣，对家庭绝对负责。在生活中极爱结交朋友，为人慷慨，重情理，讲原则。

狗：善于关怀别人，强烈的主权意识使其在人生中要么升官晋级，要么导致忠言逆耳，反对别人，怀疑别人，造成不良后果。

猪：性格开朗、热情，富有进取心，才能极佳，自我意识强烈，应经常反省，不要太狂妄自大。饮食要有节制。

处女座：8 月 23 日—9 月 22 日出生的人

鼠：积极追求事业的成功，富有信心，敢于尝试新事物，但处理事情能力较弱，在生活中如受到别人的恭维，就会不顾一切地帮别人。

牛：生性心直口快，观察能力强，但请谨防小人之言行。耐寂寞，独立生活能力强，但千万记住家仍是其最佳慰藉。

虎：性格温婉动人，对朋友非常慷慨，以至自己常常经济拮据。对爱情及生活非常讲究优雅的情调，是个懂得享受的人。

兔：生性谨慎，极少抱怨，喜欢孤独，外人很难与其沟通；寻求稳定的家庭生活，并相当地负责任。生活中对人宽容之至。

龙：性格稳重，善解人意，对恋人来说是个好伴侣，对家庭来说是个好家长，有购物癖。

蛇：独立能力强，对侵犯其利益的人具有强烈的报复心理，但又碍于本性善良，故常使自己陷于矛盾之中。对人生的伴侣不惜花费毕生精力去追寻。

马：个性自私，缺乏幽默感，害怕面对现实和失败。工作上头脑清醒，效率高，颇得上司的垂青，但要注意虚心好学。

羊：性格沉着、安静、内向，做事我行我素，不啰嗦，不挑剔，是个极随和的人，但有时过分的殷勤与慷慨易使人产生疑虑。

猴：喜爱浪漫的情调，亦是一个浪漫的情人。具有极高的自信心，极少产生自卑心理，所以在生活中是一个非常乐观的人。

鸡：情绪变化多端，自我解决矛盾的能力非常强，喜欢受到外界的重视与鼓励，喜爱逛商场，有购物癖。

狗：天生警觉多疑，尤其是女性，使人感觉有老人般的固执，但只要得到真心的关怀与鼓励，他们则会愉快地与人相处。

猪：极富艺术气质，凡事自作主张，有时显得武断，令人难以与之相处，应尝试接受忠告，以弥补自己的粗心，必能在艺术上有相当成绩。

天秤座：9月23日—10月23日出生的人

鼠：与人交往时带有极强的激情，追求戏剧性的浪漫，在生活及工作上颇有敢做敢当的魄力。

牛：情绪不太稳定，不善言辞，好幻想，易走极端，对文学艺术兴趣浓厚，可有极大成就。

虎：在生活中遇到困境时，表现出急躁不安的性格。善于交际，喜好锦衣美食，天生是一个享乐主义者。

兔：生性多疑，有洁癖，带点神经质，拒绝任何人或事做草率的决定，但亦因此失去许多机会。喜爱娱乐，但又害怕刺激。

龙：具有丰富的想象力，为人敏捷，善良而好客。在商业与艺术方面可能有极大的成就。善于持家理财，是一个享受主义者，谨记克制自己的波动情绪。

蛇：生性活泼、好强、挑剔，常自己使自己不快乐。审美眼光高，是个唯美主义者，选择恋人时亦注重对方的长相和外表。喜欢舒适的环境，但自己不好整理家居。

马：富有纯真的本性与善心，但过于挑剔使其很难与他人相处。喜欢高雅的服饰及舒适的生活，注意不要太沉迷于幻想。

羊：善于表达，可成为一名优秀的教师，碰到困难时反复找人诉说，以调解自己的矛盾，但过于啰嗦。

猴：思想敏锐，脾气乖戾，对任何事均喜欢寻根究底。善于动用丰富的想象力使其对人或事情具有很强的预见力。

鸡：富于理想与智慧，但缺少一点机智，心胸广阔，善于及喜欢表现自己。生性固执，是墨守陈规的典型。

狗：具有敏锐的观察力，对生活细节不太注意，在其心目中永远是事业第一、家庭第二，在爱情上对别人付出的情感回报太少。

猪：男性多情、持久、有魅力，但较好色；女性则较自信，忠贞而坚毅，乐于助人。他们与人交往时特别讲究真情。

天蝎座：10月24日—11月22日出生的人

鼠：具有内才但不善言辞，如能从小好好引导，将来成就一定非凡。在从事重大决策时犹豫不决，因而痛失良机。生活不善自理。

牛：目光敏锐，看待世事比较冷漠；在自己的生活圈中性情开朗幽默，注意肠胃方面的保健。

虎：个性强，在受到他人鼓励时做事有极大的魄力，富有审美眼光，思想敏税，心细如发，但有时对人生易产生悲观之念头。

兔：生性谨慎，口才颇佳，具有深厚的幽默感。会在稳定的婚姻中来点越轨行为，但无伤大雅；适合做心理医生。

龙：善于谋略，是一个在安舒中有力量，在平和中有阴谋的人。崇尚理想主义，中年之后可望有成就。爱情上因太过于幻想而常常失败。

蛇：生性平和，为人正直，工作勤奋，有时给以固执、专横的感觉，行事较冒进，应注意在挫折中坚定信心。

马：生性乐观多疑。与人交往只作表面上的接触。不会深交，故知心朋友较少，为人诚实，反对欺骗行为。

羊：性格沉默、内向、善良。在工作上精力充沛，主观意识强，做事不容别人侵犯自己的权益。

猴：个性倔强，勇气颇佳，心胸宽广，在工作上能够成为一位非常好的合作者，乐于给他人以无私的帮助。

鸡：极善言辞，是个讲故事的天才。天生乐观的性格使其颇具社交能力。对待工作正直、充满权力欲并有锲而不舍的精神。

狗：是天生的领导人物，善于抓住机会，但容易自我膨胀。对给予别人的帮助讲究回报，致使人缘较差。

猪：人生中挫折较多，感情丰富，过于敏感，崇尚人道的施予，情感自我压抑，非常注重自己和别人隐私的保密。

射手座（人马座）：11 月 23 日—12 月 21 日出生的人

鼠：自我意识很强，冲力不可阻挡，无论在权势或财产方面都渴望获得成功，但应多结交朋友，使自己胸襟更为广阔。

牛：生性沉默寡言，喜欢呆于家中，害怕困难。不喜接受别人忠告，对权势过分追求，却高估自身能力，以致结果不佳。

虎：自我意识太强，有抗拒别人的心理障碍；非凡的辨析能力，高格调的品味，使其在工作上无往而不胜，但不要狂妄自大。

兔：性格飘忽不定，似乎能在创伤、遗落与伤痛中获得进步的力量，常出入于层出不穷的情感关系中。

龙：心思缜密，创造力强，善于引导别人，不喜受到束缚，却善于讽刺及伤害他人。过于封闭于自我构想的世界之中，虽有助于从事文学创作，但亦使其陷于现实的泥塘之中不能自拔。

蛇：具有很大的野心及对环境的适应能力，特别热衷于社会改革运动，敢于冒险，但缺乏自信心。

马：重视手足之情，却又是一个拜金主义者。在三十岁之前可望事业顺利，但应注意克制自我的冒险精神，以免酿成大错。

羊：天生精力充沛，不畏艰辛，在艺术上颇有成就，内心世界极其丰富，乐于助人使其人缘较好。

猴：天生灵敏，善于保护自己。迷恋家庭，但有时出去疯狂地购物以求心理平衡，行为有时不够磊落。

鸡：个性较稳重，城府较深，一生中能自强不息，属大器晚成之辈，但必须谨记做事的决窍：耐心。

狗：生性沉着，富于进取心。作为以自我为中心的典型，颇知耐心与韧性的重要性，自视颇高，使其外表冷傲，较难与人相处。

猪：性格冲动、不羁，应在幼时就接受良好教育，磨炼性格，将来才能成就一番事业。对待婚姻小心谨慎。

## 避讳国姓

“国姓”是中国封建社会的一种“特产”，当了皇帝的人以国为家，号称“家天下”，于是皇帝本人的姓氏就成为“国姓”了。所谓“国姓”，顾名思义，就是王朝皇室的姓氏了，夏朝的姒姓、商朝的子姓、周朝的姬姓、汉朝的刘姓、宋朝的赵姓等都是。在唐朝，李姓不仅是国姓，更是被唐太宗钦定为天下第一等姓。从秦始皇统一中国算起，中国历史上大大小小的封建王朝有五六十个，省略异朝同姓（如唐朝与五代十国的后唐、南唐都是李姓人建立的帝国）不计，约有36个“国姓”。既然是“国姓”，其地位自然非同一般了，“国姓”比一般姓氏更加尊过荣耀，且由此带来许多政治上、经济上的实惠。如西汉时，“刘”是汉朝的“国姓”，汉朝政府明文规定，凡刘姓人家可以免除连许多下级官员也逃避不了的徭役，用不着为官府去出公差，也用不着缴纳军粮。往后，随着人口的快速增长，这种特惠不可能再普及四海了，但是凡与皇家牵丝攀藤打通血脉的“国姓”人家，仍旧是一种身份特殊的户口类别，享有各种特权。王莽当新朝皇帝时，“王”是那时的“国姓”，王莽下令免除天下王姓人家的赋税。

在封建社会里，因“国姓”的尊贵，还惹出许多匪夷所思的禁忌。唐朝以“李”为“国姓”，当时的法律居然明文规定不准吃与“李”同音的鲤鱼，违反者要用板子打60下屁股，食“鲤”就等于食“李”，自然在避讳之列。因为鲤鱼的“鲤”与皇帝的姓“李”同音，所以鲤鱼成为鱼中之贵，从皇帝、官吏、贵族到平民百姓，都崇尚鲤鱼。不仅如此，唐人说鲤鱼时还不直接称其名，要说“赤鲜公”，晚唐著名的小说家和诗人段成式的著作《酉阳杂俎》记载：唐朝法律规定，鲤鱼不能叫鲤鱼，不许吃，捕获后必须放回水中；出售鲤鱼者要挨60板子。以此表示对李姓的尊敬。再如明武宗朱厚照曾发出过一个不许养猪和杀猪的布告，因为“猪”与“朱”同音。当然，这种不许吃鲤鱼和不许杀猪、养猪的规定不可能真正得到长期实行，否则猪早就绝种了。晋恭帝司马德文做藩王时，常命令下属用箭射马取乐，后来有人说“马是国姓，您却用箭射杀，太不吉利了”，吓得他寝食不安，再也不敢玩此娱乐了。

# 文 化 篇

## 人名巧解

毛泽东主席巧解人名的趣事，原载于《文史天地》2002 年第七期，今摘录如下。

毛泽东非常注意姓名探源，他在与人初识时，常从对方的姓名谈起，一下子就把双方的距离拉近了。毛泽东平易近人，喜欢与周围的工作人员开开玩笑，调节气氛。在中央苏区时期，毛泽东在瑞金东华山养病。一天，他问卫生所负责护理他的小战士："你叫什么名字"?"钱昌鑫。"

"是哪几个字?"

"钱币的钱，日曰昌，三个金字的鑫"。

毛泽东一听，笑了笑说："你姓钱还不够，还要那么多金子！小心打你的土豪啊!"毛泽东接着又问护士长的名字，得知护士长叫吴旭君时，又幽默地说："无细菌，这个名字好，你是搞医务的，讲究卫生，没有细菌，这样可以少生病嘛。"

当封耀松调来给主席当警卫员时，毛泽东问他："你是不是姓开封市那个封啊?"封耀松脱口便说："不是，是一封信两封信的封。"毛泽东打趣："不管几封信，不开封你就看不见信的内容，一封信的封与开封的封是同一个封，懂了吗?"

1945 年 8 月重庆谈判，文艺界名流邀请毛泽东去演讲，在演讲中有的记者插话问："假如谈判失败，国共全面开战，毛先生能否战胜蒋先生呢?"毛泽东莞尔一笑答道："国共两党的矛盾是代表两党不同的利益，两个阶级的矛盾，蒋先生姓蒋，将军头上加上个草，蒋先生只是个草头将军而已，我毛泽东的毛字，可不是毛手毛脚的毛，而是一个反"手"，这就代表大多数人民利益的共产党，去战胜代表少数人利益的国民党易如反掌 。”全场顿时掌声如雷，于是民间流传一首打油诗：“将军头上一棵草，二人骑在石头坡（即介石）。反手英雄打天下，解放全国唱凯歌。”

1951 年，时任中国人民志愿军司令员的彭德怀，从抗美援朝战场回京向毛泽东述职。谈话间，毛泽东开玩笑说：“德怀呀，你我都是同石头有缘分。你的字号叫石穿。我的乳名叫石三伢子，我们两个同是石头。”彭德怀谦虚答道：“我岂敢和主席相比，主席是块稀世宝石，我只不过是一块冥顽不灵的顽石，两者之间有天壤之别!”毛泽东摆摆手：“不，同样都是石头嘛。我们两块石头，一块扔给了杜鲁门，（时任美国总统），一块扔给了麦克阿瑟（时任侵朝美军总司令)!”两人彼此地会心的笑了。

1953 年底，毛泽东出巡，浙江省公安厅长王芳陪同吃饭。席间，公安部长罗瑞卿对王芳说：“王芳，我建议你把芳字头上的草去掉，不然许多不知情的人还以为你是女同志呢?”这时毛泽东放下手中的筷子思索一下说:：“这可不行。”随即问：“王芳，你是山东人，你们山东人绿化搞得怎么样?”王芳说：“刚刚起步。”毛泽东语重心长地说：“山东还有许多荒山秃岭没有绿化起来，你的头上刚刚长了点草，就想把它去掉，这怎么行?什么时候山东消灭了荒山秃岭，绿化过了关，你再把‘芳’字头上的草字头去掉，好不好 ?”逗得王芳和罗瑞卿笑得前仰后合。

1959 年 3 月下旬，在上海召开中央政治局扩大会议以及随后的中央八届七中全会，一天，在锦江饭店的舞厅里，江西省委书记杨尚奎的夫人水静见到了毛泽乐，毛泽东很客气地同水静握了手，要她坐在身边。毛泽东首先说：“你知道吧，江西 、湖南是亲戚，所以湖南人叫江西人老表。”水静点点头，不知说什么好。毛泽东又笑道：“你们江西人行啊，晋朝时，江西出了个许真君，湖南出了条孽龙精，后来孽龙精被许真君降服了，你知道这个神话故事吗?”“听说过，南昌西山万寿宫门前有几口井，当地群众说，孽龙精就锁在那里面。”水静回答。

“是吧，还是江西人厉害呀!”毛泽东笑着说，又问道：“你姓什么?”“我姓水，江水、河水的水”，水静答道 。

“噢？还有这个姓呀？”毛泽东感到诧异，想了想后又接着说：“我想起来了《百家姓》里是有的，‘柏水窦章’嘛！你怎么叫水静呢？水是动的，不是静的嘛！你看大海大浪滔滔，江河波涛滚滚 哪里是静的呢？”

“可是水也有静的时候，苏联有部小说就叫《静静的顿河》。”水静辩解说。“唔，不错，如果没有波浪，西湖的水也是很平静。”水静感到和主席说话，如沐春风，开始那点胆怯的心理，很快一扫而光，就说：“有动有静，动和静是一对矛盾，这是你的《矛盾论》告诉我的。所以我的名字没有违反辩证法，对吗？”毛泽东高兴地笑道：“你还有不少道理呢！”

芦荻教授曾经在毛泽东身边工作，为视力渐弱的毛泽东读诗词、古文 。芦荻第一次进入中南海，见到毛泽东的时候，毛泽东握着她的手，问道 ：“会背刘禹锡的《西塞山林·怀古》这首诗吗？”芦荻当时神经高度紧张，那思维还一下子无法转到刘禹锡的诗上去。这时，毛泽东慢慢地用铿锵之声吟诵起来：

王浚楼船下益州，金陵王气黯然收。
千寻铁锁沉江底，一片降幡出石头。
人世几回伤往事，山形依旧枕寒流。
从今四海为家日，故垒萧萧芦荻秋。

这是芦荻异常熟悉的诗，经毛泽东用湖南口音吟诵，别具一番风味。吟罢，毛泽东笑问芦荻：“你的名字，是不是从这首诗里来的？”芦荻笑了。她那紧张万分的神经，在谈笑中开始放松。毛泽东指了指自己的双眼，说是患眼疾，要请她代读中国古文，芦荻才明白了请她来此的用意，松了一口气。

在芦荻进入中南海的两个月后，毛泽东的眼疾终于要动手术了。考虑到毛泽东在病中，外出不便 ，手术就在毛泽东的卧室和客厅中间的小厅里进行。为毛泽东施行手术的，是北京广安门医院眼科专家唐由之。

毛泽东在第一次与唐由之见面时，因唐由之的名字联想起鲁迅写的《悼杨铨》一首诗，毛主席为唐由之医生默写在纸上：

岂有豪情似旧时，花开花落两由之。

何期泪洒江南雨，又为斯民哭健儿。

在这首诗中，内含“由之”两字。

国民党政府特务暗杀了著名民主人士杨杏佛（原名杨铨），鲁迅为了哀悼杨铨，就发表了这首诗。毛泽东的渊博知识和记忆力，使当时在场的工作人员惊讶不已，也使唐由之感到非常亲切。手术很成功，一个星期后毛泽东一只眼睛复明，从此结束了六百多个失明的日日夜夜。

毛泽东的机要秘书高智记得毛泽东头一回跟他谈话的情景，听说他的姓名之后，毛泽东就说：“你很厉害呀!”高智一下子不知所云。毛泽东接着说：“你不仅‘智’，还加上个高，当然很厉害!”高智一听，哈哈大笑起来，打消了拘束感 。

## 加冠命字

很久以前，古人对于各个重要的人生阶段，举行不同的仪式，就称谓来讲，人出生三月后举行“命名礼”，二十岁则举行成年“加冠礼”即“成人礼”，在“加冠礼”仪式上请人取“表字”，即“命字”，也就是命取成年后的另一个称呼，“表字”作为加冠礼中宣告的一项重要信息，表明个人不再是小孩子了，而是成年人啦，可以参与社会活动及家族事务了。

举行冠礼仪式是非常讲究和慎重的。据《仪礼·士冠礼》上所载，贵族男子到了20岁，由父亲或兄长在宗庙里主持冠礼。行加冠礼首先要挑选吉日，选定加冠的来宾，并准备祭祀天地、祖先的供品，然后由父兄引领进太庙，祭告天地、祖先。冠礼进行时，将头发盘起来，由来宾依次加冠，即依次戴上三顶礼帽。首先加用黑色布或帛做的缁布冠，表示从此有参政的资格，能担负起社会责任；接着再加用白鹿皮做的皮弁，就是军帽，表示从此要服兵役以保卫社稷疆土；最后加上红中带黑的素冠，是古代通行的礼帽，表示从此可以参加祭祀大典。戴上礼帽即素冠，然后再由父亲或其他长辈、宾客给取一个“表字”（通常事先就取好表字，当庭取字仅是形式，便于宣布使用），代表今后自己在社会上有其尊严。古人认为成年后，只有长辈才可称其“名”，一般人或平辈只可称其“字”，因此，取“字”还便于别人称呼。三次加冠完后，主人必须设酒宴招待宾讚等人（讚是宾的助手），叫“礼宾”。受冠的人接着再依次拜见兄弟，拜见讚者，并入室拜见姑姊。之后，受冠者脱下最后一次加冠时所戴的帽子和衣服，穿上玄色的礼帽、礼服，带着礼品，去拜见君、卿大夫（在乡有官位者）和乡先生（退休乡居的官员）。根据周公旦的《周礼》，女子的成年冠礼叫“加笄礼”，也是把头发盘结起来，加上一根簪子，周代女子“加笄礼”一般在15岁时举行，所以人们常用“及笄之年”代指女孩从14岁到16岁这个年龄阶段；而用“弱冠之年”代指男子20岁左右。《礼记·曲礼上》载有：“二十曰弱，冠。”又唐代经学家孔颖达《五经正义》：“二十成人，初加冠，体犹未壮，故曰弱也。”是说古代时二十岁的贵族男子，要举行加冠礼以示成年，但身体还未发育强壮，所以称弱，而弱是年少之意。

这种冠礼的仪式，从周朝开始持续到清朝，直到清末民国初逐渐没落而消失了。

在先秦礼义纲常初建时期，冠礼有着积极的文化建设意义。秦至汉魏时期，冠礼存在于社会生活之中，人们遵循先冠后婚的礼义原则，但冠礼的文化地位并不突出。隋唐时代，由于南朝开始的文化大变动，以倡导礼义为宗旨的儒家文化处于中衰局面，古代礼制也处在恢复之中，因此除了朝廷礼典中有冠礼的礼仪外，一般社会生活中未见冠礼踪影。冠礼的失落与隋唐统治者的民族文化成分与礼学修养有一定的关系，当然根本的原因是当时处在旧的社会结构被打破而新的社会结构尚未形成的特殊历史时期，这一时期社会价值观多样，文化多元发展，人们更重视世俗生活情趣，重视在外的建功立业，对于礼制社会所要求的传统人格的心性修养没有特别的需求。因此重在“养人”的冠礼，受到社会的漠视。宋明时期庶族社会逐渐成为社会主体，为了确定新的社会秩序，重建文化权威，他们将中唐开始的儒学复古运动推进到新的阶段，南宋时期还形成了儒学的新形态——理学。理学的核心是建立一套自然社会合一的伦理道德秩序，强调修身养性齐家治国。因此，作为“礼仪之始”的冠礼受到朝野上下的广泛推崇，冠礼重新回到家族社会生活当中，并激活了民间固有的成人仪式。明代社会生活中冠礼有相当的影响，当然这时的冠礼与先秦相比无论是程式还是服务性质已有明显的差异。清代受满族政治文化的影响，冠礼明显衰落，民间将冠礼与婚礼结合，冠礼成为婚礼的前奏，并且一般只有“命字”这一项内容，“命字”成为冠礼的代称。清末民国时期冠礼有复兴的趋势，但最终没有大的影响。

当今，现代成人礼逐渐受到人们的重视，成人仪式是教育青年，塑造社会新人的绝妙时机。新时期的成年礼是适应社会新需求的人生仪式，当代社会人们已经或正在走出传统的家族文化的局限，人们的社会联系广泛增强，社会责任与义务明显扩大，社会需要有一大批具有公众责任感的社会成员，青年的培养与塑造是人类社会健康延续的重要工作之一。传统的成年仪式在通过内容与形式的更新之后，有重新服务社会的文化功能，如果我们对传统成人仪式进行深入研究并进行合理继承发展的话，我们就会得到一个充分有效的文化资源，为我们的新社会的良性运行提供源头活水。

1929年春天，中华民国时期国内“风云突变，军阀开战”。这一回，是冯玉祥帮蒋介石打李宗仁，史称“蒋桂战争”。冯玉祥的部将韩复榘用兵神速，一战而下武汉。捷报传出，蒋介石和宋美龄亲自接见，左一声“向方兄战绩卓著”，右一声“常胜将军劳苦功高”，而且蒋介石赠送给韩复榘二十万军饷，还送了好多礼物。此后蒋介石手下的特使刘光见了韩复榘也说：“感谢向方兄鼎力相助，小弟回去后定会将向方兄的深情厚谊及时禀报委座!”事后，韩复榘常不胜感慨地把老蒋夫妇对他的称呼与冯玉祥做比较：他们从不直呼我名，可我的老上级冯先生见了我，则是韩复榘长韩复榘短地训斥我，连个“向方”也不肯叫！就这样一个称呼上的差别，居然促使已经与冯玉祥将军貌合神离急于自立的韩复榘叛冯投蒋。

“向方”，是韩复榘的表字。对于人的称谓而言，“表字”，简称“字”，指人的别名，亦即一个人的另一称谓。在中国传统姓名文化里，名与字是一个人的两个称谓，“名以正体，字以表德”（《颜氏家训·风操》），师长、前辈、上司称呼学生、后辈、属下的表字时，都是一种特别看得起的表示，倘若皇帝称臣下表字，更算优礼。如刘邦当皇帝后，自言“运筹帷幄之中，决胜千里之外，吾不如子房”，这就是对张良的极其尊重了。因此，称人用字是表示尊重的意思，而直接呼其名则表示轻慢，难怪韩复榘听到蒋介石以“向方”称他，便有些受宠若惊了。

以前一个人幼年时由父亲或长辈起名，等到成年（男20岁、女15岁）时则取字，人的“字”是为了便于他人称谓，对平辈或长辈称“字”出于礼貌和尊敬。如屈平的“字”叫原，司马迁的“字”叫子长，陶渊明的“字”叫元亮，李白的“字”叫太白，杜甫的“字”叫子美，韩愈的“字”叫退之，柳宗元的“字”叫子厚，欧阳修的“字”叫永叔，司马光的“字”叫司马君实，苏轼的“字”叫子瞻，苏辙的“字”叫子由，沈德鸿的“字”叫雁冰，鲁迅的“字”叫育才等。直称姓名，大致有三种情况：（1）自称用名，表示谦虚。如“五步之内，相如请得以颈血溅大王矣”，“庐陵文天祥自序其诗”。（2）用于介绍或作传。如“遂与鲁肃俱诣孙权”，“柳敬亭者，扬之泰州人”。（3）称所厌恶、所轻视的人。如“不幸吕师孟构恶于前，贾余庆献谄于后”。

“字”和“名”有意义上或语句上的联系。“字”之所以加“表”而叫“表字”，因其与本名互相表里的意思，所以东汉班固的《白虎通·姓名》言：“闻名即知其字，闻字即知其名。”如屈原，名平字原，《尔雅》释“地”：“广平曰原”，平与原是同义。“唐宋八大家”之一的曾巩，字子固，巩与固同义。周瑜，字公瑾；诸葛瑾，字子瑜，瑾和瑜都是美玉，是近义字。韩愈，字退之，愈有胜、越之意，所以要“退之”，以求适度。白居易，字乐天，因为乐天知命，才能居之容易。朱熹，字元晦，熹明晦暗，含义正相反。赵云，字子龙，出自《易经》“云从龙”；《新唐书》中有人姓元，名亨，字利贞，出自《周易》“元亨利贞”。

历史上，以表字著称于世而本名反鲜为人知的情况很普遍。比如屈原，知道他名叫“平”的人不多；又如蔡文姬，知道她本名称“琰”者更少；大诗人陶潜的本名，也远不及其表字“渊明”更广为人知。近代称谓风气，一些人行事干脆以其“字”代“名”，如创办张裕葡萄酒公司的张弼士，本名叫振勋；语言学家刘半农，本名“复”；金融家钱新之，本名叫永铭，等等。今天许多人读人物传记时，常常对“某某，原名某，字某，以字行”的文句有困惑，所谓“以字行”，是指某某人以其字代替原名著称于世，他的行事风格用字不用名。“冠而字之，敬其名也”，容纳了人们用表字互称的全部涵义。

字与名除了称法上有区别外，落实到具体写法上，也有讲究。字与名写法上的讲究，有一个先字后名到先名后字的过程。先秦写法习惯大概是字在名前，如春秋时期秦国三将孟明视、西乞术、白乙丙，“孟明”、“西乞”和“白乙”都是表字，“视”、“术”和“丙”才是本名，又如孔父嘉，“嘉”是名，“孔父”是表字。汉以后，改为名在字前，如曹丕《典论·论文》写到“建安七子”，称：“今之文人，鲁国孔融文举，广陵陈琳孔璋，山阳王粲仲宣，北海徐幹伟长，陈留阮瑀元瑜，汝南应玚德琏，东平刘桢公幹”，都先写名后写字。但到了近代，又有变化，如 1925 年 2 月北京国民政府公布《善后会议会员录》，即依“孙中山先生·文；黎宋卿先生·元洪；张雨亭先生·作霖；卢子嘉先生·永祥……”式排列；此外，姓氏带官职再连表字的称法，也是一种书写格式，如西安事变后《张、杨致阎锡山、傅作义及绥远抗日将士电》，起头写到“太原阎副委员长百公赐鉴、归绥傅主席宜生兄赐鉴”，其中将阎锡山表字“百川”省称为“百”而加“公”字，又是一种书写他人表字的格式，表示特别尊敬的意思。傅作义，字宜生，山西荣河（今山西省临猗）人，是一位抗日名将、追求进步的国民党员。1949 年 1 月，他响应中国共产党提出的“停止内战，和平统一”的主张，毅然率部举行北平和平起义，使古老的文化故都完好地归回人民，200 万市民的生命财产免遭兵燹。这一义举对中国人民革命事业的胜利，作出了重大贡献。

## 贵姓郡望

“郡望”一词，是“郡”与“望”的合称。“郡”本来是中国最早的行政区划单位，后来指某一姓氏群体肇基地域。“望”是名门望族，亦即在郡里某地居住的社会地位很高、名望很大的一个大家族，不仅族众繁衍昌盛，而且先后出现了众多的为时人所景仰、被后人所推崇的杰出人物。郡望是指郡里的望族，表示某一地域范围内的名门家族。反过来讲，在姓氏古籍中，某姓氏望族的显耀地或发祥地常用郡名表示，如南北朝到隋唐时代，中国北方地区有四大郡望：范阳卢氏、清河崔氏、太原王氏、荥阳郑氏，其中太原王氏是太原郡的大姓望族。郡望是中华民族各个姓氏群体彰显本姓氏群体的特殊称号，此称号为中华民族所仅有。

秦汉以后，随着家族的繁衍迁徙，姓氏原有的以血缘论亲疏的文化内涵逐渐淡化，而以郡望明贵贱的内涵成了姓氏文化最为突出的特点。由于郡望总是与某个姓氏联系在一起，所以它往往成为人们追寻祖根、联族认亲的重要线索，某个郡所对应的当今地名，也就成为该姓氏后世子孙仰望和缅怀先祖的地方。

张姓是中华民族最大的姓氏群体之一，又肇始于我国上古时期，历原始社会、奴隶社会、封建社会、半封建半殖民地社会直至当代，上下五千年，且分布极广，遍及全国及世界各地。张姓又是睿智、英武、强健的群体，历代名人辈出。正如濮阳《中华张姓始祖挥公墓碑记》所言："仅拜相者尚以群计，为将帅治郡国者不胜枚举，于科技、医学、艺文诸领域中亦不乏大家，灿若繁星，实为开创华夏文明之望族。"因而，历代出现了众多著名张姓郡望。据宋·邓名世著《古今姓氏书辩证》记载："唐有安定、太原、南阳、敦煌、修武、上谷、梁国、荥阳、平原、京兆等四十三望，大抵皆留侯远裔。"《姓氏考略》一书提出"张姓有十四望：清河、南阳、吴郡、安定、敦煌、武威、范阳、犍为、沛国、梁国、中山、汲郡、河内、高平。"

清河郡：汉时置郡，治所在清阳（今河北省清河东南）。此支张氏，世居武城，其开基始祖为汉留侯张良裔孙张歆。

范阳郡：三国魏黄初七年（公元226年）改涿郡置郡，治所在涿县（今属河北省）。此支张氏，其开基始祖为东汉司空张皓之子张宇。

太原郡：战国时置郡，治所在晋阳（今太原市西南）。此支张氏，其开基始祖为北魏平东将军、营州刺史张伟。

京兆郡：汉时置郡，治所在长安（今陕西省西安市西北）。此支张氏，其开基始祖为西汉御史大夫张汤。

敦煌郡：汉武帝从酒泉郡分置，治所在敦煌县（今甘肃省敦煌县西）。治河西走廊西端。

安定郡：西汉置郡，治所在高平（今宁夏回族自治区固原）。东晋移至安定（今甘肃省泾川北）。这支张氏为西汉赵王张耳之后。

襄阳郡：汉始置襄阳县，东汉末始置襄阳郡。治所在襄阳（今湖北省襄樊市）。其后襄阳历为郡、州、道、府之治所。此支张氏始祖为张安之。

洛阳郡：秦始终置县，东魏置郡。汉、魏时治所在今洛阳市白马寺东洛水北岸；隋、唐代移治汉城西十八里。

河东郡：秦时置郡，治所在安邑（今山西省夏县西北）。治今天山西省黄河以东、夏县一带。

始兴郡：三国吴由桂阳郡分置，治所在曲江（今广东省韶关市南）。治辖相当于今广东省连江、曲江、韶关一带。

冯翊郡：汉武帝置左冯翊，三国魏改为冯翊郡。治所在临晋（今陕西省大荔）。

吴 郡：东汉末年分会稽郡置。治所在吴县（今江苏省苏州市）。治辖今江苏省长江以南一带。

平原郡：西汉初置，治所在平原（今平原县西南）。治辖相当于今山东省西北部平原县一带。

河间郡：原为战国时赵地。汉高帝置郡。治所在乐城（今河北省献县东南）。治辖在今河北省中部河间县一带。

中山郡：战国时为中山国，汉高帝置郡。治所在卢奴（今河北省定州）。治辖相当于今河北省北部地区。

魏郡：汉高帝初置。相当于今河北省魏县，河南省浚县，山东省冠县之间地区。治所在邺县（今河北省临漳西南）。

蜀郡：战国时秦置，治所在成都（今属四川省）。治辖今四川省成都市一带。

武威郡：西汉置。相当于今甘肃省黄河以西，武威以东地区。治所在武威（今甘肃省民勤县东北）。

犍为郡：西汉建元六年置。属益州，在今四川省宜宾县西南。治所在敝邑县（今贵州省遵义市西）。

沛郡：汉高帝将泗水郡改为沛郡，东汉时改为沛国。治所在相县

(今安徽省濉溪县西北)。

梁郡：汉高帝置梁国，南朝宋改为梁郡。相当于今河南省商丘至安徽省砀山一带。治所在睢阳（今河南省商丘南）。

汲郡：西晋泰始二年置，不久即废。治所在汲县（今河南省汲县西南）。

河内郡：楚汉之际置。相当于今河南省黄河北岸武陟县一带。治所在怀县（今河南省武陟县西南）。

高平郡：西晋泰始元年将原山阳郡改为高平郡，在今山东省巨野县一带。治所在昌邑（今山东省巨野县南）。

上谷郡：战国燕设置，秦时治所在沮阳（今河北省怀来东南）。

## 贵姓堂号

祠堂又称家庙，是某姓家族供放自己祖宗的牌位、祭祀祖先神灵的厅堂，其目的是维护宗族团结、便于同一姓氏寻根认祖。

中国社会曾长期处于宗法制度的统治之下，家族观念十分深刻，祭祀祖先成为我国传统社会的民间信仰。祠堂反映着我国人民对先祖的崇敬与怀念。

早在周朝，中国的宗族制度就已经很完善，按照那时的祭祀规定，只有士大夫以上的人才能建庙祭祖，庶人是没有这个权利的。能建庙祭祖的这些特权阶层，也根据他们的身份划分成5个等级：周代天子、诸侯、大夫、士、庶人，分别对应不同的祭祖礼制。这一时期被称为宗庙制。

隋唐时期，官员祭祖的家庙祭祀制度盛行，官员按照官职大小划分祭祀享用的级别，规定："凡文武官二品以上，祠四庙；五品以上，祠三庙；六品以下达于庶人祭祖祢于寝。"从这句话我们可以看出，下层官员和庶人祭祖只能在"寝"祭祀祖先，也就是生活的房子里进行祭祀活动，而无权建庙祭祖，依然充斥着严重的等级制度。

宋代以后，官方不再垄断建祠祭祖的权利，民间立祠成风，凡聚族而居的同姓家族，都设立祠堂作为家族的象征和中心。如果成员太多，则建立数所祠堂，故祠堂又有总祠、支祠之分。总祠是全族人祭祀同一个祖先的场所，支祠是供分支分房祭祀本支的祖宗用的。

由于统治阶级的提倡，建立宗祠祭祀祖先的风气在清朝康、雍、乾三朝达到了顶峰，成为一种普遍的现象，祭祀由专门的家庙制度转变成庶人祭祖的宗祠制度。

凡是祠堂都有“XX堂”的称号，这便是“堂号”。堂号是一个同姓家族或家族中某一支派祠堂的名号，是某一同姓家族祭祀祖宗共用家庙的称号，也是寻根认祖的重要依据，又是寻根问祖的文化符号。

祠堂一般分为家祠和宗祠。家祠是家人祭祀近代祖先的场所，一般不出五服。而宗祠则是族人祭祀先祖的地方。

堂号可分为两大类：地域性堂号和非地域性堂号。地域性堂号又分两类：一类与姓氏的地望有关，或以其姓氏的发祥祖地，或以其声名显赫的郡望所在，作为堂号，也称“郡号”或总堂号；一类与姓氏的郡望无关，是姓氏支系以所居地或祖先所居地的地名作为堂号。非地域性堂号又可分为两种：一种为具有姓氏特征的堂号，这种堂号是家族的“身份证”，一种证明自己家族归属的身份证明，通常以各姓先人之德望、功业、科第、文字或祥瑞、典故等命名；另一种是没有姓氏特征，主要起教化作用的堂号。

“堂号”是家族门户的代称，是家族文化重要的组成部分。它的宗旨大致有三：一是彰显祖先的功业道德，二是表明家族宗亲的特点，三是训诫子弟继承发扬先祖之余烈。由于历史文化习俗的影响，人们在谈到和自己同姓氏的历史名人时，往往流露出一种尊崇、自豪之情。

从功能上说，祠堂的基本功能是祭祀祖先，延伸功能主要是奖惩、教化族人，族人聚会、议事，藏谱等。

同姓的堂号虽然多，但也不是随便取名，根据堂号取名依据和其用意不同，堂号的取名大致有以下几类：

（1）根据血缘关系命名堂号。中国的姓氏文化，首先表现出来的社会心态就是对血缘关系的高度重视，不仅同一姓氏使用相同的一个（或若干）堂号，而且有血缘关系的不同姓氏，也会使用同一堂号。如著名的“六桂堂”，是福建、台湾等地的洪、江、汪、龚、翁、

方六个姓氏共用的一个堂号。据文献记载，这六个南方家族，虽然姓氏不同，但却是一个先祖所同一家族，追本溯源都是翁姓的后裔。据史志和台湾《翁氏族谱》记载，在五代后晋高祖天福年间（公元936年）福建兴化府莆田县有翁乾度（公元898—951年），在闽国担任补阙郎中官职，他娶妻陈氏，生六子，为避闽国国乱，携眷归隐莆田竹啸庄，并将六子依次改为洪、江、翁、方、龚、汪六姓。至北宋王朝建立，长子处厚，字伯起，宋太祖建隆元年进士，特授承议郎，兼殿中丞上柱国（丞相）赐绯鱼袋。次子处恭，字伯虔，宋太宗雍熙二年灏榜进士，官拜泉州法曹。三子处易，字伯简，宋太宗建隆元年，与长兄同榜进士，官至剑南少尉。四子处朴，字伯谆，宋太祖开宝六年进士，官拜泉州法曹。五子处廉，字伯约，宋太祖开宝六年考中进士，官大理司直，监察御史。六子处休，字伯容，宋太宗雍熙二年，与二兄同榜进士，官拜朝散郎，韶州通判。按我国科举取士时代、读书登科、美称为“折桂”。自唐代以来，凡父子或兄弟叔侄联登科甲的家族，有的称“双桂”、有的称“五桂”不少，六兄弟皆登进士第，号称“六桂”，可谓是中国历史上罕见的美事。当时六子齐荣，被人誉为“满朝翁六桂联芳”。在五代乱世时期，翁氏家族在朝中当大官，处在改朝换代关键时刻，为了防止断子绝孙，把自己或子女分为异姓寄养作为掩护，待国家统一、政局稳定之后，接回各子女，恢复原来身份姓翁，或许有个别子女长年失踪或迁移在台湾、新加坡、马来西亚等地，未能恢复原姓翁，繁衍生息，形成了六姓原一宗的传闻，并共用一个堂号——六桂堂。除此之外，坊间亦存在另一有关“六桂联芳”的说法。话说唐朝叔公生子殷符，殷符三子廷范衍生六子，分别为仁逸、仁岳、仁瑞、仁逊、仁载、仁远，兄弟六人均中进士，时称“六桂联芳”，因而该支方氏的不少外迁支派亦以“六桂堂”为堂号，如福清方氏、东莞方氏等。

再如溯源堂。这是因为雷、方、邝三姓同出一源，三姓宗族祠堂名叫“溯源堂”。最早于清道光二十六年（1846年）在广东开平市水中镇兴建的溯源家塾，门联曰：源同一派，衍以三宗。该联肯定了雷、方、邝三姓根同枝分、同源分流的关系。相传炎帝神农氏八世孙帝榆罔的公长子雷公，因协助轩辕氏伐蚩尤有功，并拥轩辕氏为黄帝，官拜左相，赐封于禹州方山，其子孙分别以封地“方”与雷公名字“雷”为姓氏，自此世代相传。花开两朵，各表一枝。话说方氏一支，计有夏朝相公，周朝淑公，秦朝覆公，世居河南固始县；汉朝宏公，遭王莽之乱，举家迁徙至江南；至唐朝叔公，公元 854 年中举甲戌进士，任都督府长史，官拜二品，因官入闽，后居莆田，乃福建莆田方氏始祖。至第九世宗元公因官由闽入粤，为南海、番禺、中山、开平、新会等县方氏始祖。至于殷符五子廷英所生之长子以平，则改取邝姓，宋高宗年间（1129 年）迁居广东南海大镇乡，乃广东邝氏始祖。

（2）根据本宗姓氏或本族姓氏的发祥地取名。如福建、台湾等地的庄姓堂号多用“凤田堂”。因为凤田是该族的发祥地。

（3）根据本宗祖先的嘉言懿行命名。例如：弘农杨氏“四知堂”、“清白堂”即是以东汉太尉杨震的美德作为堂号。据文献记载，杨震为东莱太守时，道经昌邑，县令王密深夜求见，以黄金十斤贿赂杨震。杨震严词拒绝说：作为故人知交，我对您是了解的，而您怎么对我的人品不了解呢？王密说：我深夜而来，无人知道这回事情。杨震回答说：此事天知、神知、我知，子知，怎能说是无人知晓？王密只好羞愧而退。杨氏后代子孙为尊崇和怀念这位拒腐蚀、不受贿的先祖杨震，便以“四知堂”、“清白堂”为堂号。而范氏“麦舟堂”则是来自北宋名臣范仲淹济危扶困的典故。有一次范仲淹遣子纯仁，至姑苏运麦，舟至丹阳，遇石曼卿无资葬亲，纯仁即以麦船相赠。纯仁回家后告知其父，深得范仲淹嘉许。故后世以此为典，以“麦舟堂”为堂号。

（4）根据祖先的官称、爵号或别号等取名。如陶姓有“五柳堂”，因先祖陶渊明号“五柳先生”。白姓有“香山堂”，因先祖白居易号“香山居士”。

（5）根据祖先的德育故事命名。孟姓的堂号“三迁堂”，取材于孟母三迁的故事。孟子年幼时，他的母亲很重视周围环境对人的影响，为让孟子从小能受到好的环境熏陶，就多次搬家，择邻而居。“昔孟母，择邻处”，作为一则著名的育子故事，自古至今，一直代代相传。

（6）根据祖先的功业勋绩命名堂号。在中华民族五千年的历史长河中，各个姓氏在不同历史时期，都涌现出一批功勋卓著，名垂青史的历史人物，后人往往以此作为堂号。如东汉名将马援，战功卓著，名闻遐迩，“马革裹尸”便是脍炙人口的历史典故。后因功封“伏波将军”，马氏后人中有一支便以“伏波堂”为堂号。楚大夫屈原曾任三闾大夫，屈氏后人就以“三闾堂”为堂号。

（7）根据传统伦理规范和美德命名堂号。例如：吴姓的祖先是周朝时吴国始祖太伯，太伯有让位给兄弟的美德，故吴姓堂号叫“让德堂”。唐代郓州寿张人张公芝，九世同居，麟德年间唐高宗祭祀泰山，路过郓州，至其家，问何以能九世同居，安然相处。张公芝于纸上连书百余“忍”字，道出其中诀窍，全在于百事忍让。故堂号名之为“百忍堂”。还有李氏“敦伦堂”、朱氏“格言堂”、任氏“五知堂”、刘氏“百忍堂”、刘氏“重德堂”、郑氏“务本堂”、周氏“忠信堂”、蔡氏“克慎堂”、许氏“居廉堂”等，都体现了传统的伦理道德观念。

（8）以垂戒训勉后人的格言礼教为堂号。此类堂号在各姓氏自立堂号中较为普遍。如“承志堂”、“务本堂”、“孝思堂”、“孝义堂”、“世耕堂”、“笃信堂”、“敦伦堂”、“克勤堂”等等。

（9）以良好祝愿命名家族堂号。此类堂号也较为常见。如“安乐堂”、“安庆堂”、“绍先堂”、“垂裕堂”、“启后堂”等。

张姓百忍堂：从前唐太宗李世民在公艺门前小河马失前蹄遇灾，公艺救至家中疗伤，世民未告真情。贞观九年（635 年）唐太宗亲书“义和广堂”金匾，差人送给公艺。唐麟德二年（665 年），高宗与武则天，率文武大臣、宫妃命妇去泰山封禅。经濮阳过寿张（今濮阳市台前县）时，闻张氏九世同居，累朝都有旌表，因而也慕名过访。问张何能九世同居？公艺答：“老夫自幼接受家训，慈爱宽仁，无殊能，仅诚意待人，一“忍”字而已。”遂请纸笔，书百“忍”字以进。高宗连连称善，并赠绢百端，以彰其事。据《资治通鉴》载：“寿张人张公艺九世同居，齐、隋、唐皆旌表其门，上过寿张，幸其宅，问所以能共居之故，公艺书‘忍’字百余以进（其内容为：父子不忍失慈孝，兄弟不忍外人欺，妯娌不忍闹分居，婆媳不忍失孝心……）。上善之，赐以缣帛。”唐高宗亲书“百忍义门”四个大字旌表。封公艺为醉乡侯，长子张希达为司仪大夫，（寿张县志载）。故张旭题诗曰："张公书百忍，唐朝著勋名。天子躬亲问，旌表悬门庭。洪都是故郡，清河脉长存。儿孙须当记，族远诗为凭。"尔后族人便以"百忍"为族徽。张公艺是张良第 26 代孙，生于 578 至 676 年，时八十八岁，历北齐、北周、隋、唐四代，寿九十九岁。

此外，张姓的主要堂号还有："清河堂"、"金鉴堂"、"孝友堂"、"亲睦堂"、"冠英堂"、"燕贻堂"、"敦睦堂"、"宗岳堂"、"敬谊堂"、"源流堂"、"明德堂"、"尊礼堂"、"报本堂"、"思存堂"、"崇本堂"、"思则堂"、"凝远堂"、"燕翼堂"、"中和堂"、"义芬堂"、"金炮堂"等。

## 贵姓楹联

楹联是古人为某一姓氏宗族书写的对联，专用于祠堂、支祠、家庙、大门、神龛、祖先牌位、祖宗坟墓左右两侧。在郯子庙大殿前精雕石柱上的楹联："居郯子故墉纵千载犹沾帝德，近圣人倾盖虽万年如座春风"，至今仍为人们咏颂。

祠堂门口两边贴着或悬挂着的对联或家中神龛上祖宗牌位两侧的对联，叫祠联，又称堂联，祠联内容多和姓氏的起源发展、兴旺变迁等等有关。但堂联又不完全是祠联，而是祠联中的一类。

祠联有通用祠联与专用祠联之分。通用祠联是各姓祠堂都可以通用的楹联。通用的性质，决定其内容不会和某个具体姓氏的特征产生关联，而是从一种普遍意义上的、对各姓都适用的内容上着手，比如对祖先的崇拜及承继祖风、光耀门楣等都可以入联。"祖德流芳思木本；宗功浩大想水源"、"树发千枝根共本；江水源同流万派"、"祖德振千秋大业；宗功启百代文明"都是比较典型的姓氏通用楹联。与通用祠联不同，专用祠联只能用于某个姓氏家族的祠堂，其内容和该姓氏的历史渊源、姓氏名人等紧密相关，打上了该姓氏强烈的姓氏特征，它具有"专一性"，比如："道德犹龙，名起柱下；文章倚马，系出陇西"，上联谈的是老子李耳，下联指的是李白。我们一看就知道这是李氏专用对联，不可以挪作其他姓氏的楹联，否则就是产生张冠李戴的效果，贻笑大方。根据祠联可以寻根，有的“寻根联”会一直追踪到上古的始祖甚至中华民族的共同祖先炎黄二帝。如王姓堂联：“迁史前槽杆笑由来遵远祖；明图可按姬王自昔证同宗”，出自姬姓的王氏，尊太子晋为得姓始祖，而其祖根一直可上溯至黄帝轩辕氏。

张姓楹联1：弓力千钧东风劲
　　　　　　长空万里北斗明

注：上下联首字分别嵌入“弓”、“长”二字，合而为张。

张姓楹联2：金鉴家风
　　　　　　百忍传家

“金鉴家风”出自唐朝著名宰相张九龄的故事。张九龄，字子寿，韶州曲江（今广东韶关市）人。唐玄宗为求治国安邦之策，长治久安之计，谕张九龄总结列代治国之经验，张九龄洞察秋毫，明断事理，以犀利之笔综述列朝兴衰存亡之理，成书五卷，玄宗御览，甚为赏识，赐为《千秋金鉴》，作为治国铭言珍藏。“百忍传家”则是张公艺的事迹。张公艺，字千禄，是张氏第一百一十一世祖。公艺为人急公好义，乐以助人，修身养性，胸襟坦荡，待人处世，宽宏大量，深知小不忍则乱大谋的哲理。因而告谕后裔当忍则忍，忍者有益。父子不忍失慈孝，兄弟不忍失爱敬，朋友不忍失义气，夫妻不忍多争竞，能忍贫亦富，能忍寿亦永，古来创业人，谁个不知忍，不忍百祸皆云涌，一忍百祸皆灰烬。但公艺提倡之忍，并非不讲是非原则，明言不当忍则忍，忍者有害。公艺家教有方，道德高尚，故而能九世同堂，唐高宗旌表“百忍义门”。

张姓楹联3：九居世泽
　　　　　　百忍家声

全联典指唐·张公艺九世同居，高宗时封禅泰山，还过其宅，问本末，公艺书“忍”字百余以进。

张姓楹联4：轮奂善颂
　　　　　　孝友传芳

上联咏春秋晋大夫张老，他的同僚献文子筑室，张老称颂道：“美哉轮哉！美哉奂哉！”成语“美轮美奂”即出于此，意指建筑高大华美。下联咏周代贤臣张仲，性孝，与尹吉甫为友，流芳百世，《诗经》称其“孝友”。

张姓楹联5：西都十策

金鉴千秋。

上联典指北宋初曹州冤句人张齐贤，字师亮，少年时孤贫而勤学，有远大志向。宋太祖到西都，他以布衣身份上十策。太宗时中进士，历官大理评事、左拾遗、江南西路转运使、代州知州、吏部侍郎、兵部尚书同中书门下平章事（宰相）。下联典指唐代大臣、诗人张九龄。长安年间进士，任右拾遗，开元年间议设十道采访使，玄宗殆于政治，他常评论得失，后因李林甫谗言罢相。所作《感遇诗》，抒怀感事，以格调刚健著称。著有《千秋金鉴录》、《曲江集》。

张姓楹联6：图传百忍

鉴著千秋

上联典指唐·张公艺事。下联典指唐·张九龄著《千秋金鉴录》。

张姓楹联7：簪缨七叶

金鉴千秋

上联咏京兆人张安世，子孙九世封侯，七世为侍中。下联咏张九龄，唐玄宗生日，他献自著《千秋金鉴录》，为玄宗提供史鉴，大受称赏。

张姓楹联8：紫光烛剑

黄石授书

上联咏西晋司空张华，善观天象。曾见斗牛间紫气充溢，知有宝剑藏于丰城，令人寻之，果得。下联咏张良，黄石公曾授其《太公兵法》。

张姓楹联9：烟波徒钓

横渠理学

此联为张氏宗祠太原堂联。上联典指唐张志和隐于江湖，自称“烟波钓徒”。下联典指北宋张载，居郿县横渠镇，精研理学，世称“横渠先生”。

张姓楹联10：齐家公艺

治国子房

上联典指唐代名人张公艺，寿张人。善于治家，九世同居。高宗封泰山，还幸其宅，问本末。公艺书“忍”字百余以进，帝善之。下联典指汉初大臣张良，字子房，城父人。为复韩国，狙击秦始皇，未遂，逃匿于一邳，遇黄石公，得《太公兵法》。后为刘邦谋士，佐其灭秦楚。汉朝建立，封留侯。

张姓楹联 11：渔阳惠政

江左清才

上联咏东汉渔阳太守张堪，字君游，宛人，少年时被称为“圣童”。光武初年拜郎中，任渔阳太守时，功课农桑，捕击奸猾，受百姓爱戴。在郡八年，匈奴不敢犯塞。为官有政绩，百姓作谣歌之。下联咏晋代文学家张翰，字季鹰，吴郡人。他才华横溢，善写文章。其性至孝，纵任不拘，时人号为“江东步兵”。齐王司马冏执政时，被任为大司马东曹掾。因预料齐王将改，又因秋风起而思念故乡的菰菜、莼羹、鲈鱼脍，便辞职离开洛阳返吴。

张姓楹联 12：阀阅传京兆

声名重曲江

上联咏京兆人张安世，九世为侯。下联咏官封“曲江男”，世呼“曲江公”的唐代名相张九龄。

张姓楹联 13：梧雨凤苞润

松风鹤韵高

此联采用清代诗人张问陶（1764—1814 年）自题联。张问陶，字钟冶，号船山，善书画。四川遂宁人。

张姓楹联 14：八德忠列上

百忍孝为先

全联典指唐代郓州寿张（今属山东东平）人张公艺，九世同堂。唐麟德二年，高宗祀泰山，路过郓州，至其宅，问其义由。公艺请以纸笔，但书百余“忍”字。（见《旧唐书·孝友传·张公艺》）。后张姓常以“百忍”为堂名，本此。成语“百忍成金”（形容忍耐可贵），亦本此。

张姓楹联 15：落日平原纵马

秋风古道题诗

现代国画家张大千于 1981 年撰张姓宗祠通用联。

张姓楹联 16：宴列琼林之首
胪传鼎用之中

上联指明代张信、张异、张怵、张懋修、张以诚五状元。下联指明代张显宗、张春、张修嗣三榜眼等。

张姓楹联 17：世守百忍之训
家垂两铭之风

此联为福建省南平市峡阳镇张氏宗祠“百忍堂”联。关于张氏宗祠张元洛能“忍”的典故，在《南平县志》里有一个记载，就是张氏张元洛这家人，当时在闽南当官，一天要审案，案子的被告是一个女的，由于这个女的平时泼辣，结果升堂的时候她就把口水吐在张元洛脸上，张元洛都忍了，用手把脸上的口水擦了，然后坐下来再慢慢审，最后使她服理。由于张家世守百忍家训，所以出了很多人才。祠堂门口门楼上的砖雕便是一门三进士，只见三个骑马的人，前面是鸣锣开道的，后面则是撑伞的，显得栩栩如生。大门左右就是这副对联，堂内绿草凄凄，红柱画栋。

张姓楹联 18：一林松月多诗兴
千里云烟入画图

此联采用清代词画家张子祥撰书联。

张姓楹联 19：将军更解神谶字
太史合书大有年

此联采用清代书法家、诗人张廷济（1768—1848 年）自题联。张延济，字叔未，浙江嘉兴人。

张姓楹联 20：独爱诗篇超物象
只因山水与精神

此联采用宋代诗人张耒诗句联。张耒熙宁进士，有《张右史文集》。张耒撰张姓宗祠通用联 。

张姓楹联 21：拣茶为款同心友
筑室因藏善本书

此联采用清代书法家、诗人张廷济自题联，是张姓宗祠通用联。

张姓楹联 22：九居世泽传名远
百忍家声播惠长

张姓宗祠通用联。全联歌颂唐代郓州寿张（今属山东东平）人张公艺，九世同堂。麟德（公元664—665年）中，高宗祀泰山，路过郓州，至其宅，问其义由。公艺请以纸笔，但书百余“忍”字。（见《旧唐书．孝友传．张公艺》）。后张姓常以“百忍”为堂名，本此。成语“百忍成金”（形容忍耐可贵），亦本此。

张姓楹联23：二酉发祥登北榜

三公接武振淮滨

张姓宗祠通用联，此联为安徽省阜阳市张氏宗祠联。上联典指该族中张鹤鸣、张鹤腾兄弟先后在明代万历年间进士及第。下联典指张鹤鸣官至兵部尚书，二弟张鹤腾官刑部主事、云贵副使，三弟张鹤龄官至户部员外郎。

张姓楹联24：九世居后添吉庆

百忍堂前古泰和

张姓宗祠通用联，此联为湖南省台前县张氏宗族联。联说该族唐代人张公艺九世同居，高宗封泰山返京时，路过他家，问他是如何理家的，他书写一百多个“忍”字进呈高宗，受到高宗肯定和赏赐。

张姓楹联25：功成百雉留怀远

泽溥三农乐凤翔

张溶川撰张姓宗祠通用联，此联为安徽省定远县池河镇张氏宗祠联。上联典出该族中张谨，字慎之，号敬轩，明代天顺年间进士，官工部郎中时，因修筑怀远县城有功升科道。下联典指该族中张国纪，字崇礼，号立斋，明代正德年间解元，官至凤翊知府，有善政。

张姓楹联26：南轩负公辅之望

西铭为理学之宗

张姓宗祠通用联，上联典指南宋学者张栻，字敬夫，号南轩，汉州绵竹人，迁居衡阳，曾任吏部侍郎兼侍讲，官至右文殿修撰。和朱熹、吕祖谦齐名，当时称“东南三贤”。极力主张抗金，指斥时弊。著作有《论语解》、《孟子说》、《南轩集》。下联典指北宋哲学家张载，字子厚，凤翔郿县横渠镇人，世称横渠先生，理学创始人之一。曾任著作佐郎、崇文院校书等职，讲学关中，其学派被称为“关学”，其思想对宋明理学影响很大。著作有《正蒙》、《西铭》、《易说》等。

**张姓宗祠七言以上通用联**

鲲岛累迁昭祀典；

清河长出尚高风。

此联为台湾省义溪口张氏宗祠联。上联典指本支张氏在台湾的迁徙。“鲲岛”，指台湾省，因台湾有七鲲身海口。下联典指张氏郡望为清河郡。

兵书三卷桥边授；

忍字百篇家内藏。

上联典指西汉·张良事。下联典指唐·张公艺事。

气味梅花馨此日

风神杨柳忆当年。

此联咏南朝齐人张绪，美风姿，善清谈，名重一时，后来梁武帝植柳于灵和殿，赞叹道：“此杨柳风流可爱，似张绪当年。

玉燕投怀，姓生燕国；

出尘慧眼，相赏风尘。

上联典指唐·张说之母梦玉燕入怀，乃生张说。后张说被封为燕国公。下联典指隋·杨素的侍妓张出尘，与李靖、张仲坚结为兄妹，号“风尘三侠”。

玉燕投怀，孕相臣之吉兆

纸驴代步，真仙子之奇形

上联咏唐代名相张说，其母梦玉燕入怀而产。下联咏传说中的“八仙”之一张果老，他曾隐居中条山，以纸驴为骑。

西铭为理学之宗

南轩负公辅之望

上联咏北宋理学家张载，著有《两铭》、《正蒙》等。下联咏南宋理学家张木［式］，号南轩，官至右文殿修撰，与朱熹、吕祖谦并称“东南三贤”。

拥虎皮而讲易，学重横渠

设低几以听经，名尊东白

上联咏张载，他讲《周易》时，喜坐在一只铺着老虎皮的椅子上。下联咏明代江西人张元木［责］，号东白，官至学士侍讲，人短小，为了表示尊敬，天子命设低几听他讲经，叹道：“天生斯人，以开朕也。”

雄猛让一人，武善提戈文握管

精英传万世，唐曾显姓宋留名

此联咏三国名将张飞，他不仅是一名冲锋陷阵的骁将，而且善书法。唐代安史之乱时，张飞的同姓人张巡镇守睢阳，不屈而死，宋代抗金将领岳飞与张飞同名，纵横驰骋，精忠报国。三人都是忠义名将，这是张飞庙联。

五龙特出于宋室，花萼相辉

三张鼎峙于晋时，棠棣竞秀

上联咏南朝宋人张镜五兄弟俱名士，人称“五龙”。下联咏西晋文坛名人张载、张亢、张协三兄弟，并称“三张”。

百忍声宁第隆于唐代

八世孝友犹复于宋朝

上联咏唐人张公艺。下联咏宋代张昌宗，八世三千口同里，诏旌其第曰“义里”。

正色立朝，声重千秋金鉴；

懿文华国，名高万选青钱。

上联典指唐代大臣、诗人张中九龄，字子寿，韶州曲江人。长安年间进士，任右拾遗，开元年间议设十道采访使，玄宗殆于政治，他常评论得失，后因李林甫谗言罢相。所作《感遇诗》，抒怀感事，以格调刚健著称。著有《千秋金鉴录》、《曲江集》。下联典指唐代名人张旌，著有《万选青钱》。

出使穷源，槎泛斗牛之畔；

劝农致富，民兴麦秀之歌。

张姓宗祠通用联，上联典指西汉外交家张骞（？—公元前 114 年）汉中人。建元二年（公元前 139 年），秦汉武帝之命出使大月氏、大宛、康居和大夏等中亚国家。途中两次被匈奴拘留，积十一年。元朔三年（公元前 126 年），匈奴内乱，始脱身归汉。下联典指东汉渔阳太守张堪，字君游，宛人。光武中拜郎中。任渔阳太守时，功课农桑，捕击奸猾，在郡八年，匈奴不敢犯塞。去职之日，乘折辕车布被囊而已，百姓歌之。

千秋鉴、百忍箴，常留古训；

万先钱、两京赋，当读遗书。

张姓宗祠通用联，上联典指唐代张九龄、张公艺。下联典指张鷟、张衡。张鷟，字文成，自号浮休子，唐代文学家，深州陆泽人。上元年间进士，历官监察御史、处州司仓、司门员外郎等。作品文字通俗，当时颇风行，著有笔记《朝野佥载》、传奇小说《游仙窟》等。万选钱”，即青钱万选，比喻文辞出众。据《新唐书·张荐传》：“员外郎员半千称张鷟的文辞如青铜钱，万选万中，当时人称“青钱学士”。张衡，字平子，东汉科学家、文学家，河南省南阳人。曾在京城洛阳太学读书，研究文学和科学。两任掌管天文的太史令，精通天文历算，创制世界上最早利用水力转动的浑象和测定地震方位的候风地动仪，首次正确解释月食是由月求进入地影而产生。天文著作有《灵宪》，文学作品有《二京赋》、《归田赋》、《四愁诗》等。

报国精忠，赫赫英灵光俎豆；

传家至孝，绵绵世德衍蒸尝。

浙江省天台县民主路（中段）张氏宗祠联，祠祀民族英雄张世杰，南宋范阳（今河北省涿县）人，是与文天祥、陆秀夫齐名的民族英雄。他在宋室危如累卵的情况下坚持抗元。景炎三年（1278年），他在广东雷州湾一个岛上与陆秀夫等立赵昺为帝，不久移师崖山，任少傅、枢密副使。翌年，联结千余艘大船与元军殊死决战。兵败，带着十余艘战船突围而出，遇到飓风舟覆，与长子舜德一起壮烈殉国。张世杰妻子叶氏是主战派丞相叶梦鼎之女，老家在台州宁海县。刚成年的次子舜功（1260—1347年）按着“兄死则宋有臣，吾生则母有子”的忠孝两全的思想，奉母北上。他们避开元兵的搜查，居无定所，最长的一次是在青田住了两年。接着来到天台东乡，受到王苍溪老人的热情款待。老人钦佩世杰的为人，请舜功作他的子侄的老师，然后把侄女许配给他，还在城里乌石溪畔买了贾府一幢公馆相赠，后来舜功偿还这笔房钱，将父亲殉国的经过写成《训子遗书》，告诫后代世世勿作异族的官宦。明正统九年

(1444年)，舜功后裔创修家庙。崇祯元年(1628年)，思宗下旨为张世杰立祠悬像崇祀，并赐“大忠世祀”匾额，大门外挂有这副楹联。这就是现在民主路中段的古老宗祠“脱落张”。天台县人民政府批准为第三批重点文物保护单位，将成为对青少年和广大干部群众进行爱国主义教育的场所。这就是天台公馆张氏的来历。

忠厚近鲁愚，毕竟传家在是；

勤俭似艰苦，须知奋进由斯。

此联为江西省万载县张氏六支宗祠联。

溯宋代家声，双璧德言、两铭理学；

荐江陵时食，瓜羹嫩煮、粟米新炊。

采用张氏祠堂联。

鼻祖肇青阳，公侯将相神仙，代光国史；

大宗开白马，孝女忠良道学，世笃家风。

张姓宗祠通用联，采用张氏祠堂联。

为创业、守成人，都须处处关心吾辈，可禀斯言，方可期荣宗耀祖；

理读书、耕稼事，总要时时立志尔曹，能遵此意，便堪称肖子贤孙。

此为广东省丰顺县建桥围张氏宗祠“荣封第”堂联。丰顺张氏客家人南迁的过程，是一部艰苦奋斗的历史。刻苦勤俭，是客家人最为优秀的品质之一。在这方面，广大山区的客家妇女表现特别突出。她们艰苦卓绝、吃苦耐劳、勤俭持家的精神，历来为中外人士所赞扬。恶劣的自然环境，需付出数倍于鱼米之乡人民的努力方能裹腹。张氏训勉艰苦创业，勤俭持家的堂联随处可见。

得姓由轩辕，大而一人，铭垂二篇，扶汉三杰，功高四相，敕封五虎，博物六志，貂冠七叶，犹是清河族派

宗功昭世德，位列八仙，鼎甲九成，平兴十策，书字百忍，金鉴千秋，青钱万选，道陵亿尊，依然文献宗支

此联为江西省上犹县张氏宗祠联。联语将数字依次嵌入联内，一气呵成，自然贴切，概括了张姓自挥公始，包含张良、张飞、张九龄、张道陵（张天师）、张公艺等十位显祖列祖的丰功伟业，硕德懿行，堪称妙联佳对。

## 贵姓家训

位于闽粤赣边界客家地区的福建省武平县，有个乡镇叫中山镇，其中心区域的新城、老城、城中三个村庄，人口不愈万，方圆不过十里，却聚居着100多个姓氏人家，并且自清朝以来一直延续至今。中山镇的这一文化奇观，不仅与客家地区以聚族而居为特征的社区文化形成强烈反差，而且在其他文化现象方面也表现得十分奇特，在全国各地乡镇也绝无仅有，因而备受海内外学术文化界的关注，赢得“百姓镇”的称号。中山镇作为客家地区的一个小镇，客家人尊宗敬祖、崇尚文教的观念在中山有着深厚的根基。

据当地人士介绍，中山镇在历史上居民姓氏最多时达108个，至今仍尚存102个。其中城中村住家为302户，人口1500余人，姓氏就有61个，平均每姓不及5户。“百姓镇”客家人家训很注重人际关系、家庭关系，这是百家各姓和睦共处的关键。

世人较多知晓清光绪年间东阁大学士、军机大臣、外交家阎敬铭（字丹初，1892年卒后追赠太子少保，谥“文介”）所作的《不气歌》和清代养生家石成金（字天基，号惺庵愚人，江苏扬州人）的《莫恼歌》，却很少有人知晓中山镇流传的《百忍歌》。如果把这三首歌放在一起，实际上是一个人修身养性的人生三境界。

### 不气歌

清·阎敬铭

他人气我我不气，
我本无气他来气；
倘若生气中他计，
气下病来无人替；
请来医生把病治，
反说气病治非易；
气之危害太可惧，
不气不气真不气。

此歌通俗易懂，语言朴实，而道理深刻，寓意深远。

清代石成金，自幼体弱多病，常年汤药不断，后经悉心调养保健，逐渐摆脱疾患，身体由弱变强。他撰写的《长生秘诀》可谓经验之谈，谨择其中《莫恼歌》供读者们参考。

**莫恼歌**

人生事，莫要恼，烦恼之人容易老。
世间万事怎能全，可叹痴人愁不了。
任你富贵和封侯，年年处处埋荒草。
放着快活不会享，何苦自己寻烦恼。
人生事，莫烦恼，明日阴晴尚难保。
双亲膝下俱承欢，一家大小都和好。
粗布衣，茶饭饱，这个快活哪里过。
富贵荣华让眼花，何苦自己讨烦恼。

在福建省武平县清河张氏把张公《百忍歌》当为祖训，世代相传，每家厅堂正中悬挂一匾“百忍流芳”，油漆鎏金，十分壮丽。它虽为张氏家训，而其他各姓实际也在流传诵读，在小小的地域环境中竟成为百家各姓的和睦之道。《百忍歌》通俗易懂，谈古说今，虽非尽善尽美，但在处理睦邻、人际关系、家庭问题上，起着一定的调节作用。《百忍歌》还是个人修身的一种准则，反映了人生的一种境界，激励家庭成员成为优秀成员，由此也可知《百忍歌》是客家人性格养成的一个要素，也体现了家训文化中重要的一页。《百忍歌》所说的“忍”，属于精神养生中的调神法，即在遇到情绪不良时，要提倡“理智”，注重“修养”，掌握自己，控制情绪。如果不控制情绪，任其放纵，不但周围的人受不了，而且对自己的身体也极为有害，小则身体患病，大则危害生命。因此，暂时“忍一忍”亦是有积极意义的。

**百忍歌**

百忍歌，歌百忍；忍是大人之气量，忍是君子之根本；
能忍夏不热，能忍冬不冷；能忍贫亦乐，能忍寿亦永；
贵不忍则倾，富不忍则损；
不忍小事变大事，不忍善事终成恨；

父子不忍失慈孝，兄弟不忍失爱敬；
朋友不忍失义气，夫妇不忍多争竞；
刘伶败了名，只为酒不忍；陈灵灭了国，只为色不忍；
石崇破了家，只为财不忍；项羽送了命，只为气不忍；
如今犯罪人，都是不知忍；古来创业人，谁个不是忍。
百忍歌，歌百忍；仁者忍人所难忍，智者忍人所不忍。
思前想后忍之方，装聋作哑忍之准；
忍字可以走天下，忍字可以结邻近；
忍得淡泊可养神，忍得饥寒可立品；
忍得勤苦有余积，忍得荒淫无疾病；
忍得骨肉存人伦，忍得口腹全物命；
忍得语言免是非，忍得争斗消仇憾；
忍得人骂不回口，他的恶口自安靖；
忍得人打不回手，他的毒手自没劲；
须知忍让真君子，莫说忍让是愚蠢；
忍时人只笑痴呆，忍过人自知修身；
就是人笑也要忍，莫听人言便不忍；
世间愚人笑的忍，上天神明重的忍；
我若不是固要忍，人家不是更要忍；
事来之时最要忍，事过之后又要忍；
人生不怕百个忍，人生只怕一不忍；
不忍百福皆雪消，一忍万祸皆灰烬。

张嘉贞是唐蒲州猗氏（今山西临猗）人，生于唐高宗麟德二年（665 年），死于唐玄宗开元十七年（729 年）。他历仕武则天、唐睿宗、中宗和玄宗四朝，官至中书令，累封河东侯，是唐朝颇有影响的大臣。他说："吾尝相国矣，未死，岂有饥寒忧？若以谴去，虽富田产，犹不能有也。近世士大夫务广田宅，为不肖子酒色费，我无是也。"张嘉贞认为，子孙有出息，则勿须父母广置田宅；子孙若不肖，即使广置田产房屋也只不过是为这些不肖子孙作酒色之费而已。这种见解时至今仍颇具意味。

张说（667—730 年）是唐代文学家，诗人，政治家。字道济，一字说之。谥号文贞。原籍范阳（今河北涿县），世居河东（今山西永济），徙家洛阳。垂拱四年（688 年），武则天策试贤良方正，亲临洛阳城南门主考，张说年才弱冠，对策第一，授太子校书。长安初年（701 年），诏令张说与徐坚等人撰修《三教珠英》，由麟台监张昌宗及成均祭酒李峤总领此事。昌宗不学无术，只是广引文词之士，高谈阔论，“历年未能下笔”。唯张说与徐坚“构意撰录，以《文思博要》为本，更加《姓氏》、《亲族》二部，渐有条流”。书修成后，迁右史、内供奉，兼知考功贡举事，后又擢任凤阁舍人。因其忤旨流配钦州，中宗时召还。睿宗时同中书门下平章事。玄宗开元初，因不附太平公主，罢知政事，为相州、岳州等地刺史，又召还为兵部尚书，迁中书令，俄授右丞相，至尚书左仆射，他与张嘉贞有过权力争斗，最后扳倒张嘉贞，自任首席宰相。张说曾三次任宰相，擅长文学。一生掌文学之任三十多年。有助成文治之功，也颇有武略，可谓文武兼资。他明于政体，改革不合时宜的政治和军事制度。故史家称赞他“发明典章，开元文物彬彬，说居力多”，是推动“开元之治”的一位重要人物。

张说曾写过一篇名叫《钱本草》的修身养性的奇文，亦可作为张氏家训。他将金钱比喻为一味中药，服之得当则延年益寿，服之不当则祸身害命。

**钱本草**

钱，味甘，大热，有毒。偏能驻颜，采泽流润，善疗饥，解困厄之患立验。能利邦国，污贤达，畏清廉。贪者服之，以均平为良；如不均平，则冷热相激，令人霍乱。其药采无时，采之非礼则伤神。此既流行，能召神灵，通鬼气。如积而不散，则有水火盗贼之灾生；如散而不积，则有饥寒困厄之患至。一积一散谓之道，不以为珍谓之德，取与合宜谓之义，无求非分谓之礼，博施济公谓之仁，出不失期谓之信，人不妨己谓之智。此七术精炼，方可久而服之，令人长寿。若服之非理，则弱志伤神，切须忌之。

张说指出，要想驾驭金钱，不为所迷，不为所害，应当精炼“七术”，即“道、德、义、礼、仁、信、智”七种方式。“积存使用要有度，这就叫‘道’；不把钱看作珍宝，这就叫‘德’；获得与付出相适应，这就叫‘义’；不求非分之财，这就叫‘礼’；乐善好施，这就叫‘仁’；交易不违约，这就叫‘信’；收到钱而不让其伤害自己，这就叫‘智’。”如果能做到上述七术，就钱财不断，可以长寿；如做不到，则金钱就会令人“弱志伤神”。读者领悟《钱本草》的真正含义，淡泊名利，即可修身养性。

中国各姓氏的家训都是要求后代继承家族优良传统，发扬先祖艰苦奋斗精神，振我家业，兴我中华，顾大局、识大体，千家万户教育培养子孙后一代，热爱祖国，热爱人民，热爱家乡，构建和谐社会，创造更加美好的明天。

一般家谱、族谱上都有“族规、家训或者祖训”。浙江大学教授、著名史学家、方志学家仓修良说，研究家谱，最值得关注的是“家训”。他说：“我读了那么多‘家训’，没有一个‘家训’不是叫子弟踏实做人、认真做事、好好读书的。”比如南北朝时期记述个人经历、思想、学识以告诫子孙的《颜氏家训》中就有“一粥一饭，当思来之不易；半丝半缕，恒念物力维艰”的话，至今读来还是有教育意义；另外，备受王安石推崇的《钱氏家训》中有一条为：“子孙虽愚，诗书须读。”因此钱氏后裔英才辈出，光近现代文化名人便数不胜数，如钱基博、钱穆、钱临照、钱钟书、钱学森、钱三强、钱伟长、钱鸣商、钱树根、钱绍武等等。

## 称号大观

中国人除了姓、名、字外，还有“号”。“号”分为自号、别号；封号、谥（shi）号；古代封建帝王有庙号、年号、尊号、国号。

《史记·五帝本纪》记载：“自黄帝至舜、禹，皆同姓而异其国号，以彰明德。故黄帝为有熊、帝颛顼为高阳、帝喾为高辛、帝尧为陶唐、帝舜为有虞，帝禹为夏后而别氏。”可见，“号”的起源可以推到五帝时期，黄帝号有熊，帝尧号陶唐，帝舜号有虞，帝禹号夏后这是最早的号。号除了指部族或部族联盟的标记以外，还可以用来表示部族联盟首领的个人标记。《白虎通·号》云：“帝王者何？号也。号者，功之表也，所以表功明德号令臣下也。”可见部族首领的“号”具有表明仁德的作用。早期的“号”是在人名前冠以“后”字，如后羿；或在官职前冠以“后”字，如后稷；或者在人名前冠以“帝”字，《史记》保存了这样的个人称号，如：帝喾、帝挚、帝尧、帝舜、帝禹、帝武丁、帝祖庚、帝甲、帝纣。比较特殊的是黄帝。《史记·五帝本纪》认为“有土德之瑞，故号黄帝”。

**别号。**由别人给自己取的号叫别号。别号实际上是别人对你的又一称呼。别号的来源可分为：

①以地望当别号

地望一般指原籍，这里还包括居住和做官的地方。后人对唐代以后的人用此法称呼的比较多。西汉贾谊曾为长沙王太傅，故后人为其起别号叫贾长沙，唐朝柳宗元（山西河东人）的别号叫柳河东、唐代韦应物因曾任苏州刺史故得别号叫韦苏州、宋朝王安石（江西临川人）的别号叫王临川、明朝严嵩（江西分宜人）的别号叫严分宜、清朝顾炎武（江苏昆山亭林镇人）的别号叫顾亭林等。

②以官职当别号

以官职当称号，如王右军（东晋王羲之，曾任右军将军）、王右丞（唐代王维，曾任尚书右丞）、杜工部、杜拾遗（唐代杜甫，曾任左拾遗和工部员外郎）等。

③以排行当别号

中国人以排行起别号，即以序数当称号。唐朝人有此风气，如白居易有一篇著名的文章《与元九书》，元九即元稹，九是他的排行；又有一首小诗《问刘十九》：“绿蚁新醅酒，红泥小火炉。晚来天欲雪，能饮一杯无？”刘十九即刘禹锡，十九是他的排行。其他如白居易称白二十二舍人，韩愈称韩十八侍御，张籍称张二十八员外等。

④以人的典型特点当别号（即外号）

外号起源很早，据记载，夏朝末代君主桀的外号是“推移大牺”（因其力大可推得动牛），可以说外号已有了三千多年的历史，但外号的真正流行是在唐，特别是宋以后。刘备因长着两个很显眼的大耳朵，于是得外号“大耳朵”。

早期的外号大多是用来赞美当事人的，文人学士用跟诗文有关的外号来称呼对方，是一种风雅，如张先和宋祁分别被称为“云破月来花弄影郎中”和“红杏枝头春意闹尚书”，张先因其词作中有二三句带“影”字的名句又被称为“张三影”，温庭筠因思路敏捷、八叉手而成诗，得了很雅的外号“温八叉”。而下层百姓也用外号来赞美同行和朋友。研究中国的外号不可不读《水浒》，在《水浒》里，多数外号都是赞美性的，如“呼保义”、“玉麒麟”、“智多星”、“入云龙”、“浪里白条”、“圣手书生”、“轰天雷”等，有的听起来不啻就是“尊号”；还有的干脆就像官职或爵号，如“美髯公”、“双枪将”、“百胜将”、“天目将”、“神机军师”、“神火将军”、“圣水将军”等等。

但现今的外号绝大多数是由人的外貌、性格、特长、嗜好、生理特征、行为活动等特点而起的。当今真正让人感觉有意思的称呼就是别号。但现在使用的含有褒义的外号，称为“雅号”，例如：王医生手术高超，被人称为“王一刀”，这就是人们对他医术的赞美。

**自号**。自己给自己取的号叫自号。

自号是古代知识分子名称的一个重要组成部分，也是中国文化的一个重要特色。魏晋南北朝时代是中国文学史上“自觉的时代”，文人们发现了自我，因此自号始于晋。第一个以自号著称的名人是不为五斗米折腰的陶渊明，他家门前有五棵柳树，因此自号“五柳先生”。唐代以后，取自号就成了风气，贺知章自号“四明狂客”，李白自号“青莲居士”，杜甫自号“少陵野老”，白居易自号“香山居士”，欧阳修自号“醉翁”、“六一居士”，黄庭坚自号“山谷道人”，苏轼自号“东坡居士”，李清照自号“易安居士”，姜夔自号“白石道人”，朱耷自号“八大山人”，秋瑾自号“鉴湖女侠”，梁启超自号“饮冰室主人”等，都是著名的例子。连皇帝也为自己取自号，如乾隆晚年自号“十全老人”、“古稀天子”等。

自号往往由两个部分组成，前部分起识别作用，后一部分是常用的通用名，如“居士”、“山人”、“道人”、“老人”、“翁”、“散人”等，居士多见于唐宋，与佛教有关；道人多见于元清，与道教有关。

**封号。**旧时皇帝对凡活着的曾祖父母、祖父母、父母、妻妾、儿女以及功臣加号者为“封号”。如果皇帝的儿子没有封地，则在“王”前冠以美称。例如汉明帝三儿子刘恭、五儿子刘党最初的封号是灵寿王、重熹王。李贤注《后汉书》云“取其美名也”，并指出因为他们“未有国邑也”。后来，刘恭、刘党有了封地，他们的封号便改为钜鹿王、乐成王。皇帝的女儿的封号一般称为“××公主”，在“公主”前都冠以所居之地名。例如唐太宗有 21 个女儿，如：襄城公主、汝南公主、南平公主、新城公主等等。

古代统治者对一些在世有功的大臣加封号“××侯”、“××公”。例如：张良的封号叫留侯、诸葛亮的封号叫武乡侯、王莽未称帝前的封号叫安汉公。

**谥号。**古代王侯将相、高级官吏、著名文士等死后被追加的称号叫谥号。所谓谥号，就是根据死者的生前事迹，选用一个或几个字加以总结概括，作为死者的称号。《白虎通·谥》云：“谥者何也？谥之为言引也，引列行之迹也，所以进劝成德，使上务节也。”可见谥号的作用就是总结死者，勉励生者。如称陶渊明的谥号为靖节征士，欧阳修的谥号为欧阳文忠公，王安石的谥号为王文公，范仲淹的谥号为范文正公，王翱的谥号为王忠肃公，左光斗的谥号为左忠毅公，史可法的谥号为史忠烈公，林则徐的谥号为林文忠公。

古代帝王生前有号，死后也不甘寂寞，于是又有了谥号。谥号产生于周代，秦代废除谥法，汉代又恢复了谥法，并一直沿用至清末。

周代的谥号有专用字，这些字一般是事先规定并加以定义的。例如西周王朝开国者姬发的谥号“武王”，史称“周武王”，其中“周”是国号，“王”是生前的号，“武”是谥号，谥法规定：威强睿德曰武。

《左传》以鲁国国君的号来纪年，总计有以下 12 个国君：

鲁隐公　鲁桓公　鲁庄公
鲁闵公　鲁僖公　鲁文公
鲁宣公　鲁成公　鲁襄公

鲁昭公　鲁定公　鲁哀公

其中"鲁"是氏，也是封地的名称；"公"则是对诸侯的尊号；中间带点的字是谥号。

从战国时期开始，又盛行双字的谥号。例如：秦孝文王、楚考烈王、赵武灵王等等。

**庙号。**这是帝王的特权。中国古代朝廷设立太庙祭祀死亡的帝王，为供奉在太庙里的帝王所起之号，称为庙号。庙号通常以"××祖"、"×宗"相称。大凡一个朝代开国的一两代帝王称"××祖"，如：唐高祖（李渊）、宋太祖（赵匡胤）、元世祖（忽必烈）、明太祖（朱元璋）、清太祖（努尔哈赤）；以后的皇帝则称"××宗"（太宗、世宗、高宗）。例如：唐太宗（李世民）、宋仁宗（赵祯）、明神宗（朱翊钧）、清高宗（爱新觉罗·弘历）等。也有特殊情况，如爱新觉罗·福临称世祖，爱新觉罗·玄烨称圣祖，这是因为福临是入关定都的皇帝，玄烨有拓疆定域之功，故采用变通的办法。

帝王的庙号和谥号合在一起叫庙谥，庙号在前，谥号在后。如汉高祖刘邦的全号是太祖高皇帝，（太祖是庙号，"高"是谥号）；汉武帝刘彻的全号是世宗孝武皇帝，唐太宗李世民的全号是太宗文武大圣大广孝帝，宋太祖赵匡胤的全号是太祖启运立极英武睿文神德圣功至明大孝帝，等等。

这样，一个皇帝死后，他的全称就得由国号、庙号、尊号、谥号、号等几部分组成了。我们用（　）表示国号、＿＿表示庙号、～～表示尊号、＝＝表示谥号、〈　〉表示号，现在以清代几个皇帝为例分析如下：

努尔哈赤——（清）太祖承天广运圣德神功肇纪立及仁孝睿武端毅钦安弘文定业高〈皇帝〉

皇太极——（清）太宗应天兴国弘德彰武宽温仁圣睿孝敬敏昭顶隆道显功文〈皇帝〉

福临——（清）世祖体天隆运定统建极英睿钦文显武大德弘功至仁纯孝章〈皇帝〉

玄烨——（清）圣祖合天弘运文武睿哲恭俭宽裕孝敬诚信功德

大成仁〈皇帝〉

其中努尔哈赤、福临、玄烨没有尊号，因此，他们的全称就少了一个内容。这样长的称呼，根本无法使用，人们只能使用简称。

**年号。**年号是封建帝王即位后为纪年而设置的称号，如公元1736年弘历继位当皇帝，定年号为“乾隆”，人们称之乾隆皇帝。由于有的皇帝在位期间多次更改年号，如：汉武帝就用过11个年号：建元、元光、元朔、元狩、元鼎、元封、太初、天汉、太始、征和、后元。唐高宗用过14个年号。北宋的太祖和南宋的理宗分别用了3个（建隆、乾德、开宝）和8个年号。所以，史书上对唐代到元末的帝王多以庙号称呼他们，如“唐太宗”、“唐玄宗”等。自明代开始，实行一个皇帝只用一个年号，故而史书上多年号称呼他们，如“嘉靖皇帝”、“乾隆皇帝”、“光绪皇帝”。事实上，对明清两代的皇帝，我们习惯上既不称他的谥号（如称隋以前的皇帝），也不称他的庙号（庙号用于称唐、宋、元的皇帝），而是称他的年号，如洪武、嘉靖、康熙、乾隆、道光、光绪等，成了个颇有特色的称法。

**尊号。**尊号是帝王生前被朝廷大臣们尊奉的称号。尊号始于唐朝唐中宗和武则天，唐中宗尊号为“应天神龙”皇帝，武则天尊号为“圣神”皇帝。尊号由于是生前被奉上的，因此难免成为虚假的光环，如害死岳飞的罪魁祸首宋高宗居然被尊为“光尧寿圣宽天体道性仁诚德经武纬文绍业兴统明谟盛烈太上皇帝”。给皇帝起尊号是小人们阿谀奉承和吹牛拍马的最佳工具，如慈禧太后的尊号起初只有“慈禧”二字，到最后变成为“慈禧端佑康颐昭穆庄诚寿恭钦献崇熙皇太后”，堆砌了十六个最漂亮的字眼！

尊号一般是在皇帝生前臣下向他奉上的，也有皇帝敕封给特定人物的，如老子。唐宋时期有不少皇帝信奉道教，因此给老子追赐了尊号。唐玄宗给他的尊号是“大圣祖高上大道金阙玄元天皇大帝”，宋真宗追封他是“太上老君混元上德皇帝”。

尊号分有官尊和私尊。私尊主要是门人对老师的尊称，当然也是生前的称呼，南宋以后比较流行。如南宋理学家吕祖谦，人称“东莱先生”；著名词人陈亮，人称“龙川先生”；明代文学家归有光，人称“震川先生”；清初思想家黄宗羲，人称“梨洲先生”，等等。

# 人 物 篇

在中国历史的长河里，各行各业中涌现出许许多多的张姓人物，时至当今，张姓几乎遍布于中国每一片土地，乃至走向世界各国。张姓名人辈出，今列举张姓人物如下。

**中国人民解放军张姓开国将军集纳**

张云逸大将［1892—1974年，原名张运镒，又名张胜之。广东省文昌县（今属海南省）人］、张宗逊上将（1908—1998年，陕西省渭南县人）、张爱萍上将（1910—2003年，四川省达县人）、张震中将（1914年出生，湖南省平江县人）、张藩中将（1909—2002年，原名张环。湖南省浏阳县人）、张才千中将（1911—1994年，湖北省麻城县人）、张天云中将［1913—1980年，湖北省黄安（今红安）县人］、张仁初中将［1909—1969年，湖北省黄安（今红安）县人］、张令彬中将（1902—1987年，湖南省平江县人）、张达志中将（1911—1992年，陕西省佳县人）、张池明中将（1917—1997年，河南省新县泗店乡人）、张贤约中将［1911—2002年，河南省商城县南溪区（今安徽省金寨县）人］、张国华中将（1914—1972年，江西省永新县人）、张经武中将（1906—1971年，又名张仁山，湖南省酃县人）、张南生中将（1905—1989年，福建省连城县人）、张祖谅中将（1911—1961年，河南省商城县白塔集乡大塘湾村人）、张翼翔中将（1913—1990年，湖南省浏阳县人）、张午少将［1920—2004年，原名张继光，陕西省长安（今西安市）县人］、张华少将（1912年出生，江西省永丰县人）、张英少将（1914—1984年，原名黄文荃，广西壮族自治区灵川县人）、张英少将［1916年出生，辽宁省盖平（今盖县）县人］、张明少将（1912—2000年，原名丁永纲，山东省日照县人）、张忠少将（1912—1982年，原名张桂亭，安徽省六安县人）、张和少将

(1915—1967年，湖南省浏阳县人)、张政少将（1915年出生，山西省阳曲县人)、张挺少将（1917—1993年，北京市人)、张钧少将（1919—1997年，山东省寿光县人)、张衍少将（1917—2003年，安徽省灵璧县人)、张峰少将（1922—1997年，又名张在岭，安徽省太和县人)、张雄少将（1908—1963年，江西省瑞金县人)、张瑞少将（1909年出生，原名张咸祥，浙江省浦江县人)、张翼少将（1918年出生，山东省诸城县人)、张乃更少将（1914—1992年，河北省平泉县人)、张力雄少将（1913年出生，福建省上杭县人)、张万春少将（1914—1971年，河南省郾城县人)、张广才少将（1900—1970年，湖北省黄陂县人)、张子珍少将（1918—1967年，山西省应县人)、张子明少将（1918—1991年，山西省离石县人)、张云龙少将（1910年出生，福建省永定县人)、张元培少将(1913—1981年，福建省永定县人)、张天恕少将［1913—1985年，湖北省黄安（今红安）县人］、张开荆少将（1905—1991年，江西省吉水县人)、张开基少将（1912—1990年，四川省万源县人)、张太生少将（1913—1981年，江西省吉安县人)、张少虹少将［1920—2000年，山东省掖县（今莱州市）人］、张中如少将(1919年出生，山西省原平县人)、张日清少将（1917—2004年，福建省长汀县涂坊乡坪埔村人)、张文舟少将（1912—1986年，原名霍昭汉，山西省沁阳县人)、张文碧少将（1910年出生，江西省吉水县人)、张水发少将（1919年出生，原名张明，福建省连城县人)、张书祥少将（1911—1986年，湖南省平江县人)、张平凯少将（1910—1990年，湖南省平江县人)、张正光少将（1916—2004年，原名张积厚，又名张占全，湖南省平江县人)、张玉华少将(1916年出生，山东省文登县人)、张世珍少将（1902—1956年，原名张卓吾，山西省闻喜县人)、张世盖少将（1918—2000年，四川省巴中县人)、张汉丞少将（1913年出生，原名杨业龙，湖北省麻城市顺河集镇杨家高山村人)、张加洛少将［1919—2003年，山东省掖县（今莱州市）人］、张吉厚少将（1910—1975年，又名李兴第，河南省新县人)、张西三少将（1905—1976年，河南省南乐县人)、张西鼎少将（1913—1977年，陕西省扶风县人)、张百春少将（1916—1978 年，湖南省新县陈店乡山背滦湾人）、张光华少将（1912—1986 年，江西省宁都县人）、张廷发少将（1918 年出生，福建省沙县人）、张廷桢少将［1909—1983 年，山西省崞县（今原平）人］、张行忠少将（1913—1998 年，安徽省金寨县人）、张向善少将（1917—1998 年，山东省鄄城县人）、张闯初少将（1911—1996 年，湖南省平江县人）、张汝光少将（1914—2000 年，河南省渑池县人）、张如三少将（1915—2003 年，内蒙古自治区包头市人）、张志勇少将［1916 年出生，湖北省黄安（今红安）县人］、张志毅少将（1912—1998 年，辽宁省台安县人）、张光华少将（1912—1986 年，江西省宁都县人）、张步峰少将（1914—1999 年，河南省安阳县人）、张秀川少将（1919 年出生，原名张清湖，湖北省深县人）、张秀龙少将（1915 年出生，湖北省沔阳县人）、张伯祥少将（1918 年出生，原名张肇瑞，山东省莱芜县人）、张希才少将（1912—1986 年，安徽省霍丘县人）、张希钦少将［1910—1998 年，河南省东明县（今属山东省）人］、张怀忠少将（1917—1998 年，山东省荣成县人）、张松平少将（1907—1966 年，陕西省长安县人）、张英明少将（1918—1995 年，原名张武，山西省灵石县人）、张英辉少将（1913—2000 年，江西省兴国县人）、张贤良少将（1908—1998 年，湖北省公安县人）、张明远少将（1911—1996 年，甘肃省岷县人）、张国传少将（1910 年出生，湖北省大悟县人）、张宗胜少将（1913—1988 年，河南省新县人）、张宜步少将（1913 年出生，福建省永定县人）、张宜爱少将［1913—2002 年，安徽省六安县（今市）人］、张实杰少将（1922 年出生，又名赵浩然，山东省邹平县人）、张学思少将［1916—1970 年，又名张昉（张学良的四弟），字述卿，乳名安儿，辽宁省海城县人］

下面按照从古到今的顺序列举一些张姓人物。

**张仪**（？—前 310 年）：战国时魏国大梁（今河南开封）人。政治家、外交家、纵横家、谋略家。鬼谷子门生，相秦惠王，以连横之策游说六国，使六国背叛纵约以事秦。惠王卒，六国复合纵以背秦，群臣谗之，乃去秦而为魏相，一年后卒。

**张良**（？—前 189 年）：字子房。汉初名臣，政治家、谋略家。

汉初三杰之一。本是韩国公子，秦灭韩，良欲为觊觎仇，乃使人击始皇于博浪沙，不中，遂更姓名，隐于下邳，而受太公兵法于圯上老人。后为高祖策画定天下，被誉为“第一谋士”。封留侯，晚好黄老，学辟谷之术。卒谥文成。

**张骞**（？—前 114 年）：字子文，西汉成固（今陕西省城固县）人。武帝时以军功封博望侯，旋拜中郎将，出使乌孙，分遣副使至大宛、康居、大夏等，自此西北诸国方与汉交通，使汉朝能与中亚交流，并打通前往西域的南北两条通路，引进优良马种、葡萄及苜蓿等。

**张苍**（？—前 152）：西汉阳武（今河南原阳东南）人。帮助刘邦建立西汉政权有功，封为北平侯。文帝四年（前 176）代替灌婴担任丞相十五年。

**张陵**（34—156 年）：道教称张道陵，字辅汉，沛国丰邑（今江苏丰县）人。道教中正一道（又名五斗米道，或五斗米教）创始人，号称张天师。现在重庆缙云山绍龙道观就是“正一道”。因为起初入教者都需要交纳五斗米作为入教信物，“从受道者，出五斗米”，故俗称“五斗米道”；又一说是那时的道长为人治病，病人痊愈后回家要出五斗米，所以道长也称为“五斗米师”。著作有道教经典《老子想尔注》，又名《老君道德经想尔训》等。

一代张天师张道陵雕像

**张衡**（公元 78—139 年）：字平子，南阳西鄂（今河南南阳市石桥镇）人，汉族。他是我国东汉时期伟大的天文学家、数学家、发明家、地理学家、制图学家、诗人、汉朝官员，为我国天文学、机械技术、地震学的发展作出了不可磨灭的贡献。浑天仪、地动仪、指南车发明人。著述极丰，科研成果极多，有“科圣”之称，有“张衡环形山、张衡小行星”命名。

**张仲景**：东汉末年著名医学家，被称为医圣。相传曾举孝廉，做过长沙太守，有张长沙之称。张仲景广泛收集医方，写出了传世巨著《伤寒杂病论》。它确立的辨证论治原则，是中医临床的基本原则，是中医的灵魂所在。在方剂学方面，《伤寒杂病论》也做出了巨大贡献，创造了很多剂型，记载了大量有效的方剂。其所确立的六经辨证的治疗原则，受到历代医学家的推崇。这是中国第一部从理论到实践、确立辨证论治法则的医学专著，是中国医学史上影响最大的著作之一，是后学者研习中医必备的经典著作，广泛受到医学学生和临床大夫的重视。

**张辽**（169—222年）：字文远，三国魏国雁门马邑（今山西朔城大夫庄）人，曹魏著名将领，五子良将之一。官至征东将军。

**张郃**（？—231年）：字儁乂，三国魏国河间鄚（今河北任丘北）人。曹魏名将，五子良将之一。官至征西将军。

**张飞**（？—221年）：字益德，一作翼德，三国蜀汉涿郡（今河北省涿县）人。少与关羽俱事刘备，号万人敌。官至车骑将军，封西乡侯。刘备伐吴，飞率兵会合，出兵前为部下所杀。谥桓。

**张载**：字孟阳，西晋文学家、辞赋家、田园诗人，河北安平人，官至著作郎、中书侍郎。著有《剑阁铭》、《榷论》、《濛汜赋》等。与其弟张协、张亢俱以文学、辞赋著名，史称“三张”。

**张元素**：字洁古，医学家，金代易州（今河北易县）人，中医易水派创始人。著《医学起源》、《医方》、《洁古本草》等书。

**张遂**（683—727年）：法名僧一行，邢州巨鹿（今河北邢台市）人，中国唐代杰出天文学家，得道高僧。精天文，通历法。谥一行、大慧禅师。著述颇丰，科研成果极多。是世界上第一位测量子午线的人。

**张柬之**（625—706年）：字孟将，襄州襄阳人。唐朝著名宰相，以“神龙政变”迫使武则天退位，恢复李唐社稷而闻名。

**张九龄**（678—740年）：字子寿，又名博物，韶州始兴（今广东韶关始兴县）人。政治家，文学家、诗人。官至平章事（丞相）。有《张燕公集》传世，诗作“海上生明月，天涯共此时”为千古绝唱。

**张果老**，唐代道士，八仙之一，邢州广宗（今邢台广宗县）人。

**张继**（715—779 年）：唐代诗人，字懿孙，官至检校郎中，湖北襄阳人，著《张祠部诗集》，代表作《枫桥夜泊》。

**张鷟**（约 660—741 年）：唐代文学家，字文成，自号浮休子，人称“青钱学士”。深州陆泽（今河北涿州市）人，仕途坎坷，著述颇丰，代表作《游仙窟》。

**张志和**（730—810 年）：唐代诗人，初名龟龄，后由唐肃宗赐名“志和”，自称“烟波钓徒”，又号“玄真子”，唐代著名词人和诗人。婺州金华（今属浙江）人，著《玄真子》。

**张仲素**（769—819 年）：字绘之，河北河间人，唐贞元十四年（789 年）进士，又中博学宏词科，官翰林学士，中书舍人。《全唐诗》存其诗 39 首，绝大多数是乐府歌词，以写闺情诗见长。著有《张仲素诗》、《辞囿》、《射经》、《赋枢》等。

**张择端**：字正道，又字文友，东武（今山东诸城）人，北宋末年画家。他自幼好学，早年游学汴京（今河南开封），后习绘画。宋徽宗时供职翰林图画院，专工界画宫室，尤擅绘舟车、市肆、桥梁、街道、城郭。后“以失位家居，卖画为生，写有《西湖争标图》、《清明上河图》”。是北宋末年杰出的现实主义画家。其作品大都失传，存世《清明上河图》、《金明池争标图》，为我国古代的艺术珍品。作品现存北京故宫博物院。

**张载**（1020—1077 年）：北宋大儒，哲学家，理学创始人之一，理学支脉“关学”创始人，封先贤，奉祀孔庙西庑第 38 位。字子厚，大梁（今河南开封）人，徙家凤翔郿县（今陕西眉县）横渠镇，学者称横渠先生。宋仁宗嘉祐二年（1057 年）进士，授祁州司法参军，调丹州云岩令。迁著作佐郎，签书渭州军事判官。神宗熙宁二年（1069 年），除崇文院校书。次年移疾。十年春，复召还馆，同知太常礼院。同年冬告归，十二月乙亥卒於道，年五十八。宁宗嘉定十三年（1220 年），赐谥明公。

事见《张子全书》卷一五附宋吕大临《横渠先生行状》，《宋史》卷四二七有传。

张居正像

**张居正**（1525—1582 年）：字叔大，号太岳，明江陵人。明朝文臣，内阁首辅（内阁首辅相当于现在的国务院总理。首辅是明代对首席大学士的习惯称呼，明中期后，首辅名义上相当于宰相之职），因其辅佐神宗皇帝治理有效，具有重大历史功绩。神宗时为首辅，综核名实，信赏必罚，整饬纪纲，推行一条鞭法，为相十年，海内称治。卒谥文忠。5 岁入学，7 岁能通六经大义，12 岁考中了秀才，13 岁时就参加了乡试，写了一篇非常漂亮的文章，只因湖广巡抚顾辚有意让张居正多磨练几年，才未中举。16 岁中了举人，23 岁嘉靖二十六年（1547 年）进士，由编修官至侍讲学士令翰林事。隆庆元年（1567 年）任吏部左侍郎兼东阁大学士。隆庆时与高拱并为宰辅，为吏部尚书、建极殿大学士。万历初年，代高拱为首辅。当时明神宗年幼，一切军政大事均由张居正主持裁决，前后当 10 年宰相，实行了一系列改革措施，收到一定成效。他清查地主隐瞒的田地，推行一条鞭法，改变赋税制度，使明朝政府的财政状况有所改善；用名将戚继光、李成梁等练兵，加强北部边防，整饬边镇防务；用凌云翼、殷正茂等平定南方少数民族叛乱。用潘季驯主持浚治黄淮，亦颇有成效。万历十年（1582 年）卒，赠上柱国，谥文忠。死后不久即被宦官张诚及守旧官僚所攻讦，籍其家；至天启二年方恢复名誉。著有《张太岳集》、《书经直解》等。

**张介宾**（1563—1640 年）：明代医学家，字会卿，号景岳，别号通一子。原籍四川绵竹，后徙居浙江会稽（今浙江绍兴）。自幼聪颖，素性端静。后在京师从名医金英（梦石）学医，尽得其传。又曾从戎，游于北方，因成就不丰而弃戎就医，悉心钻研，尤其对《素问》、《灵枢》有深入精研，经三十载而著成《类经》三十二卷，将《内经》加以分门别类，详加阐释，亦多所发明，后代医家誉之。有《景岳全书》巨著传世。

**张三丰**：生卒年不详。宋武当道士，所创太极拳术，闻名当时，其法传于后世，称内家拳，又称武当派。或作张三峰。名全，一名君宝，号三丰，明朝辽东懿州（今黑山县境）人，生卒年不详。因其不修边幅，又称张邋遢。史称其辟谷数月不饥，事能前知，太祖、成祖求之，皆不得，英宗时赠为通微显化真人。

**张弘范**（1238—1280年）：字仲畴，易州（今河北定兴）人，元代著名军事家，统帅，曲作家。协同伯颜元帅灭宋。曲作品入《全元曲》及《元曲三百首》。

**张国宾**：生卒不详，元代戏曲作家。一作张国宝，艺名喜时营，作品曲词通俗，具有较多的民间生活气息。

**张溥**（1602—1641年）：字天如，号西铭，江苏太仓人，明进士，文学家，著《七录斋集》、《春秋三书》、《历代史论二编》等，辑有《汉魏六朝百三家集》。

**张廷玉**（1672—1755年）：大清重臣，三朝元老，保和殿大学士。字衡臣，安徽桐城人。在朝辅政五十年。官至刑部吏部尚书。封三等伯。主撰《康熙字典》、《雍正实录》、《明史》、《清会典》。配享太庙，其母吴氏封一品夫人。

**张之洞**（1837—1909年）：字孝达，号香涛、香岩，又号壹公、无竞居士，晚年自号抱冰。汉族，清代直隶南皮（今河北南皮）人，洋务派代表人物之一，其提出的“中学为体，西学为用”，是对洋务派和早期改良派基本纲领的一个总结和概括；毛泽东对其在推动中国民族工业发展方面所作的贡献评价甚高，曾说过“提起中国民族工业，重工业不能忘记张之洞”。张之洞与曾国藩、李鸿章、左宗棠并称晚清“四大名臣”。谥号文襄。曾任大学士、军机大臣、封疆大吏。中国民族工业、重工业主要奠基人，为中国高等教育做出了巨大贡献。

张之洞

张之洞是唐朝名相张九龄的弟弟张九皋的第 39 代孙（元代张养浩的 16 代孙）。道光十七年（1837 年）八月初三（公历 1837 年 9 月 2 日）出生于贵州兴义府（当时其父张瑛任兴义知府），少时在贵州兴义府署（今安龙）长大。其人博闻强识，文才出众，年方十一，即为贵州全省学童之冠，作《半山亭记》，名噪一时。此记全文，刻于安龙招堤畔之半山亭。十二岁在贵阳出版第一本诗文集。咸丰三年（1853 年），回直隶南皮应顺天乡试，名列榜首。同治二年（1863 年），与贵州人李端棻同为进士，后历任翰林院编修、教习、侍读、侍讲学士及内阁学士等职。其间，为清流派重要成员，与张佩纶、黄体芳、宝廷、陈宝琛、吴大澄、张观准、刘恩溥、吴可读、邓承修、何金寿等人一起，放言高论，纠弹时政，抨击奕?、李鸿章等洋务派官僚，有“四谏”、“六君子”、“十朋”之称。光绪七年（1881 年），授山西巡抚，为任封疆大吏之始。以后政治态度一变，大力从事洋务活动，成为后期洋务派的主要代表人物。

**张二奎**（1814—1864 年）：字子英。著名京剧老生演员，为早期京剧老生三杰之一，与程长庚、余三胜齐名，号称京剧三鼎甲，一时声名在程、余之上。代表剧有《金水桥》中的李世民、《打金枝》中的郭子仪、《取荥阳》、《大登殿》、《回笼鸽》（《回龙阁》）中的薛平贵、《五雷阵》及《四郎探母》中的杨延辉等。

**张謇**（1853—1926 年）：字季直，号蔷庵。江苏海门人，祖籍江苏常熟，大清状元，中国近代杰出实业家、政治家、教育家、慈善家，官居三品，历任中央教育总长、实业总长、总商会总长、水利总长等职务。先后创办上海海洋大学等，与马相伯创办复旦公学（复旦大学前身），创建南通博物馆、军山气象台等。创办实业数家。

张澜

**张澜**（1872—1955 年）：字表方，四川南充人。社会活动家，教育家，中国民主同盟发起人。历任中央人民政府副主席，全国人大副委员长，全国政协副主席。

**张治中**（1890—1969 年）：原名本尧，

字文白，安徽巢县人，陆军上将，著名爱国将领。有“和平将军”之称。淞沪抗战主要指挥员之一。历任全国人大副委员长，国防委员会副主席，民革中央副主席等重要职务。著有《张治中回忆录》等书。

**张作霖**（1875—1928 年）：字雨亭，奉天海城人，祖籍河北河间，民国官至东三省巡阅使，握三省军政大权，为奉系领袖。两次直奉战争，先败后胜。民国十六年称大元帅，在北京组政府。十七年因国民革命军进抵河北，军事失利，退回关外。其后经皇姑屯被日军炸伤，未几而亡。

**张英杰**（1888—1971 年）：艺名盖叫天，号燕南。京剧武生，著名京剧表演艺术家。河北高阳人。代表剧目有《武松》、《打虎》、《狮子楼》、《十字坡》、《快活林》、《鸳鸯楼》、《三岔口》、《白水滩》、《一箭仇》、《洗浮山》、《郑州庙》、《闹天宫》等。

**张自忠**（1891—1940 年）：字荩忱，山东临清人，陆军上将，抗日名将，民族英雄。北京卢沟桥抗战主要指战员之一。

**张太雷**（1898—1927 年），中国无产阶级革命家。江苏武进人，中国共产党早期的重要领导人之一，是中国共产主义青年团的创始人之一和青年运动的卓越领导人，是广州起义的主要领导人。

**张大千**（1899—1983 年），四川内江人，原名张正权，又名爰，字季爰，号大千，别号大千居士，中国著名的国画大师。早期专心研习古人书画，特别在山水画方面卓有成就。后旅居海外，画风工写结合，重彩、水墨融为一体，尤其是泼墨与泼彩，开创了新的艺术风格。他的治学方法，值得现代的画家们借鉴。

张大千

张大千是天才型画家，其创作达“包众体之长，兼南北二宗之富丽”，集文人画、作家画、宫廷画和民间艺术为一体。

于中国画人物、山水、花鸟、鱼虫、走兽，工笔、无所不能，无一不精。诗文真率豪放，书法劲拔飘逸，外柔内刚，独具风采。

**张闻天**（1900—1976 年）：中国无产阶级革命家。原名“应皋”（也作“荫皋”），字“闻天”，取《诗经》中“鹤鸣于九皋，声闻于天”之意。在中国共产党党史上，张闻天曾在短期内当过党的总负责人（亦称总书记），遵义会议后三年多存在着“洛（张闻天当时笔名为洛甫）毛合作”的领导体制。不过这位被誉为“红色教授”的学者型人物，一向愿意钻研理论而不长于具体事务，曾三次主动“让贤”，被传为佳话。

**张学良**（1901—2001 年）：字汉卿，号毅庵，乳名双喜、小六子，奉系军阀张作霖之子。陆军一级上将，汉族，籍贯辽宁海城，祖籍河北大城。出生于辽宁省台安县九间乡鄂家村张家堡屯（旧称桑子林詹家窝铺）。人称“少帅”，奉系军阀首领张作霖的长子，民国四美男子之一。西安事变发动者。对中国革命事业贡献很大。

晚年张学良

**张光人**（1902—1985 年）：笔名胡风、谷非、高荒、张果等。湖北蕲春人。现代文艺理论家、诗人、文学翻译家，曾任中国左翼作家联盟宣传部长、行政书记、全国政协常务委员、中国文联第四届委员、中国作协顾问等。其著作有诗集《野花与箭》、《为祖国而歌》、《时间开始了》，文艺评论集《文艺笔谈》、《密云期风习小记》、《剑·文艺·人民》、《论民族形式问题》、《在混乱里面》、《逆流的日子》、《为了明天》等。

**张式沅**（1905—1976 年），女，曾用名何平、张菊生、安娥，地下工作化名张瑛。河北省获鹿县范谈村（今石家庄市长安区）人。中国著名剧作家、作词家、诗人、记者、翻译家、社会活动家。有《安娥文集》传世，代表作《渔光曲》等。

**张锡瑗**（1907—1929 年），女，河北房山人，革命烈士，社会活动家，中共早期党员。与无产阶级革命家邓小平在中山大学是同学、战友并建立感情，后结为革命伴侣。因难产英年早逝。“张锡瑗烈士之墓”在上海龙华烈士陵园。

**张光斗**，水利水电工程结构专家。1912 年 5 月出生于江苏常熟（今属张家港市鹿苑街道）。1934 年获交通大学土木工程学士学位；1936 年，获美国加州大学土木工程硕士学位；1937 年获美国哈佛大学土木工程硕士学位，攻读博士学位。抗战爆发后，弃学回国，先后在资源委员会龙溪河水电工程处任设计课长和壤渡河水电工程处主任。1943 年去美国坦河流域局和垦务局任工程师。1945 年回国任资源委员会全国水电工程总处设计组主任工程师、总工程师。1949 年新中国成立后，历任清华大学水工结构教研组主任、副系主任、系主任、副校长、校务委员会副主任。1955 年当选为中国科学院学部委员（后改为院士）。同年，任中国科学院水工研究室主任。1958 年任水利电力部、清华大学水利水电勘测设计院院长兼总工程师。1960 年任清华大学高坝及高速水流研究室主任。1978 年任清华大学副校长，兼任水利电力部水利水电科研院院长。1981 年当选为墨西哥工程科学院外籍院士。同年获美国加州大学哈斯国际奖。1983 年任国务院学位委员会副主任。1994 年当选为中国工程院院士、主席团成员。1978 年任中国水利学会副理事长，《水利学报》主编。1980 年任中国科学院《中国科学》、《科学通报》副总主编。

**张思德**（1915—1944 年）。四川仪陇人，中国人民解放军著名的模范。

**张爱玲**（1920—1995 年），女，中国现代作家，本名张瑛，出生在上海公共租界西区的麦根路 313 号的一幢建于清末的仿西式豪宅中。张爱玲的家世显赫，祖父张佩纶是清末名臣，祖母李菊耦是朝廷重臣李鸿章的长女。张爱玲一生创作大量文学作品。类型包括小说、散文、电影剧本以及文学论著，她的书信也被人们作为著作的一部分加以研究。1944 年张爱玲结识作家胡兰成与之交往。1973 年，张爱玲定居洛杉矶，1995 年 9 月 8 日，张爱玲的房东发现她逝世于加州韦斯特伍德市罗彻斯特大道的公寓，终年 75 岁，死因为动脉硬化心血管病。有《张爱玲全集》、《张爱玲传》传世。

**张艺谋**，陕西省西安人，中国电影导演，北京奥运会开幕式总导演，他以执导充满浓浓中国乡土情味的电影著称，艺术特点是细节的逼真和主题的浪漫互相映照，是中国大陆“第五代导演”的代表人物之一 。2010 年 5 月 24 日获颁美国耶鲁大学荣誉博士学位。

中国张姓的演艺界名人很多，除了张艺谋外，像**张国荣**，香港著名影星，他主演的经典影片《霸王别姬》，至今被人津津乐道。他跳楼自杀后，很多影迷为他哭泣，演艺圈搞了多次纪念活动。**张学友**，号称香港天王级的歌星，他的歌很有磁性，很受歌迷的推崇，为此他在大陆举办了多场演唱会，每一场都爆满，可见大家对他的喜欢。香港的女影星**张柏芝**也是炙手可热的著名影星，她演过很多电影、电视剧，也发行过唱片，年纪不大，有很高的知名度。**张靓颖**，在大陆的张姓歌星中，超女出身的张靓颖人气一直很高，她以独特的海豚音响誉歌坛，声音很有感染力，为冯小刚电影《夜宴》演唱过主题歌后，更是得到音乐界名家的首肯。**张惠妹**是台湾高山族的演员，十几年前被张雨生发现后收为弟子，她的声音高亢有力，又很有地方特色，她歌唱的时候载歌载舞，风格热辣奔放，特别能够调动舞台气氛，使大家的情绪跟着她一起高涨起来。

# 与读者沟通联系方式以及调查卷

您看到我们的书,对你我都是一个很重要的机遇！为了提高我们的服务水平,请把您的建议和要求告诉我们。

出版社 E-mail：cmp01@263.net

电 话：010-68407061

作 者 E-mail：haoming169@yahoo.com.cn

手 机：(0)13013576514

1. 您是怎么知道本书的?

A. 书店购买　　B. 借阅

C. 上网　　D. 亲朋好友

2. 您购买本书的原因?

A. 作者的知名度高　　B. 书的内容质量好

C. 对此类书感兴趣

3. 您对本书的封面设计、内文排版及图书开本大小满意吗?

A. 对封面设计满意　　B. 内文排版满意

C. 对封面不满意　　D. 内文排版不满意

E. 开本太大,携带不方便

4. 您希望本书增加或减少哪些方面的内容?

A. 增加第____章第____节　　B. 减少第____章第____节

5. 您对本书的评价?

A. 最喜欢第____页的文章　　B. 最不喜欢第____页的文章

C. 与同类书相比,本书更值得阅读

6. 这本书的定价高吗?

A. 不高　　B. 有点高　　C. 能接受现在的书价

7. 其他意见或建议____________________